DAOYOU SHIZHAN GONGLÜE

导游实战攻略

张松青◎著

北京·旅游教育出版社

策　　划：李荣强　张　萍
责任编辑：陈　志

图书在版编目（CIP）数据

导游实战攻略 / 张松青著. --北京：旅游教育出版社，2013.11

ISBN 978-7-5637-2704-9

Ⅰ. ①导… Ⅱ. ①张… Ⅲ. ①导游—基本知识 Ⅳ. ①F590.63

中国版本图书馆 CIP 数据核字（2013）第 163457 号

导游实战攻略
张松青　著

出版单位	旅游教育出版社
地　　址	北京市朝阳区定福庄南里1号
邮　　编	100024
发行电话	(010) 65778403 65728372 65767462 (传真)
本社网址	www.tepcb.com
E-mail	tepfx@163.com
印刷单位	河北省三河市灵山红旗印刷厂
经销单位	新华书店
开　　本	787 毫米×960 毫米　1/16
印　　张	16.75
字　　数	227 千字
版　　次	2013 年 11 月第 1 版
印　　次	2013 年 11 月第 1 次印刷
定　　价	36.00 元

（图书如有装订差错请与发行部联系）

序　言

范能船

　　旅游过程中,导游员是核心人物,有着非常重要的地位和作用。行、住、食、游、购、娱,都离不开导游员。国与国、城市与城市、景点与景点之间的空间移动,城市宾馆和乡村旅店的住宿,异国和异域的美食享受,特别是目的地的游览和时空跨越,还有各地的特色购物体验以及休闲娱乐,组织者和管理者都是导游员。因此,导游员有"旅客之友"、"旅客之师"、"民间大使"、"文化传播者"等美誉。

　　为此,一个称职的导游员,必须具备优良的道德品质和丰厚的文化涵养,同时又得具有丰富的实践经验。取得了导游资格,不是学习的终止,而是新的学习的开始。学习,学习,不断地学习——要成为导游员的工作和生活的习惯。唯有如此,导游员才能充满工作和生活活力。离开学习或中断学习,导游员的实际生命是脆弱的、短暂的。

　　导游员的学习途径无非是两大方面。一个是书本方面。导游员应该经常读书,日积月累,终成"江海"(荀子说"不积小流,无以成江海"),终至"千里"(荀子说"不积跬步,无以至千里")。正是如此,"驽马十驾,功在不舍"(荀子《劝学篇》)。另一个很重要的方面,就是勇于实践,善于实践。实践出真知,实践是常青的。导游员在带团中,时空不断在变,对象不断在变,情况不断在变,要勇于实践,善于实践,才能切时、切地、切情,不断地合法合理合情地应对,也才能使游客满意、旅行社满意、行政管理部门满意。一个成功的导游员,应该将书本学习和实践学习这两方面完美地结合起来,才能不断地做好工作,创造出新的成绩。

　　喜闻张松青导游多年来注重读书积累,又注重实践总结,并将两者结合,撰写成书,命名为《导游实战攻略》。随兴读之,深感其"入门篇"、"讲解篇"、"实务篇"、"随笔篇"、"资讯篇",谋篇甚完整,且皆为读书和实践之结晶。关于导游词创作和应用,叙之切中要旨,举例颇具个性,读之令人兴趣顿发,用之使人思路打开。关于导游过程中的实务,皆为亲身的经历、亲身总结的经验,读之情切,激发领悟,鼓励实践。随笔和资讯,又多颇具生命力的实例和知识小品,既可供导游员讲解引用,又可供其案头查阅。

特此为序,祝贺张松青撰写的《导游实战攻略》正式出版,并相信在实践中一定会发挥良好的作用。同时相信张导一定会与时俱进,使《导游实战攻略》常新常青。

2013 年 7 月

自 序

"读万卷书,行万里路"是前人修学的座右铭,而我们导游员还应更进一层,"修万重德,结万人缘"。如是,方能渐入佳境。

二十多年前,范能船教授等老前辈就努力倡导"做学者型导游",开旅游界博学修德之新风。前辈的风范和学问,足令我辈高山仰止,景行行之。前辈的热诚和博学,为我的成长倾注了一泓定根清泉。成长中,我是一个乐于探索的行者,云游五洲大地,悟道千年历史;成长中,我又是一个潜心禅修的居士,研读旅游管理之"经书",撰写导游实践之"偈语"。

"工作着,享受着"是一种幸运。即便是一个富有的国王也未必能像一个幸运的导游那样潇洒地走遍天下。皇宫是国王深居的府邸,世界是导游漫步的花园。

有位先哲说过:"人生的道路一边是鲜花,一边是荆棘。"导游之路同样一边是快乐,一边是艰辛。在20世纪90年代初的一次上海市导游大奖赛中,评委问我:"你多年导游工作中最深刻的体会是什么?"我用一句话做了回答:"辛勤的享受!"因为这句话,我们这个团队从上海市第五名跃升到并列第三名。

这些年来,我陆续为亚洲一些中文刊物写了一些宣传中国旅游文化的文章(部分实用性较强的文章附录在本书中),其间萌生了要为导游的实践写一本参考书的想法。本书的宗旨是实用、新颖、有趣,只讲真实的小故事,不侃空泛的大道理。我昨天的故事流淌在书中,您明天的路途延伸在脚下。

本书的内容分入门篇、讲解篇、实务篇、随笔篇和资讯篇五大块,其中讲解篇重在探讨个性化导游词的创作和运用,实务篇则旨在剖析自己二十余年的从业经验和教训,以期让我的"滑铁卢"成为朋友们的"凯旋门"。

导游员,应该是个智者,智而非圆滑;导游员,应该是个勇者,勇而不鲁莽。智,自能处变不乱;勇,方能临危不惧。我们必须独自承受压力,我们甘愿与游客分享快乐,在整个旅游链条中导游员是最重要的环节。"硬件不足软件补"

就是业界的一句行话,这个软件就是导游服务,而导游服务不好,再好的硬件也要大打折扣。

祖国山河美不美,全在导游一张嘴。从这层意义上来讲,导游员的讲解是极其重要的。导游词有文采,导游员才能有风采,一个优秀的导游员必须能创作因客而异、应时而异的导游词,而决不满足于人云亦云。把文化心理研究运用在导游讲解服务中,是我二十余年的心血结晶,可说是迄今独树一帜的课题,很有实用价值。

山不在高,有仙则名;水不在深,有龙则灵;书不在厚,有用则行。为谋生而当导游,这本浅浅的书也许是手里一张实用的饭票;为历练而当导游,这本小小的书或许是靴底一枚防滑的胶钉;为事业而当导游,这本薄薄的书抑或是囊中一片他山之石。

善于指点江山、解读历史谓之导游才华,善于弹风拨云、解读心语谓之导游品位。

才华,出于风起云涌的历练;品位,成于风轻云淡的心境。让我们努力做个有才华有品位的导游,指点江山,品味人生……

心路上
我拾起了
往事的落叶
于是
便有了
自己的书签

2013 年 6 月

目录 CONTENTS

入门篇

涵养和才华的提升 3
  心态调整 3
  知识储备 6
  才艺学习 11

讲解篇

导游词的创作和应用 21
  亲切感人的欢迎词 23
  新颖有趣的景点讲解 29
  切时切景切情的途中讲解 38
  意味隽永的欢送词 41
导游讲解小贴士 43
  应景而变当自如 43
  声情并茂方动人 45
导游词实例 48
  佛 教 类 49
    放下屠刀,立地成佛 49
    孙中山普陀会罗汉 50
    虎跑泉的螺蛳 52
    高僧戏秦桧 55

— 1 —

岳飞奉诏,道月释梦 …………………………… 56
　　知客巧解乾隆禁令 …………………………… 59
　　功德箱的故事 ………………………………… 60
　　济公出世 ……………………………………… 63
　　敬香有讲究 …………………………………… 66
道 教 类 …………………………………………… 69
　　蒙恬迎财神 …………………………………… 69
　　月下老人 ……………………………………… 70
　　韩湘子度韩愈 ………………………………… 72
　　紫气东来 ……………………………………… 74
人 物 类 …………………………………………… 76
　　苏东坡智破杀人案 …………………………… 76
　　徐文长西湖题画 ……………………………… 78
　　徐文长题匾 …………………………………… 80
　　祝枝山祝寿 …………………………………… 82
　　祝枝山写春联 ………………………………… 83
　　丁宫保怒斩安德海 …………………………… 84
　　吃醋的故事 …………………………………… 86
　　文财神范蠡 …………………………………… 87
　　周恩来与尼克松 ……………………………… 89
　　抗暴英雄潘秀竹 ……………………………… 90
园 林 类 …………………………………………… 93
　　豫园大假山景区 ……………………………… 93
　　西湖第一名园 ………………………………… 95
　　蠡园(节选) …………………………………… 97
风 物 类 …………………………………………… 99
　　桂花栗子 ……………………………………… 99
　　碧 螺 春 ……………………………………… 101
　　有趣的中国茶道 ……………………………… 102
　　千岛湖之吻 …………………………………… 108
　　寿　桃 ………………………………………… 110

定胜糕	112
年糕	113
为何要"做七"	114
蟹的来历	116

实务篇

出团之前细筹划 121
    了解游客情况 121
    制订接待方案 121
    准备小小礼品 123

服务细节见功夫 124
    要把客人当亲人 124
    宁可缺钱不可缺德 127
    接送游客要到位 128
    内急不可唤"解手" 129
    游客生日是商机 130
    食如天大巧安排 131
    客房安排有讲究 133
    巧对游客说"不"字 134
    "好事"不能做过头 136
    细枝末节非小事 138

有礼智对无理客 140
    无理挑剌有礼应 140
    导游不计客人"过" 141

司导互动"哥俩"好 144
    先戴高帽子 144
    生活多照顾 145
    经济让点利 145
    适当扮点老 146

地陪担当成好事 149

- 成全全陪"做人" ... 149
- 诚让全陪"做事" ... 150

全陪全责无小事
- 全陪有全责 ... 152
- 全陪要"义为" ... 153

随机应变解难题
- 交通应变 ... 155
- 住宿应变 ... 160
- 景点应变 ... 161

旅游购物须多赢
- 取之有道 ... 164
- 舍之有义 ... 166

导控团队有窍门
- 单车团重在氛围 ... 168
- 多车团重在协调 ... 170
- 防走失重在预案 ... 172

义不容辞护游客
- 以智为先 ... 175
- 以勇守底 ... 176

自律自防小贴士
- 导游的自律 ... 178
- 导游的自防 ... 181

随笔篇

情醉东钱湖
- 走近朱镕基 ... 190
- 与孙雯同桌 ... 191
- 贾平凹的"难吃" ... 192
- 握手曼德拉 ... 193
- 落樱缤纷 ... 194

资讯篇

- 导游小常识 ··· 199
  - 中国古代十大高僧 ··· 199
  - 中国古代十大名相(以朝代排序) ······································ 199
  - 中国古代十大名将(以历史名望排序) ································ 201
  - 中国古代十大名医(以朝代排序) ······································ 202
  - 中国古代十大诗人(以年代排序) ······································ 203
  - 中国古代十大名厨(以年代排序) ······································ 204
  - 中国十大名茶 ·· 204
  - 中国古代四大美女 ··· 205
  - 人生四大美事 ·· 205
  - 中国四大名瓷窑 ··· 205
  - 中国四大名刹 ·· 206
  - 中国四大名塔 ·· 206
  - 中国四大名绣 ·· 206
  - 中国四大名扇 ·· 206
  - 中国四大名花 ·· 206
  - 中国四大名亭 ·· 207
  - 中国四大名桥 ·· 207
- 三姑六婆 ·· 207
- 三皇五帝 ·· 207
- 三清四御 ·· 207
- 三山五岭 ·· 208
- 中国历代圣人的雅号 ··· 208
- 婚姻的纪年 ··· 208
- 大煞风景 ·· 209
- 十八层地狱 ··· 209
- 罗　汉 ··· 211
- 六字真言与科学养生 ··· 212

— 5 —

道家五行与人体五脏	213
《禹贡》九州	214
四书五经	215
一竹四德	215
柳树为何姓杨	215
丈人缘何成"泰山"	216
骂人害己	217
门当户对	217
九五之尊	218
道教三轿	218
名人的身高	218
名言的真相	219
中国大中城市的别称	219
中国大中城市的市花	220
中国城市地名谜语	222
中国各地的三宝	222
中国最美丽的风景	223
百位行业祖师	225

幽默小段子　231

北寺塔"不"是塔	231
我也打歪了	232
神父和司机	233
官员狂扁海盗	233
电脑征婚	234
忘交电费的后果	234

谜语小故事　234

拦车考孔子	235
拍错马屁	235
改联气官宦	236
已通七窍	236
巧对成巧谜	237

诗　厨	237
神童解缙	238
名医戏官宦	238
伍子胥猜谜	238
识联济贫	239
请　酒	239
打　猎	240
诗人猜谜	240
卖　药	240
谜诗破谜	241
佛印宴友	241
盲人买罐	242

名人的机智　　242

马克·吐温的道歉	243
莫泊桑的胡子	243
丘吉尔摇头	243
康德的惊讶	243
法拉第反诘	244
以鸟喻人	244
美讥法讽	244
回敬戈林	244
发现法拉第	245
哪条腿签字	245
再铺一张床	245
记者春秋	246
丘吉尔的风度	246
波尔森讽妄者	246
南隐论禅	247
巨人与侏儒	247
襁褓中的孩子	247
避雷针与婴儿	248

议员和毛驴 ·· 248
绅士是什么东西 ·· 248
留声机和助听器 ·· 249
爱迪生巧收"门票" ···································· 249
关于上帝 ·· 249
最大的乐事 ·· 250
注意观察 ·· 250
勋爵的伤 ·· 250
不是洗澡堂 ·· 251
爱因斯坦妙论"国籍" ································ 251
一个人就够 ·· 251
时间与永恒 ·· 252
大纸篓 ·· 252
意 识 ·· 252
爱因斯坦"应聘" ······································ 252

后记 ·· 254

导游实战攻略 入门篇

考取了导游资格证,入门了吗?

入,也未入!用佛家做个比喻,最初境界的外山门,方入;高深境界的无碍门,远远未入。

初入山门,会念经却未必能解经意,必不能传经弘法,尚是一着袈裟的俗子而已。入得梵宫门,方知佛海之深广;入得无碍门,方能观大千世界如掌中芥子;观掌中芥子知大千世界,是为无碍境界。沙门如此,导游亦如此。

心越远,门越近。同样这扇门,有人走了一生却未入法门;有人单凭一心,却尽得禅妙。何故?一者用脚,一者用心。

导游的无碍境界——创作,文思如泉;讲解,妙语如珠;应变,神定气闲。

您,入了哪重门?

涵养和才华的提升

涵养是土，才华是树。离却了涵养，才华仅是浮华而已。

▶▶▶ 心态调整 ◀◀◀

当一个好导游最重要的素养是什么？不是知识，不是才艺，不是能力，而是心态。而最好的心态不是谦恭心，更不是高傲心，而是平常心。只有具有一颗平常心，才能把所有的人看成平常人，不卑不亢。只有具有一颗平常心，才能把所有的事看成平常事，处变不惊。你能以平常心待人，就能忍常人所不能忍。你能以平常心处事，就能成常人难成之事。

说起心态，先讲一个富有哲理的佛教典故"舍得"：

话说有两个灵魂该投胎了。佛祖就问它们俩："现在有两个选择，一个是舍，另一个是得，你们各自选一个吧。"

一个灵魂前世就很精明，它想"得"就是便宜，而"舍"则是吃亏，于是就抢先选择"得"。另外一个心态很好，它想：必须有人愿意舍，才能让想"得"之人有所得，就选择了"舍"。

投胎后若干年，选择"舍"的，成了一个富商，常常施"舍"常常快乐；选择"得"的成了一个乞丐，天天要"得"天天痛苦。

汉语中，"舍得"是个常用词，这是因为无论做人还是处事，应该摆正心态，先要有所舍，才能有所得。刚入行做导游，先不忙急着挣外快，多做一点知识储备，多学一点基本才艺，多创作一些个性化的导游词，这既是舍又是得。舍，是舍去了钱财、精力和时间。得，是得到了知识、能力和才华。目光短浅而不愿暂时小舍的人，必不能有未来长久的大得。

平时带团中，多一点辛苦，多一点付出，是舍；而辛苦使你成长，付出使你成熟，岂不是得？放弃一点儿个人利益，多一些为游客服务，是先舍，是小舍；

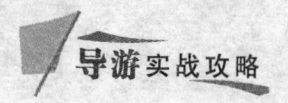

行业中口碑好了，上团的机会多了，难道不是后得，大得？！

心态如水，心态好了水就平静，方能驶得万年船。心态不好，水就汹涌，想不翻船也难。客人心态不好，导游应该帮他（她）变好；导游心态不好，客人必然更加不好。

有些导游，心在钱而不在客，一上团不是思量怎样把团队带好，而是盘算如何多挣外快。工作挣钱天经地义，但是如果把钱看得太重，就会心生邪念。于是乎，讲解服务不肯用功夫，游览时间往往被压缩，购物时间无节制地延长，甚至哪里"地雷"多就把客人往哪里带。从长远看，如此心态的导游，既不会有钱途更不会有前途。

有些客人因有点地位，常常会盛气凌人。我接过一个团，一上车就有客人对我说："导游，我爸和他的朋友都是有身份的领导，你必须服务好了！"

我淡然一笑："我这双手，握过朱镕基总理的手，握过确赞活佛的手，握过著名作家贾平凹的手，握过南非非国大领袖曼德拉的手，也握过清洁工人的手和农民的手，我从没感觉这些手有什么两样。在我们导游心目中，每一位客人都是我们的上帝，我们都会一视同仁地服务好！"我的话音刚落，那位局长千金立时收敛多了。

上海市供水系统的一位女领导因为严重晕机，心情很不好。我在机场手捧鲜花迎接他们时，她却不耐烦地一摆手："你们是什么野鸡旅行社？定的什么破飞机？弄得我难受死了！"

我一点也不生气，只是立即通知宾馆餐厅熬一小锅新米粥，准备一碟爽口的酱菜，并在领队的房间里放一份水果和一张以我们公司名义送的慰问卡。到了宾馆，其他客人去用餐了。她一点胃口也没有，我亲自把新米粥和酱菜送到她的客房。

翌日早晨，她早早地在餐厅前等候我，为昨天自己的失态道歉。我却真诚地说："这是我们工作没做到家，如果事先通知您在登机前半小时服些维生素B_1，就不至于会这么难受。"结果整个游程 13 天，从成都九寨沟到乐山峨眉山再至重庆游长江过三峡，她跟我极其配合，后来还成了非常好的朋友。

有了平常心，对钱就不会看得那么重。有一回，团队的客人执意要在路边的茶叶店购买"明前西湖龙井"，因为有钱，对几千元一斤的价格毫不在乎，这对导游来说无疑是一个发小财的机会。可我却极力劝阻了客人，告诉他们真正的明前西湖龙井产量不高，基本上被大单位订购了，那些正在路边炒给你看的其中有些是从福建空运过来的茶叶,而并非真正的西湖龙井。并建议他们到我们次日要去的桐庐白云源景区,向那里的山民购买真正的无污染的高山春茶,那里产的茶是我当导游二十多年来喝过的最好的茶。结果客人在那里买到了才几十元一斤的高山春茶,茶香汤清味醇个个都说好。客人高兴我也高兴,当然我没告诉他们为了让他们买到价廉物美的好茶叶,我可是放弃了很大一笔灰色收入。

有了平常心,就能化非常事为寻常事。有次带队,在火车站候车室集合时领队告诉我,他们单位临时多来了一个人,但是售票处已经只剩无座票了。于是,我就把自己的卧铺票给了客人,然后买了一张无座票,一直站到鹰潭。

因为是国庆黄金假期,宾馆房间全满。如果在客人的房间加床势必影响客人的住宿质量,我就在宾馆员工宿舍区一间没有空调没有卫生设备没有电视,甚至因为紧邻厕所异味熏人而连农民工都不愿意住宿的闲置房间里熬了三个晚上。

其实,我也可以找个小宾馆开间房。但是,离开客人我心里不踏实,况且能为公司省一点钱,也不是一件坏事。何况这对我并不是第一次,也不会是最后一次。"游客至上"并不是挂在墙上和嘴上的,遇到非常情况,导游作一点小小的"牺牲"也很正常啊。

有了平常心,就能正确应对不平常的客人。在我带过的客人中,有达官贵人也有贩夫走卒,可我从没有在前者面前有过自卑感,在后者面前有过优越感。相反,由于后者难得出来旅游,我往往会多一些照顾。我带过从老区来的自带煎饼当干粮的团队,不但没有一丝一毫的埋怨,反而凭借自己良好的人缘,从旅游餐厅为他们要一些开水。关系特别好的餐厅,还会应我的"非分"请求,腾出桌位让他们围桌而坐,并且免费赠送一大盆咸菜辣椒肉丝汤。

境外游中,一些"有身份"的游客,常许以优厚的小费,巧言让我在"不违反当地法律"的前提下,带他们去一些国内不可能有的娱乐场所。我则婉言拒绝:"很抱歉,我虽然经常出国,但是从来没去过那些'可能会对不起家人'的地方。"虽然,一开始有人会有些不快,认为我太不解人意,可当他们听到其他同事出国时行为不慎、感染了暗疾连累家人后,很快转变了对我的看法,见面时会亲热地拍拍我的肩膀,一切尽在不言之中。甚至于组织自己单位出国旅游时,指名道姓地要我带团。

当然,我也曾有过极其谦卑的时候,那是我带团去台湾地区,恰逢星云大

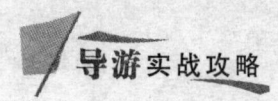

师讲经弘法。满堂善知识皆低眉正坐,我自然只有仰望的心了。

有些导游埋怨,说是我带过的团队他们没法带,其实只要他们心态和我一样好,团队就一样好带;他们心态比我更好,团队必然比我带得更好。团队质量的高低其实取决于导游心态的好坏。心宽一寸,地广千顷;心细一分,厄退万里。

▶▶▶ 知识储备 ◀◀◀

唱歌跟着感觉走,旅游跟着导游走。导游怎样才能具备让客人心悦诚服地跟着自己走的魅力呢?丰富的知识和生动的讲解是唯一的制胜法宝。

仅靠那几本导游专业书是远远不够的!我们必须以文为师而博览群书,以人为师而不耻下问,以景为师而心领神会。导游的知识储备分三个层次。

初级层次

在于一个"广"字。此层次尚处于人云亦云的表象阶段,资讯来源于旅游专业书籍或资料,诸如《××旅游大全》之类的书籍,这类资料基本是内容雷同、枯燥无味的。如果游客是首次去某地旅游,导游运用这些资料还勉强应付。但是随着生活质量的提高,旅游已经成为人们日常生活的一部分,不少客人很可能是故地重游。那么,这个层次的讲解,客人就不愿意听了。

换位思考一下,也可以理解客人的不满,譬如,头天进了杭州灵隐寺的天王殿,导游说:"四大天王手中的法器,象征着风调雨顺……"次日,到了苏州西园寺的天王殿,导游还是如此炒冷饭:"四大天王手中的法器,象征着风调雨顺……"你会不厌烦吗?你会对导游有好感吗?你会觉得这次旅游有新意吗?俗话说:"良好的开端,成功的一半。"可是当你一开口,客人就不耐烦地说:"导游,算了吧,你那一套我们都背得出来。"你觉得你还有信心圆满地完成此次执导任务吗?

反之,导游很有信心地说:"我知道各位已经来了杭州和苏州很多次,但我可以保证,这次体验了我的导游讲解服务后,一定不会觉得这又是一次炒冷饭,一定会觉得以前那么多次游苏杭都是白来了!"作为游客的我们又会有怎样的一种欣喜和期待?!

带团过程还是一个积累知识的好机会,夫子云:"三人行,必有我师。"每个游客都可能成为我们的老师。我带过一个由日本横滨大饭店的厨师组成的旅游团,在苏州观前街附近一家闻名遐迩的品牌饭店用午餐。菜上来之后,客人指出其中的白灼河虾有部分不够鲜活,厨师长出来解释:"我们是国家名牌饭店,决不会用死虾的。各位看,活灼的虾都成弓形,而死虾灼的都成条形。"

结果横滨大饭店的厨师长说出一番话来,让我大长见识,他说:"垂死的和刚死的虾用开水一灼也能成弓形,关键是看虾的尾部,活虾受烫后尾鳍必定会并拢,而死虾和垂死的虾必然是撑开的。这盘虾里有一多半不是鲜活的虾。"

苏州的厨师长被说得面红耳赤连连道歉赶紧换菜。我学了这一招,用在了维护游客利益上,效果极其之好。

导游是个杂家,上知天文地理、下知鸡毛蒜皮是我们导游的本事。一个好导游无论是带教师团还是工程师团,无论是干部团还是民工团都要能够和他们产生语言上的共鸣,没有广泛汲取知识这个基础是无论如何做不到这一点的。

说起基础,导游的知识储备就像造宝塔一样,基础层面越宽广,以后的塔就能造得越高。因此我们千万不能因为是基础知识而不予重视。

中间层次

在于一个"深"字。此层次上升到引经据典的旅游文化内涵阶段,资讯主要来源于非旅游专业的书籍资料。据我的体会而言,文学、美学、历史、宗教、方言、服饰、心理学、园林、旅游地理、旅游美食等都应涉猎,其中文学、美学、历史应该有一定的造诣,否则绝对做不了一个合格的导游。

文学功底深——导游词创作其实就是一种文学创作,我们可以把它归类为旅游文学,和旅游散文是同一个范畴的文学语言艺术。导游讲解的好坏,其文学功底的深浅起了决定性的作用。文学功底深,创作导游词时就能妙笔生花,讲解起来就能口吐莲花,让客人听你的导游讲解就是一种艺术享受。而文学功底浅的导游往往没有创作导游词的能力,因此他的讲解只能是语言干瘪、人云亦云,炒炒别人的冷饭而已,而这样的导游迟早要被游客所淘汰。

中国的旅游景观无论是自然山水还是人工园林都与文学密不可分,名人游名山留下了无数脍炙人口的名言名句。同样登庐山,李白留下了"日照香炉生紫烟,遥看瀑布挂前川。飞流直下三千尺,疑是银河落九天"这样豪情万丈

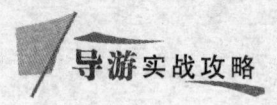

的千古绝唱。苏轼则吟唱了"横看成岭侧成峰,远近高低各不同。不识庐山真面目,只缘身在此山中"这样意味隽永的传世名句。如果导游没有深厚的文学功底,怎样为游客讲解诗仙和词圣与庐山的文缘呢?

苏东坡的绝句"水光潋滟晴方好,山色空蒙雨亦奇。欲把西湖比西子,淡妆浓抹总相宜",确是后人咏西湖所无法逾越的绝佳好诗,但是客人每次来西湖都听导游朗诵这首耳熟能详的名诗,能不腻味吗?就如同宋嫂鱼羹虽然好吃,但一连几餐都吃这道菜,肯定要倒胃口的。如果你为游客吟诵苏东坡另一首赞咏西湖的七绝《望湖楼醉书其一》:

黑云翻墨未遮山,
白雨跳珠乱入船。
卷地风来忽吹散,
望湖楼下水如天。

让游客细细品味一下西湖风云那种骤然变化的意趣,岂不更好?

因此合格的导游讲解必须是文学性、知识性、趣味性的有机结合,只有这样才能使游客听了我们的讲解后,有所悟有所得,并因此对本导游和本次旅游印象深刻,回味无穷,成为回头客。

扬州个园,以一日能赏四季景观而闻名遐迩。其以翠竹和石笋配置为春景,以荷花和太湖石配置为夏景,以红枫和黄石配置为秋景,以蜡梅和白矾石配置为冬景,可谓别具匠心、绝佳妙配。耐人寻味的是,在冬景旁侧的墙上设置了两个贯通的圆洞,洞的那边就是修竹婷婷的春景。绝大多数导游往往会对象征着节气的二十四个圆孔大加发挥却忽略这两个别具一格的圆洞,而我每每把那比作"时空隧道",并引用英国著名诗人雪莱"冬天到了,春天还会远吗"那隽美的诗句作为我的讲解词。当客人听了我融会贯通的讲解,并在冬景通过"时空隧道"看到了近在咫尺的春景后,在领略雪莱诗句意境的同时无不击节赞叹个园造园艺术的精妙。

美学功底深——旅游本身就是一种对美的追寻。世界是美丽的,导游的天职就是引导客人去发现这种美,体验这种美。我们祖国地域辽阔,南北跨越了好几个纬度,造就了丰富的地理自然景观。有"长河落日圆,大漠孤烟直"的戈壁风貌,有"风吹草低见牛羊"的草原风光,有"白云生处有人家,青罗江边觅酒肆"的河山景色,还有"小桥,流水,人家"的水乡情韵。中国更是一个有五千年文明史的人文资源大国,如果导游没有一定的美学修养,怎么引导客人去领略诸如"曲径通幽处,禅房花木深"和"疏影横斜水清浅,暗香浮动月黄昏"那种蕴含着禅意和诗韵的意境呢?因此导游必须具有高于常人的审美能力。如果我们仅仅满足于应付客人的吃喝拉撒睡,那不是导游而是生活服务员;如果我们讲解停留于"这块石头像西瓜,那块石头像冬瓜"那更不是导游,因为一个田间的农夫也可以比这做得更好。具备一定的美学修养,去发现别人难以发现的美,让你的客人享受这种美,这才是导游。

中国的园林与中国的文人画有着不解之缘,诸多有名的园林更是以文人山水画作为造园蓝本。扬州瘦西湖廿四桥景区,有一块匾额上书"小李将军画本",这个小李将军虽任扬州大都督府参军却并非驰马弯弓的豪杰,而是和其父亲大李将军李思训共同开创了金碧山水的著名画家李昭道。这块匾额告诉我们的是,廿四桥景区最初的蓝图就是小李将军李昭道的画本。就像现代中国唱歌可以唱成将军一样,中国古代,皇帝好书画,许多著名书画家被赋予军职并非个例,东晋著名书法家王羲之因有右将军之军衔而被称为王右军。北宋皇帝赵佶办有宫廷画院,内中众多书画家均有官职军职。

中国山水画对传统古典园林的构造影响深远,北宋的《千里江山图》《金明池夺标图》等作品都体现出了绘画与建筑的完美结合。中国山水画中的高远、深远、平远之三远构图章法至今被应用于传统园林的建筑中。中国画中的散点透视法仍然是古典园林的造园基本法则,而西方绘画的焦点透视虽然符合现代科学原理,却仅仅适用于西方园林的几何式构图,根本无法体现"小中见大,曲径通幽"的变化无穷的中国园林古典美。

我当导游二十余年,走遍祖国包括台湾地区在内的各省市自治区,到过无以计数的园林,极少见到导游能从中国传统文化的层面讲好中国古典园林。这就是因为我们的导游不了解中国书画是中国古典园林的渊源、缺少中国传统美学艺术熏陶的缘故。最可悲的是,作为中国园林艺术中的主题之一"石文化",迄今还停留在"象形艺术"的原始阶段。扬州寄啸山庄的片石山房是明末清初著名书画大家石涛和尚仅存的叠石孤本,弥足珍贵。可是,要讲石涛的叠石必须结合石涛的书画艺术,而导游中懂书画的少之又少,因此极少有导游能把这片堪称石涛大师艺术结晶的石景讲好。多年前,和业界同行去考察时,有幸聆听该管理处主任精彩绝伦的讲解,方知片石山房正是石涛善用"截取法"以特写之景传达深邃之境艺术手法的体现,敬佩之情难以言喻。何园(寄啸山庄)因此成为我在华东六省一市诸多园林中唯一自觉不配讲解的景点。

导游实战攻略

　　导游的美学修养还有利于避免游客在游览过程中产生审美疲劳。从观赏特性来分,景点大致可以分为园林类、寺观类、山景类、水景类、市井类等。参观时,同类景点不宜连续安排两个,以杭州为例,上午船游西湖,下午又船游湘湖就容易产生审美疲劳。如果首日西湖加一个寺观、次日湘湖加一个山景就大不相同了。在景点排序中,最容易产生审美疲劳的就是寺观的连排了。

　　摄影是旅游文化中一个重要的内容,如果导游的美学修养好,就能在景地运用你的美学知识引导客人从最佳视角去捕获美景。在讲解过程中把握语言的节奏和韵律也是一种重要而实用的美学修养。阿宝背书式的讲解是对导游职责的辱没,完美的导游语言艺术应该是朗诵和评话两种艺术的完美融合,只有这样才能让游客从你的讲解中得到美的享受。

　　历史知识丰富——中国是一个历史悠久的文史资源大国,诸多景观,尤其是人文景观,无不有深厚的历史渊源。比如浙江慈溪的越窑遗址曾是湖边斜坡上的一堆破瓷烂陶;杭州灵隐的三生石,就是山间小径边一块顽石。如果没有好导游的引导,客人是不屑一顾的,更罔谈如何去欣赏这些弥足珍贵的历史文化积淀了!在古建筑学方面,至少要对唐宋明清四个朝代的建筑特色了然于胸,免得在客人提问时出洋相。在文学方面,最好对先秦诸子、唐诗、宋词、元曲、明清小说略有了解,至少对代表人物和代表作不能搞错。

上乘层次

　　在于一个"精"字。此层次提升到了独门秘籍的境地。资讯是"书上无,世间有;别人无,自己有"。要达到这个境界,必须能够敬人、吃苦、善学。

　　敬人是事业的基础。敬人绝不能势利,要有敬天下人的胸怀。孔子曰"三人行必有我师",其实每个人都可能是我们的老师。一次我乘火车去泰安为接系列团打前站。公司为我买的是下铺,可当我看到一位老者吃力地往上铺爬时,动了恻隐之心,主动与他换了铺位,而且不肯要铺位差价。从谈话中得知他是华东师范大学退休的历史学教授,这次是回家乡探亲。他知道我是导游,而且要接的团队客人都是高级知识分子时,就非常热情地为我讲授了泰安、曲阜、济南的历史人文知识,而这些资讯是从专业的山东导游书上都绝无可能得到的。此次邂逅让我在没有地接社和地陪的情况下,很好地完成了这批系列团的接待执导工作,那个单位因此也成了我们公司的常客。

　　我敬人,人教我。泰山天街上卖刀削面的山西小伙、庐山脚下卖矿泉水的当地大爷、杭州净慈禅寺中的挂单和尚等都给了我宝贵的教诲。

吃苦是成功的阶石,"能吃下等苦头,方做上乘学问"。一般导游很少愿意一次次陪客人爬上泰山的,可当年要不是我连续七次陪客人攀爬十八盘登临泰山极顶,就不可能与那个卖刀削面的山西小伙成为朋友,从而得到他给我的"独家秘籍"。

我们到了一个景点为游客讲解完毕、游客自由活动时,别泡茶馆也别跑回车内睡觉。多走走,多看看,多问问,定有收获。我在带团游览湖州道场山时,趁游客自由活动,拜一位寺僧为师,请教了当年苏东坡大学士登临道场山赋诗作词的典故,并在他的指点下在人迹罕至处找到了苏东坡亲书的碑刻。而这些正是"书上无,山中有"的瑰宝啊!

善学是升华的捷径。牛顿有一句名言:"我为什么看得高些,是因为我站在巨人的肩上。"根据我个人的经验,提高最易见效的方法就是在优秀导游示范的基础上"更上一层楼"。

具体的做法是,在自己的讲解任务完成后,遇见其他导游在讲解不妨听一听,看看他有什么独到之处可以汲取,然后融入自己的讲解词中。对新导游来说,更好的方法是在模仿的基础上创新提高,先听有经验的导游是怎么讲解某景点的,然后以此为蓝本加上自己的东西。对同一景点而言,这样仅仅一次学习,你的讲解水平就超越了有经验的老导游。

对不同景点不同导游的学习,就是全面的超越。必须给自己定下一个规矩:"学习一次,必须超越一次。"最好寻找机会听听名导游的讲解,然后找找他们哪里还有欠缺,补上它超越他们。

记住,就某一个景点的讲解而言,超越名导游是很容易的!抽点时间,花点本钱,到一些游客流量较大的景点去蹲蹲点,听听导游们各有千秋的讲解,博采众长。那么,只需一两年的努力,一个新导游完全能够成长为能力全面的优秀导游。

▶▶▶ 才艺学习 ◀◀◀

"艺术地工作着——真好。"一个好导游应该能像主持人那样调动团队气氛、像播音员那样声情并茂地朗诵、像相声演员那样找噱头抖包袱、像评书艺

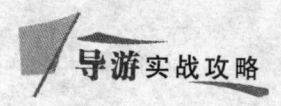

人那样演绎故事情节。导游讲解艺术的最基本要求类似于相声演员的"说、学、逗、唱",相声演员一般是按脚本演出,而导游更多的是临场发挥、临事发挥、临景发挥,这就要求一个优秀导游的才艺要比相声演员更高更全面。

说——是导游的基本功。讲解其实就是一种综合性的"说"的表演艺术。有一次,在艺术圈朋友们的聚会上,有人提议请著名电影表演艺术家赵丹表演一下朗诵艺术,只见他随手从桌上拿起了一张纸抑扬顿挫地朗诵起来,让在座的艺术家们听得如痴如醉,当最后黄宗英女士揭晓赵丹刚才朗诵的仅是饭店的菜单而已时,众人深深折服于赵丹出神入化的朗诵艺术。

导游有个好声音很重要,好声音富有磁性、极具感染力。有些人说话声音单薄尖细听起来抓心挠肺,有些人说话声音圆润浑厚富有磁性听起来很悦耳,除了先天遗传外,主要原因在于发音技巧不同。说话时口腔前部打开后部闭合,从侧面的解剖图看像一个V字,共鸣区仅仅为口腔的前半部,故而声音尖细单薄并且送不远,由于喉部肌肉处于紧张状态,时间稍微一长就很累。

说话时口腔前后都打开像个U字,共鸣区就会在胸腔,而胸腔音的磁性和穿透力会使声音变得圆润悦耳而极富感染力,比如德德玛和降央卓玛的女中音、赵忠祥和宋怀强的男中音就宛如天籁。由于喉部肌肉始终处于放松状态,即使连续讲话三四个小时也不会累。我平时带团讲解以及在各地给导游讲大课,用的就是U字口型发音法,浑厚的胸腔音为讲解增色不少,以致在会场上讲几个小时基本无人离场"方便"。"男声如铜钟,女声似银铃",导游声音好,在游客面前就能以声感人,何乐而不为呢?

在导游实践中经常发生这样的情况,一段内容很一般的讲解词,由于导游出色的语言艺术而变得引人入胜。譬如江苏的天目湖,景色秀丽但导游词的编写比较单调,其内容难以吸引人。然而天目湖旅游公司一位有过电台播音员和演员经历的女导游,用她特有的语言表演艺术,把讲解词演绎得声情并茂、声景交融,让我们这些来考察的几十位闯过二十来年"旅游江湖"的上海市各旅游公司老总无不心悦诚服,叹为"听"止!我当场约定了一个500余人的系列团,唯一的条件是该旅游公司必须保证我的团队全部由这位名叫蒋忆的女导游执导。事后,我去客户单位回访,在座谈会上十几位领队对蒋忆的导游艺术全部是赞誉有加。从这件事上,就可以看出导游的语言艺术无论是对游客、对景区、还是对旅游公司都是何等的重要。当然,作为导游仅仅是"说的比唱的还好"是远远不够的。

学——大而言之是口技艺术,小而言之是语言模仿。某艺人模仿三代领导人的讲话曾经红极一时,而我在十多年前就训练导游做这方面的模仿秀了,我并且根据历史,把三代领导人的讲话都设计成一个完整的段子,实际应用中"笑"果颇好。

作为导游学些各地方言也很有必要,一方面容易在感情上贴近游客,另一方面运用地方方言还是一种有效的表演才艺。我学习了上海浦东、宁波、苏北、无锡、山东、四川、湖南等地的方言。我有一个颇受游客欢迎的拿手节目《方言》,就是用几种不同的方言讲同一段话,喜剧效果颇佳。我们不妨来试一试:

有一年十月一号,我带团去杭州。为活跃旅途气氛,路上我提议大家用自己的话表达一下对祖国母亲生日的祝贺,我先用普通话说:"祖国啊,我的母亲。我是您忠诚的儿子,您指向哪里,我就奔向哪里。"

然后一位客人用宁波方言……

接着一位苏北朋友站了起来……

又有一位山东朋友当仁不让……

四川话、无锡话、湖南话……

保证笑倒一片。

如果把小魔术和口技艺术适度运用在导游实践中,往往能起到锦上添花的作用,为此我曾经研究洛桑的演出,学习用嘴唇模仿圆号的声音,并向民间艺人学习用鼻腔模仿电吉他发声的技巧。

逗——是调节气氛必不可少的技巧,高雅如崔永元的冷峻幽默、通俗如周立波的插科打诨都可以借鉴运用。逗的方式有很多,适用于导游的有讲笑话、猜谜语、做游戏等。逗其实还是导游讲解技巧中制造悬念的手段,我曾经这样在讲解中运用"逗"的技巧:

白娘子用历经千难万险从昆仑山盗来的千年灵芝救活了奄奄一息的许仙,许仙想起自己受法海挑唆做下这么多对不起白娘子的错事,心中万分愧疚,就满脸愧色地请求白娘子原谅。白娘子转过脸去淡淡地说了一句:"你呀,真是十点八刻六十分。"

许仙先是心中一凉,继而细细一想,知道白娘子已经原谅了自己,便欢欣地叫了一声"娘子——"

各位游客,许仙是猜对了白娘子的心思呢,还是自作多情?

这个段子中的"逗"就在于"十点八刻六十分",十点八刻六十分加起来正好是十三点。"十三点"本来是一句来源于英语而被用来责怪人的上海方言,但有时被女性用来娇嗔所爱之人,如同北方女性朋友明明喜欢你,可偏偏要说你"讨厌"一样。此处"逗"的运用巧妙地从女性心理特征出发,刻画出了白娘子对许仙至死不渝的爱情。这个诙谐的"逗"往往也能得到游客的会心一笑。

调解旅途中各种矛盾时,"逗"往往还能够起到春风化雪式的暖诙谐作用或者冰雪祛火的冷幽默作用。有一回,我的一位游客喝高了,不但爆粗口骂前来劝阻的餐厅领班,而且数次动手推搡领班。领班是个血气方刚的北方小伙子,压抑不住就要与客人单挑。我赶到后,拍拍领班的肩膀,一本正经地说:"兄弟,这个客人确实太不像话了,我也很生气,回去一定告诉他老婆,罚他跪不锈钢搓衣板!"这个"逗"虽然有点庸俗,但方才还是青筋暴突的领班被我逗得扑哧一声笑了。

在江阴一家星级不低的宾馆用餐时,游客们发觉其中一道河鲜不怎么新鲜,面对服务员的百般推诿,他们不禁有些愤愤然。我赶紧把厨师长请到餐厅,然后当着全体游客的面问厨师长:"我请教厨师长一个问题,你们这些河鲜究竟是哪个朝代的出土文物?如果是宋朝以前的,我们将感到不胜荣幸!"

诙谐的诘问引发游客一阵大笑,气氛缓和了。厨师长显然觉察出了隐含在幽默之中的犀利,同意换一道河鲜并赠送一道点心。如此,一个小小的幽默就化解了一个不算太小的矛盾。

本书中的幽默小段子和谜语小故事,就是我们导游很实用的"逗料"。逗往往还能使我们的导游词甚至我们本身变得幽默风趣起来。

唱——不少导游很会唱,但只是唱现成的歌曲,这种唱偶尔为之还可以,稍多客人就会厌烦。但是如果我们借鉴台湾歌手张帝,把游览的景色或者旅途中发生的趣事编成歌词唱,那就不一样了。我的经验是用几支耳熟能详的民歌或流行歌曲小调加上现编的词应景而歌,效果比较好。我曾经在西湖的游船上吟唱自编的《西湖四季歌》——

春游西湖好风光,柳浪闻莺百鸟唱。
苏堤春晓桃花开,龙井山中采茶忙。
夏游西湖好风光,曲院风荷莲花放。
三潭印月如蓬莱,虎跑梦泉送清凉。
秋游西湖好风光,满陇桂雨吐芬芳。

　　　　双峰插云傲长空,遍地菊香金风爽。
　　　　冬游西湖好风光,断桥残雪白茫茫。
　　　　南屏山下听梵音,群山逶迤披银装。
一首短歌唱遍了西湖老十景,又点出了西湖的代表性四季景观。这样的歌,即时即景客人爱听,比之于唱一首离景万里的流行歌曲效果贴切多了。

　　根据我的实践经验,《西湖四季歌》的模式可以广泛应用于祖国各地,我去山东枣庄讲课和带团,就创作了一首《枣庄四季歌》——
　　　　春游枣庄好风光,运河湿地柳絮扬。
　　　　台儿庄城古风浓,往事千年梦水乡。
　　　　夏游枣庄好风光,微山湖上荷花放。
　　　　洪门山中葡萄紫,陶庄镇旁梨儿黄。
　　　　秋游枣庄好风光,生态长红枣儿香。
　　　　汉诺庄园乐逍遥,抱犊崮上林海苍。
　　　　冬游枣庄好风光,温泉清澈保健康。
　　　　东少林寺听晚钟,莲青山中滑雪忙。
无论是听我讲课的当地旅游界人士,还是随我到那里去旅游的客人,无不鼓掌叫好。如果来个逆向思维,担任地接导游时,为远道而来的客人演唱一首歌颂游客家乡的《四季歌》,效果如何呢? 我试过,满堂彩!

　　比较复杂的歌词应该事先做好功课,有时用即兴创作的短歌往往会有意想不到的效果。有回我带客人登丽江玉龙雪山,在山下等候缆车时就见山顶黑云滚滚电闪雷鸣,待走出山上的缆车站时,又是雾茫茫一片,加上高山反应,客人大都游兴索然。我和地陪互相配合把客人"哄"上了海拔4000多米处最高的观景台,不一会奇迹发生了,风吹开了笼罩山顶的雨云团,太阳出来了,神秘的玉龙雪山难得地露出了真容,客人们欢呼起来。我即兴为客人吟唱了一首短歌——
　　　　乌云滚滚锁群峰,
　　　　白雾漫漫雨意浓。
　　　　忽如风吹金麟开,
　　　　玉龙向阳贺英雄!
获得了客人的热烈掌声。回沪后,客人特地送来了他们在玉龙雪山上拍的团体照,照片上用烫金印着我的即兴歌词。

导游实战攻略

　　用不同的方言唱同一首歌也相当有喜剧效果。上海滑稽艺术大师周柏春先生有一个人知甚少的精品段子《三北情歌》就是用东北、苏北、甬北三种方言唱同一首情歌，效果极佳。

　　有时用歌声回答客人的一些刻薄的问题，还能够避免尴尬。我带上海商业系统的一个团队到河南洛阳旅游，约定的计划中有一个参观唐三彩艺术展示的内容。参观中，领队对其中一款菊花纹唐三彩马很中意，决定为全团三十余人每人买一匹作旅游纪念。可是690元的价格与他们每人300元的预算差距很大。因为地陪是我的学生，我和她放弃全部佣金，费尽口舌总算按客人要求的价格买下了这批唐三彩马，客人当时很满意也很感激。

　　可是第二天一上车，有位客人就半开玩笑地问我："导游，昨天我们买了这么多唐三彩，你们一定拿了不少回扣吧？"

　　如果直截了当地反驳他，气氛就会很僵。我想了想，就用《北国之春》的旋律，加上现编的词唱给大家听：

> 这位朋友，你问我，
> 我们导游拿不拿回扣？
> 我要告诉你，我的朋友，
> 你的问题有点逗。
> 昨天去买唐三彩，
> 老板开价六百九。
> 我打了招呼便宜一半多，
> 因为我是你们的导游。
> 我们导游，一心为游客，
> 哪有心思拿回扣。

　　客人们听了会心地大笑，继而报之以热烈的掌声。一场误会就这样在诙谐的歌声中化解了。告诉你一个小秘密：《北国之春》的旋律，填上相应的歌词用来与客人交流，真的很灵。不信，你试试？

　　导游唱歌不应该是为了掩饰自己的无话可说，而是展示自己的博学多才。唱歌是我的才艺短板，但我就凭借着几曲民歌小调，加上自己创作的歌词，唱遍祖国大好河山。"取法其上，得乎其中。取法其中，得乎其下"，我们要学就要瞄准国内最高水平——朗诵要学上海的宋怀强，幽默要学北京的崔永元，唱歌要学台湾地区的张帝。

申城某行业协会,每年都要花大价钱请演员来主持年会。当他们的会长参加过我执导的"台湾地区游"后,改请我担任年会主持人,不但不用花一分钱,而且效果远比演员主持的好。我呢,也不吃亏,参加年会的好多企业领导知道我是一个导游时,纷纷把单位里的旅游交给我们公司做。

　　上海电视台曾经播出过一档才学大比拼的节目,参加的四位选手分别是著名作家、著名学者、著名滑稽戏演员和上旅的一位非著名导游周敬庄先生。无论是知识问答、即兴演讲还是才艺表演,导游周先生明显地独领风骚。

　　一个好导游,不但要有竭诚为游客服务的热心、满腹经纶通今博古的知识、出口成章妙语如珠的口才,还要具备远在一般演员和主持人之上的才艺!

道祖曰:道可道,非常道。名可名,非常名。

导游曰:人可人,非常人。言可言,非常言。

值得称道的导游,非庸常之人。值得称道的导游词,非庸常之词。

侠士行走江湖,定有必杀技。导游行走江湖,定有必胜技。导游的必胜技,就是个性化的导游词。导游词有文采,导游才能有风采。

文似看山不喜平,情节性的导游词应跌宕起伏而让人兴趣盎然。

空谷回声余音长,抒情性的导游词应意境隽永而让人回味无穷。

万千气象在眼前,解说性的导游词,应资讯翔实而让人所获颇丰。

您自己的导游词在哪里?

导游词的创作和应用

导游词分为欢迎词、讲解词和欢送词三部曲,其中讲解词又分为景点讲解和途中讲解两个范畴。创作导游词和写文章一样,讲究凤头、猪肚、豹尾,所谓凤头就是新颖独特并因人而异的欢迎词,猪肚就是内容充实而生动有趣的讲解词,豹尾即是动人心弦而又意犹未尽的欢送词。只有这样的组合,才是完整而高品位的导游词体系。

导游词创作的素材可以取之于典故、传说、经历以及各类的专业知识,其中历史文化可说是我们取之不尽的素材宝藏。"套用老故事,谱写新篇章"是一个易见成效的创作捷径。鲁迅先生有一本集子《故事新编》,就是采用这种方法创作而成的。可以说,除了科幻题材,大多数的文学作品(精彩的导游词属于旅游文学作品)都发掘于历史文化的宝库。当然,我们不能把历史局限于老古董,正确的定义应该是"已经发生的,都是历史"。

对素材不能生吞活剥,要经过提炼加工才能成为自己的旅游文学作品。比如同样一块食材,不同的厨师就可以做出口味各异的菜肴来。同样一个素材,不同的导游应该有不同的演绎,这样才能避免雷同和单调,才能使我们的旅游文化百花齐放千姿百态。对一个高明的导游而言,还应该具备针对不同的客人用同一个素材创作出不同导游词的能力。要学习毛泽东的厨师能够用土豆作主料,针对客人不同品味需求做出四十多道菜式来的那种永无止境的创造精神。

我曾经创作过一篇导游词《三凤桥传奇》,所谓素材就是三凤桥排骨包装盒上的一句话"相传三凤桥排骨的配方来自于济公活佛"。我就依据这个素材,演绎了济公活佛与三凤桥原创人之间善善相报曲折离奇的故事,有3000余字(因其应用面不广,故未收入本书中,有兴趣的朋友可以从我的博客中下载),在华东团和其他去无锡旅游的客人中讲解效果极好,客人听了导游讲解后,无不兴趣盎然而激起购买三凤桥排骨的强烈欲望。

创作导游词最忌讳的就是人云亦云千人一面,好的导游词应该因人而异、因时而异、因景而异、因事而异。只有具备了这四个条件,才称得上是个性化

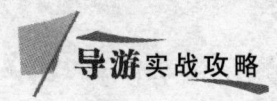

的导游词,个性化不仅是指导游的个性化,更包括了客人的个性化。天下游客八方来,导游如果"只做本家一道菜",甚至只有统一配方的"方便面",又怎能让人乘兴而来尽兴而归呢?

文似看山不喜平,情节性的导游词应跌宕起伏而让人兴趣盎然;空谷回声余音长,抒情性的导游词应意境隽永而让人回味无穷;万千气象在眼前,解说性的导游词应资讯翔实而让人所获颇丰。

口语化和短句化是导游词创作的基本要点。通俗的语言更容易为游客所理解,而短句更易于导游的口头表达演绎。

口语化并不意味着语言就可以味淡如水,同样要力求语言美和意境美。我个人的经验就是,像写诗那样写散文,像写散文那样写小说,像写散文和小说那样写导游词。这样创作出来的导游词自然会意境隽永、语言清新、情节感人,给游客以美的享受。

导游掌握一些诗词楹联知识,不但有益于增加讲解的文化艺术含量,有时还能起到出奇制胜的作用,让游客对导游的文学才华肃然起敬。我曾经带一批诗社成员游览海宁盐官风景区,这些游客自视甚高,言语之中不太看得起导游这个行当。

晚餐后的茶会上,诗人们纷纷以盐官景观为题吟诗作赋,我则在一旁尽一个导游的职责为他们倒茶递水。其间一位年轻的诗人调侃我:"导游,你戴着眼镜也该有点文化,是不是也来几句?"

本来我就想找个机会教他们学会尊重我们这些生活在社会底层的普通劳动者,既然他们把机会送来了,我自然不会推却:"作诗,我们这些大老粗是不敢奢望的,不过今天大家高兴,我就以今天游览的风景为题,来副对子狗尾续貂滥竽充数吧,上联:一代天子六朝尚书;下联:百里钱江万年涛声。横批:天下来朝。"

我这副对子做得很大气,上联描述了盐官景区的历史文化——乾隆皇帝下江南多次来到盐官,曾经还在陈阁老家住了一晚,并亲笔题匾。这是乾隆皇帝多次巡游江南中唯一的一次借宿民居,这正好吻合了"乾隆皇帝是陈阁老之后"的民间传说,而且盐官镇历史上名人辈出,曾经有六人担任过尚书之职。下联则描述了盐官景区闻名天下的景观"钱江潮"。

横批更是霸气十足,第一个层面是自然景观范畴——在古汉语中朝和潮一度通用,"天下来朝"就有了"天下之水朝子胥(伍子胥为潮神)"、气势磅礴的寓意。第二个层面是人文景观范畴——寓指"天下之客朝乾隆"。如此,"天下来朝"四个字就有了"天下水来朝"和"天下客来朝"的双重含义。听了我即兴而作的对联,诗人们沉默良久,继而报以热烈的掌声。

有些导游埋怨游客不尊重导游,问题是导游值不值得游客尊重。我带团去海南岛,地接导游很热情也很健谈,一路上讲个不停。可是她在上面讲,游客在下面讲。最后她把握不住生气了:"我讲得那么辛苦,你们怎么一点也不尊重我?"

我告诉她,尊重不是与客同来的。"赢得尊重",尊重是要靠导游凭借自己的诚信和实力去赢得的。

擅长诗词楹联,让我在导游工作中获益多多。为了适应改革开放后的旅游市场,一些寺院的蔬食馆也做团队餐,团队餐当然不太可能一律素食的(冠名"蔬食馆"而不是"素食馆",含义尽在其中了)。有一次,在寺院蔬食馆用餐的台湾地区游客想试试我的根底深浅,便故意问我:"导游,寺院是清静之地,为什么这里的蔬食馆却供应荤腥呢?"

我略一沉吟便口占一联:"肉味酒味茶味,味味是禅;山色水色云色,色色有道。"游客听了连声喝彩,想不到一个普通导游的国学和佛学的根底这么好!

事实上,当我们遨游在博大精深的历史文化海洋中时,既会有蜜蜂在花海中采蜜时的那种辛勤的愉悦,也会有鲲鹏翱翔时的那种对历史和人生的鸟瞰与博览。正因如此,我们导游讲解的高度、深度和广度尽在其中了。实践让我体会到,导游词绝不仅仅是对景观表象的介绍,上下五千年,纵横八万里,都应当是我们导游驰骋的疆场。

▶▶▶ 亲切感人的欢迎词 ◀◀◀

致欢迎词是导游在客人面前首次亮相,给客人的第一印象非常重要,客人对导游的评估,往往就是以这为参数的。而欢迎词又是第一印象中非常重要的部分,导游的才华优劣在这欢迎词中就完全被掂量出来了。

绝大部分导游的欢迎词都是按照规范要求克隆出来的,不外是代表公司表示欢迎、介绍导游自己、介绍司机、简介游程、说明注意事项等就完事了。我们不能说这种规范的欢迎词不对,但我们有充分的理由证明这种千篇一律的欢迎词很不完善,因为它不符合游客心理学的科学原理。

实践证明,只有让客人产生"他乡遇知音"的亲切感受,才是受客人欢迎的欢迎词。那么怎样才能让客人产生这种亲近的心理感受呢?我在自己的实践中总结出"激发客人两个自豪感"的经验。

激发客人的行业自豪感

十多年前,我接到一个重大任务——为一批到山东来旅游的人大代表当导游。景点的讲解,我自信因得益于高人的指教能比山东导游做得更好。但这是一批有点特殊的客人,怎样才能让这批客人产生耳目一新的感受呢?我认认真真地针对这批客人做了一个接待预案,以期一开口就让客人眼睛一亮。

翌日一早,我在泰安火车站接到了这批客人。上车后我没有"请安",没有介绍自己,没有介绍司机,甚至没有介绍我们的公司,而是指着窗外高耸入云的山影这样开始我的欢迎词:

各位团友大家好,我们左边巍峨的群山就是被尊为五岳之首的泰山。泰山,其险不如华山,其高不如恒山,为什么被尊为五岳之首呢?(客人开始产生兴趣了)

我们中华传统文化认为,天地交泰而万物生。而天高高在上,地沉沉在下,如何交泰而滋生万物呢?我们的祖先认为是我们面前这座高耸入云的大山沟通了天与地,使天地得以交泰而滋生万物乃至滋生万物之灵——人类。此山因此伟功而得名谓"泰",并被尊为五岳之首。自秦始皇起,历代皇帝登基都要到泰山封禅,以此昭示天下:自己是"受天之命"的"真命天子"。

咱们各位人大代表的神圣使命就是沟通人民政府与人民群众。因此,咱们人大代表就是社会主义法制和社会主义民主建设的"泰山",各位的历史使命更重于泰山。

今天,我能作为一个导游在泰山脚下迎接各位社会主义民主和法制建设的"泰山",真是无比荣幸!我的名字叫张松青,在此代表我们旅行社热诚欢迎各位人大代表光临泰山。我们的行程是这样安排的……

我的欢迎词当即引起了全团客人热烈的掌声,带队的人大副主任感慨地大声说道:"我们参加各种旅游考察无数次了,今天第一次听到这么精彩的欢迎词,第一次见识了这么有风采的导游!"

到今天,十多年过去了,人大代表换了几届,我也从一名普通导游成长为旅游公司总经理,但是他们还仍然是我们公司的客人。

带教师团时,我曾经这么演绎:

……我们人民教师继往开来教书育人,承载历史文化,贯通中西文化,真是利在民族功在未来。从这层意义上来讲,我们的人民教师就是中华民族教育文化事业的巍巍泰山,我们人民教师的使命更是重于泰山!

我的话音刚落,只听见老师们先是"哟"的一声感叹,继而便是意料中的热烈掌声。

这个经验是完全可以复制的,只要我们平时把握各行各业的特点和相关从业人员的职业心态,那么,"泰山"这顶人见人爱的桂冠,想给谁戴上,就能给谁戴上。如果能够举一反三,创造出更多能引发游客心灵共鸣的方法,那么我们导游的欢迎词创作就进入了自由境界了。我在带一个物流协会的团队游览山东枣庄运河风景区时就"借水说水"做足了大运河的文章:

各位,我们现在来到了台儿庄运河湿地风景区,台儿庄运河有着今古奇观的建筑的水利设施——气势如虹的台儿庄运河大桥与节制闸,蔚为壮观的台儿庄二线船闸与南水北调提水泵站,蜿蜒绵长的运河大堤、浩浩渺渺的沿河湿地、百舸争流的十里港湾,更有城区内3公里明清运河故道及其两岸遗存的十数处古码头以及古街巷、古民居,被世界旅游组织称为"活着的运河"、"京杭运河仅存清代运河文化遗产",与散布城内的台儿庄大战遗址一起列入了国家级重点文物保护单位。

朋友们,自古江水滔滔向东流,使得各大水系多有阻隔,严重阻碍了经济发展和文化交流。而南北纵贯千里的大运河,沟通了各大水系,在中国经济和文化的发展中起到了命脉般的作用。尤其是现代宏大的南水北调工程,更是以大运河为调水主通道。

咱们物流行业,就是促进现代经济和文化发展的大运河,物流这条大运河促进的不仅是中国经济和文化,而且在全球经济文化发展中也起到了大动脉的作用。可以说,没有现代物流就没有现代经济文化的生存基础……

由衷的感叹声顿时响起,热烈的掌声经久不息。

也许,有朋友会说是我运气好,遇上高贵或者合适的客人,才能有幸激发

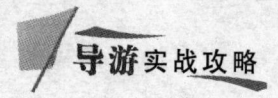

客人的自豪感,取得良好的导游效果。事实上,在接待天津路政工人时,我用同样的方法,也取得了同样良好的效果。确实,刚一接到任务时,我为如何激发这批客人的行业自豪感颇费心思:路政工人处于社会的最底层,怎么恰到好处而不是牵强地去除他们的自卑感、激发他们的行业自豪感呢?我的方法很老套,旧瓶子装新酒:

各位团友大家好,欢迎大家来上海旅游。上海是个国际大都市,大大小小的马路有数千条之多。天津也是个大都市,纵横交错的马路肯定也很多。我们搞社会主义建设尤其是现代科研、商贸、教育和工业园区的开发,首要就是"三通一平"。在"三通一平"中,首要就是路通,道路不通一切都空!

因此,我们可以自豪地说:咱们路政工人就是社会主义现代化建设的开路先锋。如果没有咱们路政工人艰苦而卓有成效的工作,那么社会主义现代化建设只能停留在美丽的蓝图上。

在这里,我作为一个市民,向各位深深地鞠躬,以表示对社会主义建设开路先锋崇高的敬意。我的名字叫张松青,是本旅行团的地接导游,我们在上海的安排是这样的……

我的这段欢迎词同样赢得了热烈的掌声,领队握住我的手真诚地说:"导游,谢谢你。说老实话,很少有人正眼瞧我们路政工人。谢谢!"

接待环卫工人旅游团,我则恰到好处地引用了20世纪60年代在香港发生的一起事件:

各位游客大家好,作为一个导游,我接待过数以千计的游客,其中不乏专家、干部、企业领导。但是,今天我是怀着崇敬的心情来为大家当导游的。

我们都知道,咱们环卫工人有一个美好的称号"城市美容师"。怎么理解呢?就是说,城市之所以美好,咱们环卫工人功不可没。也就是说,如果没有咱们环卫工人辛勤的劳动,任何城市都将美丽不再,甚至是丑陋的。有人怀疑我的话,我就会告诉他们20世纪60年代发生在香港地区的一个真实的故事——香港一名英国警察无端殴打了一位环卫工人,还得到了港英当局的庇护。于是全香港的环卫工人举行了三天的大罢工,结果整个城市垃圾遍地臭气熏天,香港变成了名副其实的"臭港"。最后,港英当局屈服了,处罚了打人的警察并向全体香港环卫工人道歉。

作为一个城市居民，我深深地体会到：没有咱们环卫工人卓有成效的工作，那么任何城市都可能成为一个垃圾场。是各位美好的心灵和辛勤的工作，给了每一位市民美好的生活。

作为一个城市居民，作为你们的导游，我向各位深深鞠上一躬，以表示我对大家崇高的敬意和由衷的感谢……

结果，不但是掌声如雷，而且坐在前面的几位游客还和我握手拥抱，有了这样一个铺垫，一路上团队带得是顺风顺水。

有时对某些恃才自傲的客人不妨采用欲扬先抑的手法设计欢迎词。我有次执导一个来自于某重点中学的教师团，事先做预案时已经了解到这批客人特别高傲。为了使这批客人能以一颗平常心度过这段游程，我设计了一个别出心裁的欢迎词方案：

各位团友大家好！今天我感到特别幸运，夫子云："三人行，必有我师。"而我今天是：三十人行，个个都是我师，而且都是学富五车、才高八斗的名师。由于十年浩劫，我只上了三年半的小学，所以我特别崇拜人民教师。

我们知道每个行业都有一个雅称，比如医护人员称作"白衣天使"，邮递员称为"绿衣天使"，就是环卫工人也有一个美丽的雅称"马路天使"。按照列宁的说法，我们人民教师是阳光下最崇高的职业。那么究竟什么样的雅称才能配得上我们人民教师这个崇高的职业呢？（在这里稍作停顿，等候他们的回答。几乎所有的客人都会说是"人类灵魂的工程师"，我这批客人也不例外。于是我不动声色地继续说下去）既然我们人民教师是阳光下最崇高的职业，那么可以肯定的是，由于有了列宁的说法，斯大林难以给人民教师这个职业更恰当的评价了。所以他就在全苏维埃作家代表大会上这么说："作家用自己的作品来塑造人类的灵魂，所以作家是人类灵魂的工程师。"

客人此时一定会很震撼，因为这个误传口号在国内已经流传了几十年，即便是专业的教师报刊也常常这样引用，我要的就是这个效果。然后峰回路转，从列宁的"一个充满文盲的国度是黑暗的愚昧的，在那样的国度里是不可能建成共产主义的"引导客人自己说出"光明天使"这个答案，最后用"光明天使是天使中的天使，为这样的天使服务是我的无上荣光"来导入自己的正式欢迎词。此时客人的高傲已经不复存在了，以后的工作就比较容易得到他们的配合。

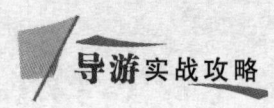

激发客人的故乡自豪感

另外,激发客人的故乡自豪感也是一种行之有效的方法。尤其是如果这批客人曾经享受过你的"激发客人的行业自豪感",而炒冷饭是导游的大忌,那么你再次接待他们时不妨激发他们的故乡自豪感。

我在接待山西省建委的客人时,曾经这样开始我的欢迎词:

各位领导大家好,欢迎大家来上海指导工作。上海是中国的第一大都市,而咱们山西是中国第一能源大省,咱们都是中国第一啊。上海的发展离不开全国人民尤其是山西人民的大力支持。地球人都知道,中国最优质的煤炭在咱们山西大同,而山西人民把最优质的煤炭支援了上海的建设。在此,我以一个普通上海市民的身份向各位山西领导表示崇高的敬意和真诚的感谢。

说起中国历史文化,学术界有一个共识,就是"百年看上海,千年看北京,三千年看陕西,五千年看山西"。中国有"百家姓",而其中很多姓氏的祖先都源自于山西,山西洪洞县那棵老槐树就是真正的中华民族之根啊……(热烈的掌声,自然是少不了的)

我接待新疆建设兵团客人的情况比较特殊,原定导游被客人"休"了,我是应朋友之邀去救团的。得益于自己平时的深厚积累和规范的工作习惯,我在赶路的时间就把方案做好了。一上车,我就向大家行了个军礼:

各位首长好!新疆和上海虽远隔千里却亲如家人,兵团的张司令是上海人,而各位师首长的部下一定有很多上海籍的战士。如今我们上海市民在日常生活中深切感受到新疆人民的深情厚谊,比如每天早上一打开燃气灶,来自千里之外新疆克拉玛依的天然气就给我们送来了能量。再如你去走亲戚,新疆的哈密瓜就是一个很好的选择。上海的纺织品在市场上很受欢迎,但是用于纺织原料的最优质的长纤棉却生长在新疆广袤的土地上。因此请让我们一起说:"新疆人民和上海人民的友谊亚克西!我叫张松青,是各位首长在华东六日游中的勤务兵,大家可以叫我小兵张导……"

接下来的一切,自然就"亚克西"了。游程结束后,这些原先傲然的师长级游客和我成了无话不谈的好朋友了。

以上只是我个人创造的在实践中证明行之有效的方法。然而,每个人的文化背景不同,语言习惯也不尽相同,因此每个导游都应该根据自己的特点,设计出相应的欢迎词构架万花筒,并用这支万花筒转出千姿百态的"欢迎词"来。我在这里仅仅是抛砖引玉而已,请大家务必记住的只有一句话:"人敬人高,只有导游从心里敬重客人,客人才会尊重导游!"

　　欢迎词真正的功能绝不是数芝麻,而是让客人体会到导游对他们的敬重,让导游赢得客人的敬重。

▶▶▶ 新颖有趣的景点讲解 ◀◀◀

　　景点讲解是导游讲解的重头戏,在景点中常常同时到达几个团队,几个导游同时讲解。这时必然会发生一个状况——客人会向讲得最精彩的导游身边汇拢,最后其他导游只能偃旗息鼓,卷旗走人了事。

　　我就曾经遭遇过这种尴尬的滑铁卢,那是我第一次独立带团去苏州西园寺,没有实践经验,只好两眼望着天空,干巴巴地背诵导游词,不到5分钟客人全跟着别的导游走了,我只得灰溜溜地卷起导游旗,混在人群中听其他团队的老导游讲解。这件事对我的刺激很深,下决心一定要成为最好的导游之一。以后公司有团队出行,只要车位有空我调休也去旁听,所幸我们公司有几位非常优秀的老导游,如宗教文化知识独步业界的王颂华先生、历史文化知识独有建树的范松茂先生等。我对文史知识的记忆特别好,只要听老导游讲一遍,就能基本记个全,然后把老导游的讲解词调整修饰一下,增加一些更精彩的相关内容,在镜子前反复演练,直到能讲得如行云流水为止。其间我还有幸得到了上海导游界前辈李光羽先生的指教。

　　一年以后,还是在苏州西园寺,当时我的团队只有30余人,最后我后面跟了足足有百多人的听客,以致我们团队的客人大声抗议:"这是我们的导游,你们跟来干什么?"

　　景点讲解是导游的基本功,切切不可满足于照本宣科,仅仅依靠复诵旅游专业书上的内容是远远不够的,必须针对不同的客人层次设计不同的讲解方案。景点讲解要考虑两大因素,一是客人的文化层次;二是客人是否初次来此地旅游。对文化层次高的游客,讲解词应以历史典故或科普知识为侧重。我

无数次游览过喀斯特地貌的溶洞景观,景点导游的讲解基本上都是一个模式,什么"老寿星"啦,什么"送子观音"啦,仅仅是象形解说,听多了也就索然无味了。然而,一次去贵州织金洞的旅游让我至今印象深刻,这位导游一开口就与众不同:"某块石头像这像那,那是知其然,导游不说客人也能看出来。我再那样说就是浪费大家的时间,我今天要说的是知其所以然。"然后,她针对不同的景观,讲解那种景观形成的不同的地质演变自然条件以及它的观赏价值和科研价值,让我们整团客人都为之叹服。事后我问她是否对每个客人都那么讲,她诚实地笑笑:"都这样讲还不累死我?我知道你们这个团的客人是《百科全书》的撰稿人,才往科学层次上讲的。"

对故地重游的客人应使用知识储备中中间层次的资料,对已多次来此地旅游的或者高文化层次的客人只好动用独家秘籍了。一次,国务院派了5位专家来上海检查指导北外滩开发建设的规划工作。其中一个休息天他们自费去周庄旅游,政府职能部门就指定我作为导游。尽管我在历史文化和古园林建筑方面有一定造诣,但在这些泰斗级专家面前发挥那些知识,肯定是班门弄斧。

好在"我是导游我做主",我把重头戏放在了全福讲寺中,我是一个居士,就佛教文化来说,我自信可以是这些专家面前的"专家"。考虑到这些特殊的游客都是党员干部加专家,用一般层次的方法讲解佛教,他们很可能不但不接受而且还会反感,于是我一开口就引用了革命导师恩格斯的话:"佛教徒处于理性思维的高级阶段,人类到释迦牟尼佛时代,辩证思维才成熟,辩证法最初来源于佛教。"

我的开场白果然使他们大为惊讶,并产生了兴趣。然后我说:"各位都是国家栋梁,真正的成功人士。作为导游我仰慕你们但绝不妒忌你们,因为佛经上说:'今生受者果,前世所作因。'各位的成功有自己的努力和党的培养,而根据佛教的教义来推论,各位在前世一定是大善之人,做了很多的好事,以致修得今日的丰硕成果!"

也许他们不一定理解和赞成佛教的因果说,但是对我这样引出佛教文化肯定不会反感。最后我总结道:"什么是科学常识?科学常识就是人们对宇宙认识的归纳。宇宙是无限的,而人类对宇宙的认识是有限的。如果某种现象超出了我们的认识范畴,就被定义为迷信,那么这种定义本身就违背了辩证唯物主义认识论。"此论得到了专家们的首肯。

有时,把客人所在地区的文化热点与景点讲解结合起来,会有锦上添花之妙。山东枣庄的台儿庄,是世界四大复原古城之一,景观看点很多。我带上海假日列车的客人游览台儿庄时,恰逢电视连续剧《正者无敌》正在上海热播。我就把讲解的重点放在剧中主角冯天魁的原型川军122师师长王铭章的指挥所中,让上海游客感慨不已!

　　由此可见,导游的即兴发挥必须以平时的深厚积淀为基础,而事先做好讲解预案必能临阵不乱,取得事半功倍的良好效果。

对干部讲政治

　　那是北京密云县过来的一个团队,全部由各单位党委书记和团委书记组成。设计那个团队的讲解词,我是下了一番苦心的。除了在大部分景点讲解中主要运用中间和上乘层次的资料外,在无锡的蠡园设计了一个亮点。

　　无锡蠡园有条著名的千步长廊,长廊的尽头有个景点叫"镜涵",走进月洞门顿生别有洞天之感。中间一池碧水映着蓝天,周边环绕着郁郁葱葱的大树和亭亭玉立的修竹,显得分外幽森。碧水的一角有栋陈旧的白色小洋楼,楼前有一块不起眼的铭牌,上书"彭德怀元帅囚禁处"。导游一般不带客人来此,所以平时十分静谧。我对这里情有独钟,每次带团必来此处。这次我同样把来自北京的党团书记旅游团带到了这里——

　　　　各位,这里是一个不容错过而往往被错过的景点。首先,这里的造园艺术很有特色,中国古典园林和欧洲风格的建筑和谐地融为一体在别处是不多见的。尤其是"镜涵"这两个字用得绝妙,因为绿树掩映和高墙的围拥,大风难得吹皱水面,因此这一湾湖水常年水平如镜,而周边景物在水中的倒影清晰如真。如镜的水面涵融了天空和湖边的景色,不是镜涵又是什么呢?

　　　　我特别推崇这里的原因并不是此处能诱人发思古之幽情的秀丽景色,秀山丽水在江南比比皆是。我推崇这里是因为池水对面那栋小洋楼里曾经囚禁过一位伟大而又充满悲剧色彩的人物——彭德怀元帅。

　　　　1959年的庐山会议,彭德怀元帅为国担忧,为救百姓于水火之中而写了著名的《万言书》,因此遭到错误的批判。会后,彭德怀元帅被囚禁于此,一关就是10年哪!

　　　　当年唐太宗李世民曾经有过千古之绝叹:"以铜为镜,可正衣冠。以

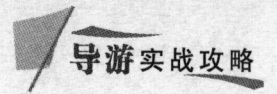

史为镜,可知兴替。以人为镜,可明得失!"

今天我们站在这里,追溯往事——这一池碧水何尝不是映照历史的明镜?!曾被囚禁在这里的彭德怀元帅,何尝不是映照每一个人灵魂的明镜?!

我讲到这里时,整个团队都陷入了沉思,每个人都以囚禁彭德怀元帅的小楼为背景摄影留念。"这是一个我们永远忘不了的景点",客人们如是说。

团队到上海后,我在上海豫园的一个其他导游基本忽视的景点——鱼乐榭旁边的百年紫藤,也设计了一个亮点——

各位团友,鱼乐榭有关庄子和惠子"子非鱼"和"子非我"的对话,大家肯定耳熟能详,我就不多说了。

我要说的是我们面前这棵毫不起眼的紫藤,它已经有300多岁,堪称豫园植物中的老寿星之一了。从南京一路过来,我们游览了不少江南园林,园林中的植物林林总总,但也不是万宝全书。有的缺松树,有的缺柏树,有的缺枫树,但有一种植物却是必不可少的,哪位说说是什么植物呢?(稍候,在紫藤面前这个答案容易猜)对,这位团友说对了,是紫藤。现在哪位团友来补充一下,说说为什么在私家园林里紫藤必不可少的道理,好吗?(这个问题的答案很多导游都不知道,客人肯定回答不出,如此只是制造一个悬念而已)

大家知道,能够造上规模私家园林的大都非富即贵,事实上留存到现在的私家园林大都是当时在任或退位的官员或巨贾富商所造,这些人无不希望能够福荫子孙万代。之所以都在私家园林里栽种了大量的紫藤,是因为紫藤是"富贵花"。在中国唐朝三品以上官员才有资格穿紫色官袍,四品、五品官员只能穿红色官袍。紫色和红色因此被称为富贵色,其中又以紫色为贵。因而,以紫藤架蔽荫只是表层上的用处,真正深层的含义在于借紫藤的谐音:紫藤——'子腾',祈望子子孙孙飞黄腾达、富贵万代,才是园主人良苦用心之所在。

各位团友,这棵300多岁的紫藤,在新中国成立前夕曾经一度枯萎,大家都以为难以复活了。可是当1949年4月23日,中国人民解放军的冲锋号声响彻上海的天空后,这棵紫藤竟然新芽萌发,恢复了生命活力,又重现绿叶如茵、繁花似锦的盛景。俗话说草木无情,可我要说,豫园的百年紫藤有情,它知道新中国好!共产党好!社会主义好!

领队的县委宋副书记带头鼓起了掌,并对在场的党团委书记们说:"什么叫政治水平,这就是政治水平!"(这段讲解词中蕴含了园林紫藤的历史文化寓意和豫园紫藤的现代政治含义。紫藤复萌和上海解放在时间上的契合,肯定是一种巧合。但是无巧不成书,一个称职的导游必须具备"信手拈来皆文章"的能力)

执导此团,我为我们公司赢得了第一面锦旗,也因此以一个新导游的身份在我们公司众多导游中崭露头角。在送他们到火车站时,宋副书记握紧我的手热诚地说:"张导,一定要到密云来玩,我们要好好招待你。来时招呼一声,我亲自带车到密云县界来迎接。"

这是我接待的比较成功的团队之一,但是话又说回来了,对党政干部这么说妥帖,对其他类型的客人却不一定合适。还是那个原则,对什么客人说什么话!

对知识分子讲典故

不同的游客对导游讲解的需求大不一样,知识层次较高的游客对文化层面的内容比较感兴趣。以杭州为例,杭州是游客们常去的景地,因此对导游而言讲解的难度就比较大。我们选择讲解资料时应该把握"人无我有,人浅我深"这个原则。我带知识分子团队游览西湖时,喜欢把南山路苏堤那块沙孟海老先生题写的碑石作为讲解西湖的开端——

各位,我们左侧的雕塑就是苏东坡大学士的造像,右侧就是我国著名大书法家、西泠印社社长沙孟海先生亲书的碑石。让我们先来领略一下先生不同凡响的书法艺术,大家看看这块碑石有何与众不同的地方吗?(稍停,大多数游客会说苏堤的堤字写错了,写成了耳朵旁。文化层次高的人会说那是个异体字)

对了,沙孟海先生作为首屈一指的书法家绝无可能写错别字的,那是个异体字。和茴香豆的茴字有多种写法一样,苏堤的"堤"字也有多种写法,有常用的土字旁,也有石字旁、耳朵旁等。我们的问题是沙孟海为什么独独选中一个耳朵旁呢?(这才是本段讲解词的关键)

沙老先生是西泠印社的社长,杭州是他的常来之地,西湖的景观他必然了如指掌。西湖因气候不同而展现出不同的美景,历来有晴西湖、雨西湖、月西湖、雪西湖之说,苏东坡"山色空蒙雨亦奇"诗句赞咏的就是雨西

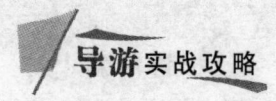

湖之美。

雨天,在湖边的亭阁中闭目养神、静心闲坐,聆听雨珠叩敲着湖边的宋代青瓦和水中的今日红莲,雨丝轻抚着长堤垂柳与擎天古樟。那一种用天籁之音奏出的仙境美景,是何等的令人陶醉、回味无穷。

艺术的通感是很神奇的,视觉、听觉、嗅觉、触觉、味觉还有来自心灵的感觉都是相通的。日本著名的指挥家小泽征尔在中国指挥中央交响乐团演奏时,著名的诗人桂兴华用这样的诗句赞美他:"用眼睛去听,用耳朵去看……"

如果我们领略过"庐山听雾"的美妙意境,就不难领会沙老先生题字婉约的含义——西湖的景致用听来欣赏,更美,更有诗意!

如果有缘的话,来年新春三月,在西湖的桃花雨时节,我们再一起来杭州领略沙老先生"西湖听景"的意境,如何?

我的这番讲解,让客人觉得很有新意。领队甚至产生了来年春茶新采时节,再来杭州西湖品茗听雨赏桃花的意向。如果只是照本宣科,炒炒苏堤的来历、西湖的面积和水深、西湖的形成等冷饭,恐怕不等你讲完客人早就散尽了。

杭州的灵隐是游客必去的地方。比如飞来峰,两边的南高峰和北高峰都是花岗岩山体,为何唯独中间的飞来峰是石灰岩山体呢?对普通游客而言,正好印证了《济公背新娘》的民间传说。而对文化人,导游就必须从科学的角度来讲解:杭州地区原来是一片海域,南高峰、北高峰是海中两组巨大的礁石,中间的峡谷正是适于海洋生物生长的海沟,千万年来海洋生物生于斯亡于斯,骨骼中的钙质沉淀于此,经过漫长的地质演变形成了以碳酸钙为主要构成物质的石灰岩山体——飞来峰。

对普通游客讲传说

执导普通文化层次的团队,你如果对景点进行科学解说或者罗列烦琐的数据肯定没人爱听,这叫青菜萝卜各有所爱。对这样的游客,讲解大家熟悉的传说是个不错的选择,但是熟悉的传说必须是新颖的故事。我也讲济公的故事,但从不讲大家耳熟能详的故事情节。同样是《白蛇传》,如果你讲"借伞",讲"小青斗法海",会有人要听么?我是这样对游客讲白娘子的故事的:

吕洞宾卖汤圆

各位,我们脚下这座桥就是有名的断桥,大家一定会奇怪:为什么好好的一座桥要叫作断桥？这就与"西湖三怪"有关了，西湖三怪就是"断桥不断，长桥不长，孤山不孤"。不过今天，我们要讲的是断桥下面发生的事。大家都熟悉许仙与白娘子的故事。可是，谁能告诉我，为什么美若天仙、柔情似水的白娘子非要死皮赖脸地嫁给憨头憨脑的许仙呢？我告诉大家，就和我们脚下的断桥有关系。

当年，断桥边许家庄的许员外有个三世单传的儿子，单名一个"仙"字，因是唯一的香火，全家万般宠爱。

一天，断桥边来了个卖汤圆的老汉，他的吆喝挺奇怪的："卖汤圆，卖汤圆。大汤圆一个铜钱三个，小汤圆三个铜钱一个。"杭州人很聪明的，所以不一会儿，大汤圆卖完了，剩下的小汤圆一个也没人买。也是，大汤圆一个抵仨，只要一个铜钱；小汤圆三个顶一，却要三个铜钱，谁买谁傻瓜。大家在一边儿看老头的笑话。

这时，家人领着小许仙来了。也怪，一到这断桥边这小许仙就吵着要吃汤圆，家人早听过那老汉吆喝了，自然不愿意花三个铜钱买个小汤圆。倒不是小气，是怕村里人笑话。

可小许仙吵着嚷着非要吃汤圆不可，卖汤圆的老汉就盛了一个汤圆给小许仙吃。可是小许仙吃得太急，一下子噎住了，憋得小脸发紫。家人急了，一边拍着小许仙的背，一边责怪卖汤圆的老汉："都是你不好，谁要吃你的汤圆了？你硬给我家少爷吃的，出了事到衙门告你！"

卖汤圆的老汉叹了口气说："可惜，可惜！本来该是你家少爷的，可是既然缘分未到，那就罢了。"说罢用勺子轻轻敲了一下小许仙的后背，只听小许仙咳嗽一声，那个噎在嗓子眼里的汤圆就咳了出来，掉进了断桥下的湖水里。

这时一条白蛇在水底已经等候了很久，见那汤圆从许仙的口中咳出落进湖里，急忙一口吞下，急游而去。

人所不知，那个卖汤圆的老汉不是别人，正是赫赫有名的神仙吕洞宾。这一天他有心来度小许仙，生怕别人占得先机，特地演了一出大汤圆便宜、小汤圆贵的把戏。未料到许仙会噎住，其家人又过分焦躁，却让白蛇占了先机。

再说那条白蛇已经修炼了2500年，再修500年才能修得人形。许仙咳出的哪是什么汤圆，那是吕洞宾炼的仙丹。吃一颗仙丹抵得修行500

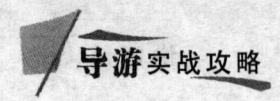

年,那白蛇因此立时修得人形。

此后,白蛇已修成花容月貌的白素贞。待许仙成年后,千方百计以身相许,只为报答许仙赠仙丹之恩。并为此演绎了"斗法海"、"盗仙草"、"水漫金山"一系列惊心动魄而又脍炙人口的爱情故事,也真是有情有义了。

《白蛇传》这个大传说可说是家喻户晓、人所共知,而其中《吕洞宾卖汤圆》这个小故事可说是知者甚少,故而既能让游客产生共鸣,又有新颖感。

妙用传说

上海名导李光羽先生有句名言:"传说传说,自我而传起,有何不可?"这大大解放了我们导游的思想,拓展了导游词创作的天地,把导游词的创作提升到了文学创作的境界。给了我们导游见山说山、见水说水即兴发挥的空间。事实也是如此,雁荡山的灵峰夜景动人的传说,不也就是从灵峰夜游这个项目开发以后开始产生并逐渐丰富起来的吗?

从另一层意义上来说,我们导游再也没有理由一问三不知了,因为在游客的心中导游应该是旅游知识的"万宝全书"。当然,我们不可以编造历史,但是应该创造传说呀。近几年,我常常应邀为以自然景观为主的景区创作一些传说,以丰富这些景区的人文内涵。

传说,其实也是能帮我们导游应急的妙方。有一次我和老导游带了两辆大巴士的客人游南京,老导游路熟但讲解不行,我讲解很好但没去过南京。进入莫愁湖公园后,老导游内急,我不想让客人久等,就带队先行了。在一个岔路口我犯了个经验主义大错,左边是一条宽阔的大道,而且看见远远有一组古建筑。右边是一条蜿蜒的沙石小径,通入一片树林。根据往常的经验,我就带着团队往左边去了。过了一会儿老导游追了过来,悄悄地对我说:"走错了,郁金堂和胜棋楼在右边。"

那天天气很热,如果对客人说:"对不起,我们走反道了,现在往回走。"肯定要激起群愤。于是我问老导游前面是什么建筑,老导游告诉我是一个名叫抱月楼的茶馆。

"抱月楼,多有诗意的名字。"我立时在心里打起了腹稿,等到了抱月楼时,一个诗人与其红粉知己打破封建枷锁终成眷属在莫愁湖吟诗赏月的动人故事已经成就了。听了我的故事后,为"诗人"伟大的爱情所感动,团队中夫妻或情侣双双而来的游客纷纷在抱月楼前摄影留念。当然,主景点还是要补上的,只是客人并未发觉导游带他们走了冤枉路,并为他们多了一个行程上没有的景点而高兴。

链接话题的语言云梯

　　有时,该说什么的时候却感到无话可说,有时某些景点(尤其是仿古景点或者是新开发的自然风光景区)确实无话可说,怎么办? 总不能沉默吧! 沉默的学者有深度,沉默的领导有城府,而沉默的导游则只有苦处了。有一回,我看到一位导游带客人到西湖边上,然后说:"游客们,西湖漂亮吧? 漂亮得无话可说了。"然后就沉默无语了,不满的客人当即反唇相讥:"我们碰到你这种导游,才是真正无话可说了!"

　　那么怎样才能做到时时有话可说、处处有话可说呢? 有两个办法,对讲解要求不是很高的游客可以用"移花接木"的方法,比如《功德箱的故事》在所有的寺院中所有的佛殿内都可以讲,《柳树为何被姓杨》在大部分自然景观和所有的园林里都可以讲。

　　对讲解要求高的游客就必须借用语言的云梯,把导游想讲的内容与眼下的景况连接起来,既使导游有话可讲,又使客人无突兀之感。扬州评话大师王少堂先生当年拜师学艺。一日,师傅正讲到《三国演义》中"吕布辕门射戟拉开雕画宝弓那一刻"时,突发急病,王少堂被迫顶替师傅救场。一周后,师傅病愈复出发现听客比以前多了许多,而评话中"吕布那搭在弓弦上的那一支雕翎箭"尚未射出,大为赞叹,收其为入室弟子。

　　我在前面多次强调,导游讲解要学习评话艺术,而将其借用为语言的云梯是重要原因之一。那么怎样使用语言的云梯,连接自己所擅长的题材内容呢?

　　引申,就是我们语言过渡的云梯,而且这架云梯会随着导游的经验积累而日益增高,有了这架云梯我们导游的讲解就能进入自由驰骋的境界。比如我们带着客人在山中行走就可以"借山引树,借树引话":

　　　　各位团友,我们一路上是"满目青山尽收眼底",不知道大家注意到没有,在山上几乎没有柳树,而在水边很少有松树。这就是民谚所说的"松树渴死不下水,柳树淹死不上山"。

　　　　说起松树,大家知道中国行政级别最高的松树在哪里吗? 大家注意脚下安全,听我慢慢讲来——当年秦始皇到泰山极顶祭天后,在下山途中

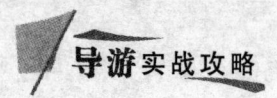

突遭暴雨，一时狼狈不堪。宰相李斯发现不远处的山道边有一片松树，便命众人扶着秦始皇躲进松林避雨。由于这片松树枝叶茂盛，虽然大雨滂沱而秦始皇竟然龙袍未湿，秦始皇感其护驾有功而当即赐封这些松树为一品大夫。呵呵，比现在国务委员的级别还要高。因为这片林子共有五棵松树，故称之为五大夫松，成为泰山闻名遐迩的景观之一。

说起柳树，就和隋炀帝有很大的关系了……

你看，这架云梯一下子从现代架到了秦朝，跨越了2000多年，再扯上隋炀帝话题就更长了，无话可讲的尴尬局面就可以完全避免。而且客人心里会想："呵，我们的导游真行，连不起眼的树都能说出那么多的道道来！"

很多导游的话题转换显得突兀，让客人有牵强附会的感觉，这是因为他们不懂得如何使用"引申"这架神奇的语言云梯。

▶▶▶ 切时切景切情的途中讲解 ◀◀◀

途中讲解内容比较广泛——短途转移车程不长，途中一般讲讲上一程旅游的概括和下一程旅游的简介即可，比较有经验的导游善于在下一程旅游的简介中制造悬念，达到让客人心向往之的效果。长途转移（一般为异地）车程比较长，比如从上海往杭州要3个小时左右，从成都往九寨沟车程就要10多个小时了。在这段时间如何让客人不感到乏味，导游就必须做好功课了。这里推荐一个比较成熟的方法，我把它命名为"串珠法"，即以转移中沿途相应的人文地理和自然风光为线，以拓展的民俗风情、历史逸闻、养生知识、趣味猜谜、趣闻逸事、才艺展示等为珠，切时切景切情地串联起来。

以从上海到杭州为例，上车（对上海之游作一简短小结），车经松江（佘山、松江大学城、欢乐谷），车经枫泾（丁蹄、上海的三泾一角），车经嘉兴（南湖、西塘古镇、五芳斋粽子），车经屠店（皮革城、杭白菊），车近杭州时导游的途中讲解应该达到高潮，这里应该是最大最亮的一颗珠子（杭州简介、杭州民俗、杭州俚语以及景点概况——西湖新十景、老十景、西湖三怪、西湖双绝等）。这样的讲解和沿途的人文地理结合得就比较贴切。沿线讲解的好处是让讲解的内容有序化，显得自然而流畅，可以避免东拉西扯的生搬硬套。但是拘泥于沿线的内容又往往会使讲解内容显得单薄，因此导游可以发挥自己的特长选几个珠串进去——如果你的天文学知识比较丰富,就可以通过佘山天文台充分发挥,在那里串一颗天文知识的珠子。古镇知识丰富则可以通过枫泾或者嘉兴的节点串进古镇文化的宝珠。

文武之道,一张一弛。滔滔不绝的讲解也会让客人产生审美疲劳,这就要求导游适时调节客人的情绪。根据神经生理学的特点,每 15 分钟就应该为你的游客制造一个兴奋点。制造兴奋点的方法有几种,讲笑话、唱歌、有奖猜谜都可以。

最基本的途中讲解,三颗珠子必不可少,即一段高潮迭起的讲解,一场生动活泼的文艺互动,还有一颗珠子你可能会感到意外,那就是一个时段的休息。

有时,客人对沿途景观不太感兴趣,那么健康就是一个各种类型游客都欢迎的百变不穷的话题:

> 我们都知道,成绩是领导的,财富是子女的,唯有健康是自己的。那么什么是健康之道呢?饮食习惯太重要了,良好的饮食习惯应该是"多醋少盐,多茶少酒"。说起醋,我有个很有趣的故事……

你看,这架语言万花筒一下子就转出了醋文化、茶文化、酒文化以及盐商的故事,那是几天几夜都说不完的话题。其中醋文化可以引申出发源于中国的东方醋,包括米醋、麦醋、曲醋、糠醋、糟醋、饧醋、桃醋、葡萄醋、大枣醋、糯米醋、粟米醋等数十种。而发源于巴比若利亚的西方醋则有英国的麦芽醋、西班牙的雪莉醋和英国的苹果醋等。另外杜康儿子黑塔酿醋的传说和唐太宗李世民令房玄龄妻子"吃醋"的故事,更是脍炙人口的途中讲解好材料。

但是就像某一种食材吃多了会腻味一样,导游切切不可为了显摆自己的知识丰富而不顾客人的感受,滔滔不绝地就某一题材过度发挥。我的经验是:与其给客人一个西瓜,不如给客人一个水果拼盘,丰富还须多彩才是正理。

在游程比较长的旅游途中,不妨借鉴一下长篇评话艺术,把与沿途景点相关的历史故事,分成若干个章回。与在书场里听书的观众全神贯注不同,在旅途中的游客兴趣和关注点容易转移,因此每一"章回"的讲解时间不宜太长。具体长短根据经由景观的时间而定,最好不要超过半小时。

比如长江之旅逆水而上整个游程要好几天,其中大部分时间都在船上。除了著名的三峡两坝以外,有观赏性的自然景观也不是特别多,因此客人大部分时间都用于打牌、闲聊和睡觉。走的次数多了,我深切体会到了游客的寂寞

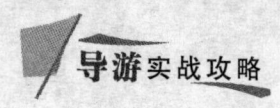

和无聊。于是我以《三国演义》故事为主干,与沿途自然景观相结合,再加上我们导游所挖掘的资料,编成连续性段子,每天在船上讲一两次,效果极好。以至于到我讲故事时,客人都会聚集在船头的观光甲板,一边欣赏两岸自然风光,一边听我讲解发生在沿岸的三国故事。

如果能够切时切景切情地吟诗作赋,那么导游的途中讲解必能锦上添花。我带一个以女性高级教师为主体的旅游团从丽江古城向香格里拉进发。一路上沿金沙江而行,途中我一边用幽默的讲解和风趣的互动让车厢中欢歌笑语不断,一边引导客人适时欣赏车窗外壮丽的高原风光。

在一处能隔着金沙江远眺玉龙雪山侧影的地方,我停车请客人稍作休息并摄影。此时远处玉龙雪山在金色的夕阳照射下,变成了金红色,脚边的金沙江像一条金黄色的缎带,在绿草如茵的高原草甸蜿蜒流淌。面对这如诗如画的景色,我诗兴大发脱口成一阙:

　　玉龙山戴紫金冠,
　　金沙江舞黄缎带。
　　缘何歌欢春风劲?
　　海上仙子向瑶台。

诗的前两句描绘了玉龙雪山和金沙江的景色,第三句反映了车厢内热烈的气氛,最后一句则把香格里拉比作天上的瑶台,而把车厢中四十几位上海女教师比作"海上仙子",当即赢得老师们的击节叫好。

回来的路上晴雨交替,忽而一弯绚丽的彩虹出现在路边的草甸上空,大家都啧啧称奇。此时,我又适时献给游客一首应景小诗:

　　忽而风雨忽而晴,
　　斜阳复照草甸碧。
　　借问谁架七色桥?
　　疑是神女晾彩衣。

我这首切时切景的小诗,引爆了满车厢的热烈掌声。不少担任校长的游客真诚地说:"导游啊,你的文学功底这么好,还当什么导游啊?干脆办个作文培训班,我们把学生送过来,这可比当导游有发展前途多了。"

后来,我真的去一些学校开设作文兴趣班,凡是听过我的作文课的学生大都疯狂地爱上了写作文,一些学生经过我的辅导还在省市级刊物上发表了作品。当然,我没收一文钱,一方面这是我对客人的回报,另一方面我是在证明:

一个好导游不但可以是一个出色的主持人、一个出色的脱口秀演员,还能够成为一个出色的教师。

在新疆之旅、台湾地区之旅、欧洲之旅中,每天都有很多时间耗在车上,我每天都会在地陪途中讲解的空隙,"插播"半个小时的《左宗棠的故事》或者《郑成功的故事》或者《各国名人的故事》,让游客们在单调的旅途中有丰富有趣的文化享受。

当然,深度了解客人的职业状况和家乡情况,适时与客人聊聊家常,也是一种非常好的互动方法。

途中讲解忌讳的是突然讲起与其时其景不相干的话题,比如在去九寨沟的路上途经羌族区域,突然讲起成都的杜甫草堂,而到了九寨沟又突然回讲起羌族文化来,那就离题太远了,让人不免有突兀之感。

▶▶▶ 意味隽永的欢送词 ◀◀◀

欢送词就像餐后甜点,虽然不是最重要,但也不容忽视。否则前面的主菜虽然很好,但这最后一道点心如果坏了客人的胃口,那整套大餐就要打折扣了。同样,欢迎词和讲解词都很有新意很精彩,但是最后老套的欢送词像一块烂水果弄得客人兴味索然,那你留给客人的最后整体印象要逊色很多。因此欢送词虽然只是一道餐后小点心,但同样不可以掉以轻心。

人们习惯把一件事情的圆满终结比喻为画了一个句号,然而一个优秀导游的欢送词不仅是一个圆满的句号,更应该是一行意犹未尽的省略号。

圆满的句号

句号式欢送词的程式是"总结—告别",如果过程是完美的,那么这个句号就自然圆满;如果过程中有不如意的地方,那么这个句号可能是缺损的,导游就应该在欢送词中运用技巧把这个句号画得尽可能圆一点。有一次我带客人作苏州一日游,中途下了好一阵雨,使客人玩得并不尽兴,我在欢送词中就如此画圆:

……夜幕低垂,华灯初上,我们就要回到温馨的家了。今天下了一场雨,也许让大家有点遗憾,可是我觉得把这场雨看成一种荣幸更贴切(说到这里客人都抬起头,用迷惑的神色注视着我)。是呀,大家一定想问,旅游中下雨怎么还会是一件荣幸的事呢?

　　我们知道,中国是一个礼仪之邦,十分讲究礼节。按照中国古代的礼制,皇帝出巡时,地方官员必须用"清水泼街,黄土垫道"的最高礼节来迎接。今天的游客就是皇帝,我们这么多这么尊贵的皇帝到苏州来"巡察",怎么能不享受最高的礼遇呢?黄土垫道就不必了,因为这要被市容监察人员罚款的。但是怎么的也要清水泼街是不是?可能市长先生太忙了顾不上,更可能是节能减排舍不得用水,没有为我们行此大礼。老天爷实在看不过去,所以就用清凉的雨水为我们泼街行大礼了,大家说对不对?

我这段略带幽默感的欢送词还未说完,车厢里就响起了热烈的掌声和欢快的笑声,因下雨而带来的遗憾一扫而尽。当然,如果接待服务有欠缺的话,真诚的致歉还是必不可少的。

意犹未尽的省略号

　　省略号式欢送词的程式是"总结—告别—期待……"而且重头戏在创造"期待"上,好比说书或者评话演出中每一场结尾总是在紧要处来上一句"要知后事如何?请听下回分解",吊足听众的胃口,让他们下次非来不可。同理,让客人在回味本次旅游的同时又产生故地重游的期待,这才是成功的欢送词。"期待"在语言表达上是导游对客人依依不舍的送别,而真正的意旨却在于暗示"还有更多更好的美景没来得及欣赏,留点遗憾下次再来……"

　　我在《欢送应该是欢迎的前奏》一文中设计了好几种方案,这里抛块"砖头"作引玉之用:

　　……苏州之旅已近尾声。严格地说,旅游是一种美好的遗憾,每一次都是享受了若干美好而与更多美好擦肩而过。我们这次苏州之旅,已经尽可能地涵括精华景点,如中国四大园林之一的拙政园、千年古刹寒山寺、吴中第一名山虎丘,但由于时间的限制,还有很多历史和自然的瑰宝未能去身临其境地体验。我作为你们的导游深深地为之遗憾并真诚地期待:在不久的将来能够再次陪同各位,一起到秦始皇曾经驻足饮马的白马湖,去欣赏"水中大熊猫"桃花水母是如何地在水晶般透明的湖中翩翩起舞;一起去五星级的温泉度假村,享受比当年唐明皇和杨贵妃更奢华百倍的玫瑰浴、人参浴、海泥浴……让来自南美洲的小鱼为您做全身按摩,为您把岁月的铭纹从皮肤上抹掉。当各位从第N个水晶池中走出,我相信在座的每位女士一定会让杨贵妃自惭形秽,各位先生一定已把健康紧紧地拥抱。好吧,我建议,在我们彼此说再见之前,一起为我们××企业的领导,也为我们自己,来次热烈的掌声。愿在××董事长的卓越领导下,在各位的共同努力下,企业的效益年年更上一层楼,每月多发奖金,每年的旅游也是芝麻开花节节高!

好,亲爱的朋友们,我不得不对大家道声"再见",愿大家一路平安。请大家记住了,在美丽的江南有一位朋友深深地把你们牵挂。让我们明年再——相——会——

导游讲解小贴士

导游和讲解员不一样,讲解员可以是一台复读机,导游必须是一名语言艺术家;讲解员的讲解同一个地点同一个内容日复一日,导游讲解的内容纵揽今古、横贯中外;讲解员的讲解不容易出错,也不容易出彩,导游的讲解可能出错,也可能出彩。

一个好导游应该做到:不出错,多出彩。

▶▶▶ 应景而变当自如 ◀◀◀

新导游会由于紧张、老导游会由于繁忙(比如刚刚处理完一件应急事件)而临场卡壳忘却部分内容,此时千万不能说"对不起,我一时想不起来了",如此,宽容的游客会表示谅解,但是要求高的游客会发难:"这点东西都说不好,还当什么导游啊?捣糨糊!"

那么好吧,请记住:我是导游我做主,导游完全可以用借题发挥的方法巧妙地规避自己忘却的内容,而对相关景物充分展现自己渊博的知识。但是这种规避和发挥都必须从你应该讲解的景物出发,否则就是犯规,而且会被游客

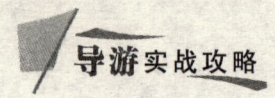

瞧出破绽的。

假使你带游客到了东方明珠,而你又对东方明珠的资料临时忘场(当然绝对不能全部忘光),却对黄浦江或者外滩等其他景点比较熟悉,怎么办呢?我们先从原点出发,对东方明珠的讲解到尽你所能为止,然后用视线漂移的技巧,把游客的视线移到自己熟悉的景点上去发挥:

各位游客大家好,现在我们来到了上海的地标性建筑——东方明珠电视塔。整个塔高468米,分上中下3个观光舱,整个建筑共有大小不等11个球体,蕴含了"大珠小珠落玉盘"的唐诗诗意,一个五星级酒店就给巧妙地嵌藏在这些个"玉珠"中。整个塔体的造型好像一枚蓄势待发的火箭,这又象征了中国在改革开放中腾飞!

好,现在每秒9.8米的高速电梯把我们带到了第二个球体,我们将在这里游览一个小时。从这里可以鸟瞰上海的都市风光,在我们脚下蜿蜒流淌的是上海人民的母亲河黄浦江……

此时,你的讲解词一定会如同黄浦江水一般滔滔不绝地流淌,何愁无话可说呢?倘若你到了苏州拙政园,而你对拙政园了解不多,但对北寺塔了解甚详,同样可以照此处理:

各位团友,我们现在来到了中国四大园林之一的拙政园。俗话说,"上有天堂,下有苏杭。""杭州以湖山胜,苏州以园林胜。"拙政园因"拙者为政"而得名,历史上,曾经作过太平军忠王李秀成的王府。其规模其精湛为苏州诸园林之首,整个园林分为三个区域,以水景为主体。设计者还以长廊串联了整个园区,可以让人在雨中步不湿足地游遍整个园林,可称为很人性化的艺术设计了。

拙政园的设计中还巧夺天工地借毗邻的北寺塔为景,弥补了平远造园章法的不足。如此,我们在拙政园中任何一处,一抬头便可观赏巍峨矗立的北寺塔了。说起北寺塔……

再比如你需要讲解佛教题材中的"十六罗汉",而恰恰这是你的知识短板,怎么办?还是外甥打灯笼照舅——照旧:

各位游客,现在我们来到了××寺庙中。我们到了宗教场所,一定要遵守党的宗教政策,尊重宗教规则。刚才有位游客提问"什么是十六罗汉",好,请各位进入殿中,让我为大家做身临其境的讲解。

各位,佛教中依照修行的程度不同,依次分为佛、菩萨、罗汉(罗汉又有十六罗汉、十八罗汉、五百罗汉之说,其中十六罗汉是释迦牟尼佛涅槃时守候在他身边的十六个弟子)、诸天等不同的果位,类似于我们现代教育的学位。大家肯定已经注意到每个大殿的入口,每个佛龛前,都有一个功德箱,大多许愿者或者礼佛者都会往功德箱里放钱,以表自己的诚意,心诚则灵嘛!那么放多少钱合适,怎样才是心诚呢?这个问题是礼佛许愿的重要问题,下面我就给大家讲一段有关功德箱的历史典故——

(注:功德箱在佛教场所处处有,因此《功德箱的故事》在有关佛教景点的讲解实践中时时可用,详见本书《讲解篇》。)

你看,开篇一点主题,就自然而然地转到你所熟悉的"知识点"上去了,此法虽然有点偏门,但比之于临阵忘词、在游客面前张皇失措好上千百倍。当然这只是应急之举而已,一个真正的好导游,平时应该做好知识积累,应战时方能厚积薄发而临阵不乱。

▶▶▶ 声情并茂方动人 ◀◀◀

导游讲解语调要有起伏,语速要有快慢。而有些导游的讲解,活脱一个"阿宝背书",这样的讲解肯定是单调和乏味的。优秀的导游讲解应该是朗诵艺术和评话艺术的有机结合,是文学艺术和声音艺术的交相辉映。

首先导游词要有个总体基调,比如在抚顺监狱和大连虎滩乐园讲解词的讲解基调就截然不同,前者的基调是悲愤深沉,导游讲解时就应该声音低沉,语速缓慢;后者的基调是欢快愉悦,导游讲解时就应该声音高昂,语速较快。

然而,就如道家的太极双鱼图阴中有阳、阳中有阴一样,在同一景地的讲解内容往往有悲喜交替的变化,导游讲解的基调也应该随之变化。譬如上海的外滩——殖民时期的屈辱、新中国成立后的欣喜以及改革开放中的自豪,讲解基调就应该有屈辱感的深沉缓慢—欣喜感的欢乐中速—自豪感的坚定快速,这样声情并茂的讲解才能艺术地展开上海发展的历史画卷,让游客被导游的讲解艺术所感动。

我曾经带过一个新四军离休老干部团,在外滩观光时,重点讲解陈毅广场。我先用崇敬的语调把陈毅在战争中不忘保护珍贵文物、任上海市长时创建上海博物馆的故事作为开头,继而用深沉的语调缓缓讲起陈毅广场的主

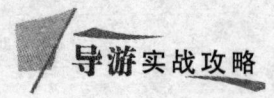

体——陈毅铜像：

  各位游客，大家一定很好奇，为什么陈毅的铜像不朝向中华第一街南京路，也不朝向上海人民的母亲河黄浦江？这似乎有违城市建设规划常理，各界人士也众说纷纭。然而，我更愿意相信我的一位客户、当年陈毅市长的一位警卫战士、上海房地局首位军代表付丰村老先生的说法——

  当年陈毅同志任上海市长时，华东野战军正在江西激战。当地疟蚊肆虐，很多战士不是倒在敌人的枪弹下，而是由于极度缺少奎宁而亡于疟疾。陈毅同志获悉后深深牵挂着前方的华东野战军将士。他经常在繁忙工作之后的深夜，带着贴身警卫站在黄浦江边，叉着腰遥望着南方，久久地不愿离开。

  当警卫战士劝他早点休息时，他却焦虑地叹道："部队激战，战士病倒，搞不到奎宁，我睡啥子觉哟！"

  后来上海市委通过关系从香港买到了大批的奎宁，及时送到部队，缓解了部队的疫情，陈毅同志才稍稍心安。

  "陈毅司令员当年就是这样站在黄浦江边，思念关怀我们华野的战士啊！"付丰村先生和他的战友们都这样说。

  付老先生离休后住在莘庄，可经常不辞劳苦地来到外滩，向陈毅同志的铜像行军礼！

  是啊，只有爱兵的元帅，才能得到战士久久的敬爱。只有爱民的市长，才能得到市民深深的怀念。

每每讲到此处时，我的声音中都充满了对陈毅市长高山仰止般的崇敬。这段讲解词的创作很一般，但是我声情并茂的讲解还是深深地感动了全团游客，当三十几位白发苍苍的新四军老战士含着泪花集体向陈毅元帅的铜像行军礼时，旁观的游客也是一脸的肃穆庄重。

随着对周边景物的讲解，我的语调由深沉转向舒展，语速也随之加快，最后用高昂的声音、自豪的语调结束我的讲解：

  朋友们，陈毅铜像旁边黄浦江的岸堤，像张开的双臂，像敞开的胸怀，迎接远方的朋友。朋友们，外滩在呼喊——"上海欢迎你！"

我的讲解不但感动了团队的游客，也感染了在一旁观看的其他游客。他们和我的游客一起鼓起了掌："导游，你说得真好！"

以后，我每次讲解陈毅广场，起首用偏高的语调、中等的语速表达了对陈毅市长的崇敬,中间用低沉的语调、缓慢的语速反映了陈毅同志的爱兵之情,结尾部分用高昂的语调、欢快的语速表达了对客人的欢迎之情和对家乡的自豪之感。

一个称职的导游,不但要能够创作出有个性的导游词,还要能够根据导游词的内容,设计好讲解的语速语感,并融入自己的感情。如果一段讲解词连导游自己都感动不了,又何谈能感动客人呢?

一般来说,欢迎部分应该以高昂快速为主调,以表达欢迎客人的欣喜之情;欢送部分语调应稍低,语速要放缓,以表达对客人的依依不舍之情;对景点景物的讲解,语调语速要因景而变、因人而异。

想让自己的讲解声情并茂而打动客人,请多听听赵忠祥的解说、宋怀强的朗诵、孙道临的配音,这会让您受益无穷。

精彩的讲解能使导游赢得的不仅仅是游客的尊重。因曾经得到高人的指教和自己独到的钻研,我讲解泰安、曲阜、济南多有出彩之处。一次,在济南大明湖,我声情并茂的讲解吸引了很多客人。人越多,我的状态就越好,激情之中,不但即兴吟诗,还引吭高歌一曲自己填词的赞美大明湖秀丽景色的歌曲,赢得听众阵阵喝彩声。

这时,人群中走出一位身着管理人员制服的中年男子,他向我要导游任务单,我以为他是旅游管理系统的执法检查人员,就顺从地把任务单交给了他,只见他掏出本子从我的任务单上摘录了些什么,然后还给了我:"导游,别紧张,你讲得很好!你这次在济南要待多久?"

当他知道我在济南还要带 6 个团队时,冲我神秘地笑了笑走了。当我再一次带团来到大明湖、让游客先在大门口照相而自己准备去买门票时,已经很熟悉的负责管理检票工作的一位大姐叫住了我:"张导,你只要买八成人数的门票就可以了。"

"团队票不是已经包含折扣了吗?"我有点犯糊涂了。

"你傻呀?"大姐爽朗地笑了,"上次,我们领导无意中听了你讲解大明湖后很感慨。他说,把咱们济南、把咱们大明湖赞美得这么好的,你是独一个!领导说了,团队票是优惠你们公司的,减免的人数是优惠你导游个人的。别说你们外地导游,就是咱们济南导游也没这个待遇。"

回上海后,我把省下的门票款如数上交财务。经理知道后,不但以奖金的形式把门票超额优惠款全数奖给了我,还把我的带团津贴标准提高了两倍,真

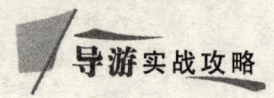

让我喜出望外。

我带建委系统的一个团队游览杭州灵隐景区,在大多数导游以寥寥数语带过的冷泉亭,我讲解《苏东坡智破杀人案》的故事,不但情节设计得悬念迭起,而且采用了游客们喜闻乐见的"说书"艺术。我绘声绘色的讲解吸引了很多游客,其中一个来自上海浦东新区工会的团队在我同意他们全程跟随后,甚至为此修改了他们的行程。领队计国英女士从此以后把她那个部门负责的接待任务全部交给了我们公司,比如我在其他章节讲到的日本横滨大饭店厨师团,就是她介绍的。

事情过去很多年了,我在各地为导游讲课时总是不厌其烦地讲述这两个案例。我想以自己的亲身经历告诉新同行:磨刀不误砍柴工,同样内容的讲解词,不同的讲解艺术,效果就大不相同。在提高业务水平上多下点工夫,有辛勤的春耕方有丰硕的秋收。

导游词实例

做一个与众不同的导游,必须有与众不同的导游词。如果大家都到公共水库里去取水,那结果必然是千人一味。怎么办?上山入林去找水,山越高水越清,林越深水越甜。

本节大部分导游词的特点就是用人们日常生活的话题作契机,运用引申的技巧,巧妙地导入导游想要表达而游客乐于接受的内容。比如《紫气东来》这篇导游词,就从现实生活中人们互赠书画的文化现象,导入老子《道德经》的典故,故而大多能举一反三广泛应用。

与仅仅适用于一地一景的导游词不同,构思巧妙的讲解词加上适当的前缀就可以广泛地运用,比如《功德箱的故事》和《放下屠刀,立地成佛》的故事尽管分别发生在江苏南京和湖北当阳,但是几乎在全国各地的大乘寺院中都可以应用。甚至发生在普陀山的《孙中山普陀会罗汉》,只要对前缀稍加修改就可以在南京总统府乃至全国各地与孙中山先生事迹相关的景点引申应用,如果引申得当,甚至可以在所有的佛教寺院讲解。

如若掌握了娴熟的引申技巧，那么所有的历史人文资料都可以在一般导游最愁的途中讲解中充分应用，如此，便好似进入了佛家的"无远无近、无来无往、无有无无"的无碍境界，也就是导游的自由境界。

所谓"无远无近"即空间自由，所谓"无来无往"即时间自由，所谓"无有无无"即虚实的自由过渡。

比如，我们讲解南京总统府，完全可以从煦园的双亭引申出湖州莲花庄的双亭，再来一首脍炙人口的《侬我词》。如此，古时赵孟頫、管道升的爱情和近代孙中山、宋庆龄的爱情，定能让游客回味无穷，因为爱情是永恒的主题。其中，南京与湖州的地域差就是"无远无近"的空间跨越，而元代与民国的年代差就是"无来无往"的时间跨越。而时空跨越的结合便是"无有无无"的境界了。比如我们带客人游览城市里的一座寺院，从四大菩萨引申出四大名山。此时此地，寺院中有山吗？无！但此时此地，导游心中自有四大佛山，便是有！

入了自由境界，便叶叶菩提事事真如，自能广征博引——当看到路边的田野中有一位少年骑在牛背上吹着牧笛，八仙的故事就悠然而至；与山道边一棵苍松擦肩而过，秦始皇泰山封禅而赐封五大夫松的典故便脱口而出……而未入自由境界，则只能东拉西扯了。

佛 教 类

▶▶▶ 放下屠刀，立地成佛 ◀◀◀

诸位团友，寺院里的晨钟暮鼓人所皆知。钟楼里的地藏王菩萨，我们过一会儿再说，这里先说说鼓楼里的关公。说起关公大家一定会联想起他杀人如割瓜的青龙偃月刀和日行千里的赤兔马，想起刘关张桃园三结义的佳话和关云长千里走单骑的传奇。

在佛教的寺院里看到关公，大家一定会有点奇怪。确实，关公是个很特殊的人物，道教把他供奉在关帝庙里，而佛教却把他供奉在鼓楼中，可见在中国民间关公是很受欢迎的。那么关公是怎么成为佛教的伽蓝神的呢？且听我细细道来。

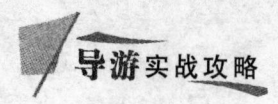

话说蜀国五虎上将关羽大意失荆州,兵败走麦城,被东吴小将陆逊擒拿处死后身首异处,心有不甘。于是冤魂不散,终日在荆州城上徘徊。那日,其生前好友、湖北荆州当阳玉泉寺长老智𫖮法师正在寺中金龙池畔坐禅,闻得冥冥之中关羽阴魂在大呼:"我冤,我冤——还我头来,还我头来——"

智𫖮长老知道,关羽虽有善根,但未得契机,须予以点化,于是他便对关羽之魂说道:"云长何冤之有?"

"长老,"关羽恨恨地说道,"我死得冤啊!"

"大丈夫死不足惜,"智𫖮长老道,"将军何出此冤妇之言啊?"

关羽长叹一声:"唉——可叹我关羽英雄一世,百万军中取上将首级如囊中取物,想不到今日大意失荆州,兵败走麦城,被东吴之乳臭小儿陆逊所杀,身首异处,我心有不甘啊!"

智𫖮长老接过关羽话头:"云长所言极是,将军英勇无敌杀人如割瓜。那么老衲要请教了,如今将军失一首级就呼冤不止,而你一生杀人无数,视人命如草芥,多少首级被你的青龙偃月刀砍下?华雄、严良首级当向谁要?你过五关斩的六将,他们的头又该向谁要呢?"

智𫖮长老如此一点破,关羽立时醒悟了:"对呀,我一生杀人成千上万,造成冤魂无数,罪孽深重啊!"

见关羽已觉悟,智𫖮长老口念一偈:"放下屠刀,立地成佛!善哉善哉!"

关羽闻偈大喜:"我如此负罪之身,还能成佛?"

智𫖮长老又指点道:"我佛慈悲,普度众生。今时,佛祖正在灵山开法会,传授无上妙法《华严经》,尔切勿耽搁快快去吧!"

因在荆州耽搁了数日,待关羽赶到灵山,法会上已是座无虚席,众菩萨、罗汉、天神正洗耳恭听,关羽只得在殿外肃立而听。有法座者皆为菩萨、罗汉,关羽没有法座,只能立而听法,是为自由伽蓝神;因其英武刚勇,是为护法天神。

诸位团友,如果有缘参加我们旅游公司的"湖北之旅",本导游一定会陪大家到当阳玉泉寺去,在金龙池旁"汉云长显圣处",听一听三国时期的金戈铁马之声。

▶▶▶ 孙中山普陀会罗汉 ◀◀◀

各位游客,我们眼前的这座海拔近300米的山峰虽不险峻,却是普陀第一高峰，叫作佛顶山。普陀山第一名联的上联"佛顶山顶佛"是典型的秋千格——顺着念和倒着念都一样，说的就是我们面前的佛顶山和山上慧济寺供奉的佛。有人说这是千古绝对，我看不然，很多寺院的名称都是很好的下联，譬如"慧济寺济慧"和"法雨寺雨法"都不错。当然，各位一定能创作出比我的拙作好上千倍的下联来。

这条蜿蜒而达山顶的小路呢，有个很有禅意的名字——香云路，在没有盘山公路和索道之前，所有的香客游客，都要从这条小路攀爬到山顶礼佛，有些从藏传佛教圣地来的喇嘛尤其虔诚，他们三步一个五体投地的大叩首，从短姑道头的码头一直磕到山顶。因为常年香客众多，这一路上香烟缭绕，远远望去如同云龙盘绕，这条小路的禅名就是由此而来。今天我们没有时间徒步登山了，因此我先介绍这条小路上曾经发生过的圣迹和各位一起分享。

辛亥革命胜利后，孙中山先生为免民众生灵涂炭，不计个人荣辱，把大总统一职让与袁世凯，与几位要员乘坐军舰南下。途经舟山群岛，见海中一岛独秀，绿树黄墙，梵音阵阵，好一片庄严而又秀丽的景致，便命军舰靠岸，率众上岛游览。

在短姑道头登岸后，孙先生饶有兴致地欣赏起牌坊上的楹联来，当他读到"万里无云万里天，千江有水千江月"、"一日两度潮听凭其自来自去，千山万重石莫笑它无知无觉"、"金绳开觉路，宝筏渡迷川"等充满哲理和禅机的对联时，由衷地赞叹起佛学的博大精深来。当他知道佛顶山上还有一座全岛最高的寺庙——慧济寺时，不顾长途跋涉的劳顿，坚持要上山。

先生婉拒了随从要他坐滑竿的建议，从迤逦闻名的香云路举步登山。一路上，清风徐徐，鸟语声声，先生兴致甚好。当卫士问他，为什么不但不杀那个对先生下毒手的清廷刺客，反而要无罪开释以路费相赠？先生淡然一笑："人各为其主，何罪之有？更何况他上有七十岁老母要奉养，杀一人而伤两命，何益之有？刚才各位在寺里不是听说了'救人一命，胜造七级浮图'的道理吗？"

众人深深为先生宽厚的襟怀而折服。先生走着走着转过一个弯道，看到前面不远处几位高额赭面身披大红袈裟的法师夹道而立，手中还拿着诸般法器，庄严嘹亮的法螺声响彻云霄，五彩的祥云盘绕山道之中，祥云中一个巨大的放射着金色华光的轮子在飞转。先生第一次见到这般场面，便惊疑地停住了脚步。众人见先生止步不前，好生奇怪，先生便道："诸位法师如此隆重夹道欢迎，我等岂可随便造次！"众人眼中无睹一位法师，众人耳中无闻一声法螺，

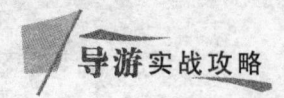

都一个个莫名其妙地看着寺前的山路,又看着先生,先生摇头叹息道:"真是视而不见、听而不闻啊!"等诸多法师返入慧济寺后,先生才举步进寺。

方丈闻知孙中山先生来到,连忙欢迎。众人坐定后,小沙弥奉上普陀佛茶。先生谢茶,而后向方丈请教:"余适才在山道上见许多法师夹道以迎,法螺震天,余乃一介平民,实不敢有劳方丈派遣诸多法师。奇怪的是,余之诸友随行众人等竟无一人见法师、闻法螺,而余又亲眼实见,不知是何道理? 还望法师开示!"

慧济寺方丈乃一代高僧,他坦诚以告:"贫僧事先并不知先生要来本寺,故并不曾派人出寺迎接。刚才施主所见,依贫僧看来,定是观世音菩萨为施主护国爱民精神所感,特派罗汉前来迎接。本寺乃观音菩萨道场,常有圣迹显示,见或不见,乃一个'缘'字耳!"

听方丈如此一说,众人皆肃然起敬,先生的秘书把适才事历详尽写下,先生亲笔签上"孙文"之名而后盖上平素最喜爱的闲章"风清月白"。

方丈送走孙中山先生一行人,回到方丈室,却不见了文稿,再三追问,无人应承,只得作罢,成了慧济寺一大疑案。

一晃数十年过去了。当普陀山佛教界在悦岭庵建造佛教文物馆时,一位已是耄耋之年的老法师,献出了孙中山先生当年的文稿。原来,这位法师就是当年奉茶的小沙弥,人小而聪慧,观音乃大菩萨,孙中山乃伟人,伟人看到菩萨显示圣迹是一件重要的史事,这份文稿自然十分珍贵,小沙弥将其偷藏了起来。小沙弥这一藏,竟使文稿躲过了"十年浩劫",使我们今人有幸亲眼目睹,也真是功德无量了。

各位游客,到普陀山的人不计其数,而观音菩萨的圣迹,有人见之,有人则否,全在一个"缘"字;菩萨慈悲普度众生,那么这个"缘"字又在于一个"诚"字了。"心诚则灵",愿各位有缘人善心如愿,诚心如愿!

好,朋友们,该是我们去乘索道的时候了。让我们在佛顶山上鸟瞰海上佛国的全景,看看会有什么奇迹出现?

▶▶▶ 虎跑泉的螺蛳 ◀◀◀

"虎跑的泉水龙井的茶"堪称西湖双绝。朋友们,我们稍安毋躁,过会儿有的是时间"品人间好茶,赏世外仙景"。现在,让我们一起探寻虎跑泉的奥秘吧——各位,在我们右边潺潺而流的就是闻名天下的虎跑泉。

虎跑是中国杭州的十大景观之一,山上有寺,寺畔有泉。在这清澈见底的山溪中,生活着一种奇特的螺蛳,这种螺蛳的尾部少了一段,露出个圆洞,如同被人剪过一样。大家来找一找,谁第一个找到这种螺蛳,回家第一件大事就是去买福利彩票,中了大奖可别独自私吞呵,届时请我们大家一起去欧洲旅游好不好?别笑,别笑,这种螺蛳的来历,实在是很神奇很有趣的呢——

三月三,一年一度的庙会,使平时很清静的虎跑泉山道上人来人往,十分热闹。有烧香礼佛的,有踏青赏花的,还有做小生意的、杂耍的、闲逛的,各样都有。一个衣衫褴褛的盲婆婆一手拄拐,一手提篮沿道叫卖葱油螺蛳。由于目盲不便,不小心碰着了一个游山观景的阔公子。那阔少一看崭新的绸褂上沾了几星油花,便破口大骂起来:"你这个瞎老太婆,在这里凑什么热闹?乱碰乱撞,弄脏了老爷我的衣服!"

盲婆婆赶紧赔不是,可那阔少还是不依不饶、骂声不绝,一时有不少人围观。明眼人都知这阔少官府中有亲戚,故都敢怒而不敢言。可怜的盲婆婆被骂得声泪俱下,不知如何是好。这时一位手持芭蕉扇的僧人从山道上悠然而来,见那阔少骂个不休,便好言相劝:"得饶人处且饶人,更何况这位老人家眼盲不便,并非故意,看贫僧薄面,算了吧。"阔少一看来者是个僧人,便话锋一转道:"我骂她,并非为本公子之衣服,而是因为这个瞎婆子,犯了杀生之罪,实在可恶!"

僧人闻得此言,微微摇首道:"施主言重了,这位盲婆婆谋生不易,已是十分可怜,何须妄加杀生之罪呢?"

"亏你还是个和尚呢,"自恃肚里有些墨水,阔少面露讥色,"我今天来是准备放生做善事的,可这瞎老婆子炒了一篮子螺蛳,杀了多少生?这不是杀生之罪吗?"

"哦,施主方才所言,有些道理,不过依贫僧之见,这满篮螺蛳正好放生呀!"僧人这一番话,引起围观者发出一片惊讶之声。

那阔少更是得意万分:"炒熟的螺蛳能放生,你们谁相信?"

"如果真能放生呢?"僧人叮问一句。

"要是炒熟的螺蛳能放生,"阔少掏出一张300两银票,"这300两银子就归你。不过要是放不了生,又该如何呢?"

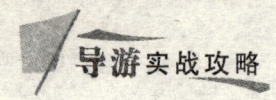

"贫僧愿跪地作马,驮施主上山。"

"此话当真?"

"出家人不打诳语,不过施主说话也得算数!"

"一言为定!"阔少存心想借机作弄一下这个多管闲事的和尚。

那僧人接过盲婆婆的螺蛳篮:"老婆婆,让贫僧为你代劳放生吧。"说罢便把满篮的葱油螺蛳倒进了溪水中,然后对小溪边扇边念念有词:"唵——嘛呢叭咪吽——活,活,活——"

旁边的人们都莫明其妙地瞪大了眼睛。不一会儿,奇迹出现了,那些被剪去尾部并炒熟的螺蛳竟在清澈的山泉中蠕动起来,人们不由惊呼起来。有人认出了这位僧人:"啊,这位师父就是在净慈禅寺中古井运木的济公活佛呀!"

一听自己刁难的是济公活佛,那阔少的脸也吓白了,汗也吓出来了,赶紧递上那张银票:"小的有眼不识泰山,冲撞了活佛,罪该万死!"

济公哈哈一笑:"贫僧出家之人,要这些银子何用? 施主只要记住,切切不可恃强凌弱、万万不可仗势欺人就可以了。"

可阔少怕济公活佛以后用法术惩罚他,死活不敢收回银票。济公便说:"既然这样,施主便可用这300两银子做功德,100两送到山上寺里供养三宝,100两山中修路方便香客游人,还有100两算是买下老婆婆的螺蛳,给她养老吧!"说罢悠然而去。

从此以后,这些被济公活佛护生放生的螺蛳便在虎跑的泉水中生息繁衍。它们的子孙也都像祖先一样,没有尾部。游人来到虎跑泉,都喜欢在山溪中寻找这些奇特的螺蛳。

好,我看到有不少朋友的瓶子里已经有了神奇的虎跑螺蛳,这里给大家一个建议,可以就地放生,也可以带回家乡放生。至于放生的功德,到了上面虎跑寺遗址前的放生池,我再给大家讲解。

哦,对了,再给大家一个建议:过会儿各位品茶前,先向茶室服务员要一杯清纯的虎跑泉水,静静地坐着喝,让清澈甘洌的泉水细细缓缓地流过齿间润入心田,让旅途的劳累和生活的烦恼都被这泉水化了,这叫"清泉洗心"。待心静了、心清了,方可端起茶盏。

古人云:一杯曰品,两杯曰喝,三杯四杯曰——哈哈哈⋯⋯

高僧戏秦桧

各位团友，如果我问北宋的著名书法家有谁谁谁，大家一定会脱口而出："米芾、苏东坡、黄庭坚和蔡京。"但是，我现在问的是南宋最有成就的书法家是谁？第一个给出正确答案的，如果是老同志，我就为他吟诵一阙《药师咒》，祝愿他健康长寿；如果是年轻人，我就为他吟诵一阙《文殊开智咒》，祝愿他学业进步、工作顺利。

呵呵，不难为大家了。因为这个问题不但绝大部分导游不知道，就是书法界的专家，知道的也不多。我说了，准保你大吃一惊——秦桧。我们现代广泛应用的宋体字，就是秦桧首创并要求当时的官员在奏折上使用的。因为秦桧名声实在太臭，书法史上就没有"秦体"一说，而代之以"老宋体"。

我今天要讲的不是秦桧的书法，而是南宋圣僧叶守一在这灵隐寺大雄宝殿前的台阶上，戏斥奸臣秦桧——

秦桧以莫须有的罪名害死岳飞后，唯恐岳飞的冤魂来缠自己，便在大年初一到杭州灵隐寺来烧香。因年初一是中国人给长辈拜年的尽孝大节，故寺里的香客寥寥。秦桧一伙人到了寺前，只见一个僧人躺在山门前晒太阳，随从便大声吆喝："好狗不挡道，你怎么敢挡宰相大人的香道？还不滚开！"

那位法师俗名叶守一，是寺里的烧火僧。只见他慢慢站起身来，揉揉双眼，举目四望："大人？贫僧只见苍山重重、白雪皑皑，哪有什么人呀？"

秦桧听出僧人话里有话，暗咒他不是人，心里很恼火想发作又找不到可借之题。转眼看到僧人手中的新扫帚，便阴冷地"哼"了一声道："扫地是你的本分，可你手中扫帚一尘不染，可见你是个不守本分的懒和尚！"

僧人呵呵笑了："宰相所说极是，贫僧这把扫帚一不扫灰尘，二不扫垃圾。"

"那所扫何物？"秦桧责问。

"说出来也许要吓你一跳，我这扫帚专扫人间不平、天下奸臣！"说罢舞动扫帚，刷刷生风直向秦桧脚边扫去。秦桧惊出一身冷汗："和尚休得放肆，本相要取你性命易如碾蚁。"

僧人不但不害怕，反而莫明其妙地念了一偈："东窗橘中藏毒计，西子湖畔叹忠魂。"秦桧一听，差点闭过气去，因为，这是他和王氏在相府西厢房的东窗

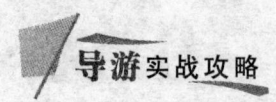

下密谋了一个"莫须有"之罪害岳飞,这条毒计正是藏在蜜橘中送给宋高宗赵构的,此事只有天知地知、他们夫妇俩知,这个和尚怎么知道得这么清楚?金山寺的道月刚被逼死,灵隐寺又冒出这么一个扫地僧来,怎么得了?

当他看到僧人腰间吹火筒时,便有了主意:"这是吹火筒吗?"

"正是。"

"吹火筒应该是空的,方可吹火。可你这根吹火筒是实心的如同擀面杖,怎能吹火?可见你这个和尚又懒又刁白吃斋饭,待本相着令灵隐住持,将你逐出山门,免得败坏禅林门风!"秦桧自以为拿住了僧人的短处。

想不到那僧人依然嬉笑如常:"回相爷,如今奸臣当道、闭塞贤路,贤路不通,我这根小小的吹火筒通又有何用呢?"

秦桧气得脸色发紫像一块猪肝,可又发作不得,因为一发作等于自动对号,承认是奸臣了!可那僧人却自顾直往下说:"说不通却也通,里通番邦,一通通得狼烟四起、百姓生灵涂炭。"

不等秦桧反应过来,那僧人又神秘兮兮地凑近秦桧说:"宰相请看,其实它通得很。"说罢对着秦桧的胸口吹了口气,秦桧只觉得一股寒气穿过前胸直透后背,当下就有点神情恍惚起来。

回到家中,派兵捉拿僧人叶守一不成,便一病不起。秦桧这回是背上生了个毒疮,时时痛入心肺,并一日重于一日,足足煎熬了七七四十九天,终于毒疮迸裂,脓毒透胸而出,虽然宋高宗派了御医前来多方调治,然而恶有恶报、善有善报,秦桧终因作恶太多,不得善终。

守一法师,以法力为岳飞雪了冤,为了免得牵连寺里众僧,便在灵隐寺前飞来峰中的翠微亭中圆寂了。那翠微亭是南宋名将韩世忠在岳飞死后14天所建的纪念亭。以后常有诚心礼佛的游客在亭中听到念经声,据说那是守一法师在为众生传法呢。

好,朋友们,诚心礼佛的善知识能经常听到圣僧的诵经声,那么诚心旅游的游客呢,一定会不断地听到我们导游赞颂游客的歌声。

▶▶▶ 岳飞奉诏,道月释梦 ◀◀◀

诸位,俗话说"天下名山僧占多",导游说"天下名山僧建多"。比如这座

讲解篇

金山,本来是长江之中一座名不见经传的小岛,这里建了寺院以后才名扬天下。各位已经到金山寺来旅游过多次了,今天再炒"天地同庚"、"梁红玉击鼓战金兵"或者"苏东坡与佛印的佳话"的冷饭,真是浪费大家时间了。现在,我要与各位分享的是,岳飞与金山寺的典故。

话说抗金英雄岳飞,率岳家军大败金兀术、正欲乘胜追击直捣黄龙救回钦徽二帝、重振大宋江山之际,却被十二道金牌急令召返。望着指日可下的敌营,岳飞不由得怒发冲冠,但皇命不可违,只得以一首千古绝唱《满江红》抱恨而归。

阵阵江风送来声声梵钟,岳飞想起好友——金山寺的方丈道月法师,便令大军稍事休息,自己带了岳云及几名亲随前往金山寺。方至江畔,远远已望见道月法师正在山门外迎候。

悲喜交集,道月备下素席款待岳飞。席间,岳飞请教道:"昨夜,我做了一个奇怪的梦,梦见两条狗在讲话,不知是何征兆,还请法师开示。"

道月沉吟了一会,心情沉重地说:"此非祥兆,元帅此去恐有牢狱之灾!"

"何以见得?"岳飞问。

道月说:"'狱'字可解为'犭'旁和'犬'字,它们在讲话,中间加一个'言'字,正暗合一个'狱'字。"

岳飞不太相信:"我岳飞精忠报国,国人皆知。即便佞臣要害我,又何能加罪于我?"

道月双目微闭,豆大的泪珠从眼角沁落,口出一偈:"风波亭下恶浪险,害君竟是同舟人!"

"依法师之见,我该如何?"岳飞请教道。

"上策是回师北上,直捣黄龙,迎回钦徽两宗,如此大宋幸矣,百姓幸矣。中策乃'将在外,君命有所不受',元帅可屯兵长江,防金兵南犯,如此江南安矣、元帅安矣。下策是奉旨回京师自投罗网,如此元帅危矣、江山危矣!"

听得道月法师的三策之说,岳飞手捋胡须,沉思不语。岳云离席作拜:"谢法师指点。"又转身对岳飞道:"父帅,法师所言极是,我们既已兵临长江,何不沿江屯兵布阵,既可护卫朝廷,又可避祸,岂不两全其美!"

岳飞仰天长叹:"如此甚好,只是君命不可违啊,我岳飞精忠报国,早已置生死于度外。望圣上能明鉴我岳家一门忠良!"

"元帅决意如此,贫僧只能长歌当哭了,请饮此杯!"道月斟上了满满一杯

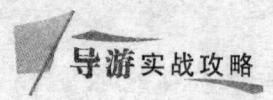

酒。岳飞接来一饮而尽,然后引吭高歌《满江红》:

怒发冲冠,凭阑处、潇潇雨歇。抬望眼、仰天长啸,壮怀激烈。三十功名尘与土,八千里路云和月。莫等闲,白了少年头,空悲切。

靖康耻,犹未雪;臣子恨,何时灭。驾长车,踏破贺兰山缺。壮志饥餐胡虏肉,笑谈渴饮匈奴血。待从头、收拾旧山河,朝天阙。

抒发凌云壮志,直唱得动天地、惊鬼神,方才作别。

正如道月法师所料,岳飞一回临安,便被秦桧以"拥兵自重,蓄意谋反"的罪名,夺取兵权,打入死牢。韩世忠等许多忠良之士纷纷据理力争,并愿以身家性命担保岳飞父子。强加于岳飞头上的罪名亦被众忠臣据理驳斥,可宋高宗赵构怕的就是岳飞力主抗金,因为一旦岳飞击溃金兵,迎回钦徽两宗,自己才坐了没多久的皇位就得拱手交回。最后,奸相秦桧罗织了一个"莫须有"的罪名,将岳云斩首,岳飞绞死于杭州风波亭。一干事情,都被道月法师一一言中。

岳云临死前对岳飞道:"父帅,早听道月法师之言,当可保国安民,岂会屈死奸臣之手啊!"

秦桧听狱卒如此这般一报告,心中大惊,江南有能先知先觉的高僧在,自己暗通敌军的阴谋难免不被揭露,必置于死地而后快。便命何立带了百余禁军前往镇江金山寺捉拿道月。

道月早知何立要来,便沐浴焚香,禅坐于金山寺内七峰山上。待何立赶到时,道月法师已经坐化,留下偈语一首云:"吾年四十九,是非时常有。不为闲杂事,只因多开口。何立自东来,我向西方去。不是佛力大,险些落人手。"

何立看到道月法师的偈语,胆战心惊,顾不得秦桧"活要见人,死要见尸"的命令,不敢渎动道月法师的肉身,只带了那首偈语,回临安复命去了。

秦桧看到那偈,心中愈加害怕,又派出禁军到金山寺把道月法师经常坐禅说法的七峰山铲平了。他意在破坏金山寺的风水,免得寺里以后再出道月那样的高僧。

金山寺众僧为了纪念道月法师,在被铲平的七峰山顶造了一座七峰亭。金山寺后来高僧辈出,千古传诵。佛法弘通,岂是一个奸相所能破坏的?!

七峰亭,因能俯瞰浩渺扬子江、远眺天下第一泉,又能让后人缅怀古代大德道月和民族英雄岳飞而成为金山寺的一大景观。

各位,如果我们有机会去杭州岳坟旅游,一定要细细品读文徵明的《满江红》。历史的诡秘便昭然若揭了。

附：文徵明的《满江红》

拂拭残碑，敕飞字，依稀堪读。慨当初，倚飞何重，后来何酷！岂是功成身合死，可怜事去言难赎。最无辜，堪恨又堪悲，风波狱。

岂不念，封疆蹙！岂不念，徽钦辱！念徽钦既返，此身何属。千载休谈南渡错，当时自怕中原复。笑区区，一桧亦何能，逢其欲。

▶▶▶ 知客巧解乾隆禁令 ◀◀◀

诸位团友，就像宋徽宗如果不当皇帝肯定是一位名垂千秋的画家一般，乾隆如果不当皇帝的话，可能会是一个好导游。大家看，诸如踩线踏勘景点等导游的专业活，这老爷子早干上了。你信不信，反正我信了。

老爷子六下江南留下不少佳话，其中关于灵隐寺山门的一段故事，生动体现了佛家的智慧。

一天，微服私访的乾隆帝来到了杭州，被庄严嘹亮的梵音引到了江南名刹灵隐寺。走过幽静的山道，只见山门上高悬他祖父康熙帝亲笔所题的匾额"云林禅寺"，心中十分感慨，款款晚风又送来了法师们做晚课的诵经声，抑扬顿挫甚是悦耳。他有心去观赏久负盛名的灵隐寺晚课，却见山门紧闭，便上前叩门。叩了良久，才传出一个小沙弥不耐烦的声音："今日天色已晚，烧香明日请早！"原来负责管理山门的沙弥，一日劳作，有些疲倦，便早早关了山门，依着弥勒佛的佛龛，正在歇息。

乾隆心生几丝不悦，耐着性子请求："烦劳小师父开开门，容我这远道来的香客，奉上几炷清香，了却心愿。"

想不到，门内再无声响，不知是人走开了呢，还是睡着了。乾隆久叩不开，十分扫兴，便赌气道："既然不开，那就不要开吧！"

第二天，寺里早课方毕，门外便有快马飞至："圣旨下，寺内众僧接旨。"一番仪式后，高声宣旨："奉天承运，皇帝诏曰：云林禅寺大门，即日起永不得开！"听完这莫名其妙的圣旨，法师们吃惊不小，大开山门，广迎天下香客本是佛家与众善男信女之事，怎么堂堂皇上，竟然会下旨关闭佛寺的大门？足智多谋的知客受方丈嘱托，把管理山门和天王殿的几位僧人找来一问便知所以然了。

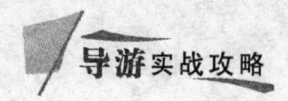

解铃还须系铃人,这禁开大门的圣旨是皇上所下,那么开禁还得是皇上本人,但皇上贵为天子,金口一开,岂能轻易改变。一百零八遍"南无阿弥陀佛"诵过后,知客紧锁的眉头渐渐舒展开来……

乾隆贵人多忘事,早把禁开灵隐寺大门的事丢在脑后,当他正兴致勃勃地在望湖楼上边吟诵苏东坡咏西湖的千古绝唱,边观赏风景如画的西湖时,杭州知府来奏请:"微臣得知云林禅寺众僧正在为皇太后做祈福延寿水陆道场,只等圣上驾到,法会便可开坛!"

乾隆饱读经书,讲究以孝治天下。听到有寺庙为自己母亲做延寿道场,不由龙颜大悦,欣然前往。到了寺前,只见百多位法师身披袈裟正在恭候,待要从大门进,又见大门紧闭,便忽地想起前几日的事情来,想从两边小门进,又觉不太合适,正在犹豫中,知客迎了上来:"启奏圣上,这两边的侧门,一边是布衣百姓、我们出家人进进出出,一边是杂役帮工进进出出,若是皇上走边门,有损圣上龙威的,您看……"

乾隆帝这下为难了,从边门进有失皇帝身份;从正大门进呢,自己又下过禁开令;打道回府吧,又恐天下人笑己不孝。

知客又适时进言:"贫僧久闻圣上以孝治天下,今日圣上亲临,又以孝示天下,善哉!善哉!"

乾隆一下子明白了知客的用心良苦,便说道:"今日起,除朕亲临、佛祖和菩萨的生日,宝寺大门切不可开!"

禁令还是禁令,不过在知客的巧妙化解下,乾隆的这道禁令反而使灵隐寺的声名更响。现在,有国家最高元首访问,或者佛教重大节日,灵隐寺的大门还是大开的。比如当年柬埔寨的西哈努克亲王来,大门开了;邓小平同志来了,大门也开了;而几位总理级别的领导人来了,只能从边门进。

好,朋友们,今天我们就享受一回总理的待遇,从边门进灵隐寺。不过,香花券可要自己买的哦,不然烧香可不灵的哟。

▶▶▶ 功德箱的故事 ◀◀◀

朋友们,天下庙门朝南开,四方两客走进来。这两客,一为游客一为香客,游客意在观光,香客心在礼佛。当然,既是游客又是香客的也不少,比如我们团队中有不少朋友就是。

大家请看,有不少香客在烧香许愿,许好愿的还把一些钱币放进佛龛前的木箱子里,那只箱子叫功德箱。那么是不是钱放得越多越好呢?

这位朋友说的对,心诚则灵!那么怎样才是心诚则灵呢?等我和大家一起分享《功德箱的故事》后,就会明白了。

南北朝时期战事纷乱,一位妇女带着三岁幼儿一路逃难来到了一座寺庙前,因疲惫不堪、饥饿难忍再也走不动了,于是走进寺庙,在佛殿中暂且歇口气。

当母亲的寻思,丈夫为乱兵所杀而母子两人贫病交加,生路难觅啊。思虑再三后决定把儿子留在寺院中,出家人慈悲为怀,总有孩子一口吃的,即便是做了小和尚也比饿死在讨饭路上强得多。自己呢,就去追寻丈夫的亡灵罢了。

想到这里,那妇女从身上摸出仅剩的两个铜钱,抖抖索索地放进佛龛前的功德箱中,然后三叩九拜、口中念念有词:"南无佛,南无菩萨,愿佛、菩萨大慈大悲超度我丈夫的亡灵,保佑他往生西方极乐世界或者投个好人生;保佑我的儿子平平安安长大,千万不要让他再过这么悲苦的生活。"

在佛龛前跪拜完毕后,她眼含热泪对懵懂的儿子说:"宝宝啊,你在这里坐一会儿,妈妈去买糖给你吃。"说罢三步一回头地往外走去。

当她刚走出佛殿不远,就听见背后传来一声:"女施主且慢,请留步。"回头一看,只见一位慈眉善目、身披大红袈裟的老法师在招呼,于是便停下了脚步。

"女施主何故如此悲切?"法师关切地问。

那妇女悲悲戚戚地说:"法师啊,我家当家人为乱兵所杀,我们母子两人逃难流落于此。现在是身无分文、贫病交加,我求生不得,只得从死路去追寻我丈夫的亡灵去了。还望法师慈悲开恩收留我儿子,让他有口饭吃。"

法师说:"施主此言差矣,六道轮回修得人道十分不易,岂可轻易放弃?年幼丧母是人生莫大悲伤,你就忍心让儿子承受如此之悲痛?当今皇上至圣至明体恤苍生百姓,创设了水陆道场有超度亡灵、赐福生者的殊胜功德。老衲率寺里众僧为你们做一场水陆道场,如何?"

原来那法师竟是寺中方丈。那妇女心中万分感动却又十分为难:"法师,如此甚好,只是……只是我身无分文,怎可劳动众位法师呢?"

方丈却反问道:"施主刚才不是已经做了功德了吗?"

那妇女脸上微微一红,低声说道:"仅两枚铜钱而已!"

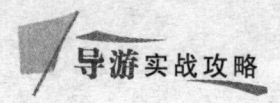

"足矣,足矣,足矣!"方丈声若洪钟。

在方丈的主持下,寺中数十位法师为此做了七天七夜的全套水陆道场。第八天一早,那位妇女牵着儿子走出了寺院。她想:"也许自己的亡夫已经往生西方净土或者已投得一个好人生,但却无可印证。而如今我们母子两人还是一贫如洗,未有吉祥之兆呀。"

她心中有事低头走路,一不小心撞在一匹马身上,受惊的马"咴——咴"仰天长嘶,这马拉的是梁武帝乘坐的车。在中国古代冲撞了皇上的圣驾那就是死罪,因此,卫士就把她抓了起来。

梁武帝是历代皇帝中最崇尚佛教的皇帝,生性善良。他问明缘由后便吩咐手下:"不知者不为罪,朕又未摆出皇家的仪仗,只是轻车简从而已,怪不得她,放了罢了。"再一看,这母子俩衣衫褴褛面有饥色,动了恻隐之心:"如此可怜之人求生也难,不如带回宫中养着吧。"

俗话说:"佛靠金装,人靠衣装。"当宫女们为那妇女香汤沐浴换上华丽的宫服后,竟然出落成一个倾城倾国的绝色女子。中国的历代皇帝都一个毛病,那就是好色,梁武帝虽然一心向佛,却也未能免俗。见此女子如此楚楚动人便龙颜大悦,立时册封她为贵妃。那女子自然受宠若惊,跪下谢恩,至此她才深切体会到水陆道场功德如此之殊胜。她竟然从一个女乞丐成了万众羡慕的贵妃,从今以后他们母子两人荣华富贵享用不尽了。

一日,承沐圣上雨露之恩后,乘皇上高兴,她奏请道:"臣妾能伺奉皇上,全靠佛寺中水陆道场之功德,敢请皇上恩准臣妾去佛寺还愿。"

那梁武帝本来就喜欢把银子花在寺院里,故有"南朝四百八十寺,多少楼台烟雨中"之千古绝唱。因此特赐黄金千两让爱妃去寺中还愿。

新贵妃到了寺院后,送进金银却不见方丈来迎,只是来了一个小沙弥奉上清茶一杯。人真是此一时彼一时,见方丈不愿出迎,这边就摆开贵妃娘娘的架势了,只听太监扯着带雌音的嗓子喊道:"贵妃娘娘懿旨下,方丈迎驾——"

方丈无奈,只好出来迎接。见方丈出来了,新贵妃欠身道:"方丈别来无恙,我这厢有礼了。"还算尊重方丈。

坐定后,新贵妃问方丈:"请问方丈,当初我只捐了两枚铜钱,您就替我做了全套的水陆道场,使得我们母子两人进得帝王家,荣华富贵享受不尽。今天我带了千两黄金,您为何却不待见?敢请方丈再做一场道场,有朝一日我如能当上皇后,一定重重有赏!"

方丈两眼微闭,缓缓问道:"敢问贵妃娘娘,当初你捐了两个铜钱,身上共有几何?"

新贵妃答道:"一共两钱而已。"

"千金半而两钱足。当初你是全心全意奉献我佛,而且一求超度亡夫,二求赐福幼子,不为己求,善莫大矣。今天你身为贵妃,千两黄金区区小数,且得陇望蜀贪心不足,恕老衲不能从命。"方丈吩咐知客奉还黄金:"这黄金还请贵妃娘娘留着购买香粉华服吧。"

新贵妃顿时醒悟,跪拜道:"方丈,贫妇知错了,再不敢有非分之想。这千两黄金就请方丈代劳供养三宝、赈济灾民吧!"

善有善报,在梁武帝侄子兵变围攻帝京时,这位贵妃正往杭州去做佛事,得以幸免。

那么怎样才是心诚则灵呢?大家请看,功德箱上一般都刻有"随喜功德,广种福田"8个大字,不在多少,只要你心生欢喜,佛就欢喜!心喜则诚,心诚则灵。

(注:功德箱是佛寺讲解中一个极其重要的知识点。寺院中任何殿堂的讲解,都可以用功德箱来巧妙地化解。因此请务必记住《千金半而两钱足——功德箱的故事》)

▶▶▶ 济公出世 ◀◀◀

朋友们,天台山国清寺是我国著名古刹之一,始建于隋文帝开皇十八年(598),是依据天台宗创始人智者大师亲手所画的样式所建的。现为全国重点文物保护单位。自唐、宋时起,国清寺还是日本和韩国佛教天台宗的祖庭,中外天台宗信徒朝拜之地。国清寺有三宝:一塔、一梅、一僧。三宝中的隋梅刚才我们已经观赏了,而三宝中的一僧,就是举世闻名的济公活佛了。

济公并非神话人物而是南宋著名高僧。其父李茂春,浙江台州永宁村人。李茂春辞官回乡后,修桥铺路造凉亭,赈灾施粥济贫民,做了不少的善事。遗憾的是已过不惑之年却膝下无子,古人云"不孝有三,无后为大",这也就成了李茂春的心病。

这天,李茂春又携夫人来国清寺烧香礼佛,希望佛祖保佑能赐给李家子嗣。添罢灯油敬好香后,夫妇两人经过罗汉堂时,夫人只觉得伏虎罗汉似乎对自己会意一笑,紧接着觉得腹中一阵悸动。待到了方丈室坐下歇息时,方丈先命沙弥敬上天台佛茶,尔后双掌合十,对夫妇二人称贺道:"恭喜施主,贺喜施主!"

李茂春好生纳闷:"请问方丈,我李茂春结婚十载,至今无子嗣,何喜之有啊?"

方丈微微一笑:"天机不可泄露,尔回家便知。"

夫妇二人懵懵懂懂地回到家中,一直琢磨着方丈的话,思量着喜从何来。不几日,夫人觉得食欲不振,经常呕吐,大冬天的想吃酸梅,让李茂春忙得不亦乐乎。

一日,有位行医的朋友来做客,李茂春就请他顺便为夫人号号脉,看是得的啥病。朋友一号脉就马上站起,双手连连作揖:"喜脉,喜脉,你要为人父了!"

李茂春顿时觉得喜从天降:"菩萨保佑,菩萨保佑我李家有后啦!"马上命管家,备好香烛灯油直奔国清寺还愿,并问方丈自己夫人怀的是男孩还是女孩。方丈还是那句话:"天机不可泄露,回家好好照顾夫人便是。"

有道是"十月怀胎,一朝分娩",可是明明已经足月,可夫人还没有生产的迹象,这让李茂春很纠结,请了很多医生都无良方。便又来到了国清寺向方丈求教:"我夫人已足月,为何还不能生产?"

方丈还是微微一笑:"天机不可泄露,该来时就会来的。"

又一个月过去了,夫人还是没有生产,遍寻名医都没办法,这下李茂春急了,又到国清寺去找方丈。在经过罗汉堂时,忽听轰然一声巨响,他扭头一看,身边的伏虎罗汉已崩塌成一堆尘土。当他慌慌张张跑进方丈室时,只见方丈已经备好了茶在等候。于是他便结结巴巴地对方丈说:"方,方丈,罗汉堂的伏虎罗汉不是我弄坏的。是,是它自己突然就崩坏了。"

"时辰一到,他自己就急着去了。"方丈似乎答非所问。

李茂春有点懵懂,但他顾不得许多了,便把自己的来意对方丈说了,方丈却对他说:"快回家去吧,三天以后我来看望施主的儿子。"

李茂春将信将疑地谢过方丈,转身急忙往家赶。等他跑到家门口时,远远看见大门口挂着好大一块玉佩,顿时喜从心生。原来,那时人们的思想很封建,生了女儿就在门口挂块瓦片,唤作"弄瓦之喜";生了儿子就在门口挂块玉坠,称作"弄玉之喜"。今天家门口挂了这么大一块玉佩,夫人必定生了个儿子无疑,于是三步并作两步跨进了院门,果然一阵阵响亮的男婴哭声传了出来。丫鬟见他回来了,连忙说:"老爷,太太生了个少爷!"

李茂春喜形于色,大声吩咐管家:"村南村北搭起粥棚,施粥三天。"

夫人在里屋听到了,赶紧说:"老爷,佛祖赐给咱们宝贝儿子这么大的恩典,施粥三天太少了。"

李茂春赶紧说:"夫人说的是,夫人说的是。七天,施粥七天。衣衫褴褛者,再给寒衣一件!"

夫妇二人看着襁褓中的儿子,欢喜不尽。可是随之而来的烦恼又让夫妇二人皱紧了眉头,这个宝贝儿子日夜啼哭,几个奶妈使尽浑身解数,可怎么哄也哄不了。他们一家子都心疼哭坏了孩子,就在李茂春寻思着再去一趟国清寺时,家人来报说国清寺的方丈到了。

方丈进屋后用中指蘸了一下茶盅中的茶水,弹了些水珠在孩子的额头,孩子立时就停住了啼哭,脸上显得十分安宁。李茂春夫妇心中一块沉重的石头一下子就落了地,两人对方丈的法力钦佩之至。末了方丈又口中念念有词:"尔从何来我知道,若识老衲笑一笑。"只见那婴儿望着方丈,一会儿咧开小嘴笑了起来,众人啧啧称奇。

李茂春赶紧请方丈给儿子起名,方丈也不推辞,略一沉吟便说道:"此子非同一般,将来必与天下广结善缘,就叫修缘如何?"

众人一致称好,于是世间便有了李修缘这么一个小人儿。

修缘小时候就时时显露出种种异相。7岁那年,有一次跟佣人去河边洗菜,只见他抓起一把韭菜沾了河水频频向空中洒水,别人好生奇怪,就问他为什么要这样?他却反问大家:"你们难道没看见灵隐寺失火了吗?我在浇水灭火!"

灵隐寺远在杭州,离此地有数百里之遥。因此人们只当是小孩子戏言,谁也没当真。几天后到灵隐寺进香的外婆和舅舅回来了,说起那天灵隐寺失火的险况,尚心有余悸。最后舅舅说:"亏得后来下了一场大雨,把火浇灭了。"

在一旁听大人说话的修缘插嘴说:"外婆,我早就对他们说过了,可他们不相信!"

李茂春这才想起儿子几天前确实说过这么一番话,岳母他们的经历证实儿子所言非虚。他开始感到儿子的非同一般。

修缘11岁那年,天台一带旱情严重。尽管修缘只是一个孩子,却也为此发愁。那天,他正在灯前读书,想到田地枯焦、灾民遍地,怎么也看不进书上的内容,心中一个劲地念叨:"下场大雨就好了,下场大雨就好了!"

这时突然风声大作,窗被风吹开了,一个长须长袍的老者飘了进来。修缘觉得在哪里见过他,却一时想不起来,便问:"老大爷,您找谁呀?"

老者呵呵地笑了:"兄弟,别来无恙吧。怎么把老哥我给忘了?"

修缘奇怪了:"您比我爷爷年纪还大,怎么叫我兄弟?"

老者说:"我们是最好的师兄弟呀,我是降龙,你是伏虎。好了不说了,世尊命我来帮你降雨。"

修缘虽然不是十分明白老者说的话,但能降雨他还是很高兴的,便说:"我想用河水洒雨,可是天旱得连河里都没有水了。"

"所以我来帮你呀,"老者说罢用手向空中一招,"来,来,来。"一条小青龙从天而降,匍匐在老者面前,并随着老者的咒语,龙身化作扇柄,龙尾化作了扇面。老者便把这把"芭蕉扇"给了修缘,并说道:"兄弟,这是师兄我送给你的青龙扇,可以呼风唤雨,可以除魔降妖。"说罢化作一阵清风离去了。

修缘用这把青龙扇为家乡解除了旱情,出家后成了济公活佛,又用这把青龙扇除恶惩奸、赈济苍生,留下了千古佳话。

好,各位团友,现在请跟我一起去观赏国清寺三宝中的隋塔,去领略一下塔中观天的意境吧。

▶▶▶ 敬香有讲究 ◀◀◀

各位团友,各位善知识,几乎所有的导游和大部分香客到寺院里去敬香或者观光,都会对一样至关紧要的陈设视而不见。大家猜猜看,是哪样陈设呢?好,不耽误大家时间了,告诉各位,这件至关重要的陈设就是香炉。

大家一定很意外吧,大家心里会想:殿堂才重要呢,佛像才重要呢,这个放在外边日晒雨淋的铁家伙有什么重要呢?问得好!其实,香炉呀就像我们单位里的传达室,而庙堂里的众位佛、菩萨呢,就好比单位里的领导,佛祖当然是最高领导了,而各位菩萨则是分管领导。菩萨虽然法力无边,但也有分工不同嘛。

比如我们都很熟悉的四大菩萨，文殊菩萨分管智慧和勇敢、普贤菩萨分管道德和理念、地藏王菩萨分管超度亡灵，而观世音菩萨呢，分管救苦救难。

我们烧香许愿总要找对佛或者菩萨吧。比如希望身体健康就应该去礼敬药师如来，因为他管的就是消灾延寿；希望工作或者学习如有神助，自然应该礼敬文殊菩萨，他负责赐予智慧。就好比我们去一个单位联系工作，求职离职就应该找劳动人事部门，推销产品就应该找采购部，找错了部门肯定办不成事，对不对？

每个单位都有一个传达室，你到了门口总要通过传达室联系相应的分管领导解决事情是不是？告诉各位，寺院里的香炉就好比单位里的传达室，香炉就起着我们和佛、菩萨之间的信息传达作用。

各位都知道，我们普罗大众生活在色界下的欲界，所以我们都有形有色有欲望，而佛、菩萨都在无色界禅修，那里是无形无色的。那么怎么从有形世界联系无形世界呢？

于是我们燃香，香是有形的，点燃之后化为袅袅之烟，继后再归为虚无缥缈。因此，燃香就是有形向无形的转换和传递，于是凡间和佛界就沟通了。

譬如我们祈求父母健康，点燃三支清香后在礼敬香炉的同时默念药师佛的名号，随着香烟向虚空化为无形，东方净琉璃世界的药师佛就可能收到你的信息。

很多人忽视香炉直冲殿堂，就如同到某单位闯过传达室直冲领导办公室一样，忽略香炉也是一种失礼。

有不少人以为，只要烧了香之后，就可以坐等佛、菩萨的帮助，而自己不去努力了，这是大错而特错的。譬如文殊菩萨给一个学生的帮助，往往只是一种好的状态，知识还是要依靠自己努力去学习的。我这里讲个小故事，足以使我们理解佛、菩萨是怎样帮助我们的。

有一年夏天，某地发大水，洪水转眼冲毁了村庄和农田，一些腿脚快的人便跑到了山坡高地上，有一个人比较迟钝，来不及撤离，只好爬上了村边的一棵树上，在树上念着"南无观世音菩萨"。咆哮的洪水把树冲得摇摇晃晃，这时一艘空船顺流而下，漂到了树下搁住了，山上的人大声呼喊起来："快，赶快跳到船上！"

但是，树上那个人拒绝了，他说："我念菩萨的圣号，菩萨一定会来救我的。"

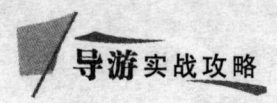

不一会儿船漂走了，又漂来很大一棵树，卡在那棵树下。山上的人又大声呼唤他赶紧跳到那棵大树上，可是他又拒绝了，理由还是"菩萨会来救我的"。这时一个巨浪扑过来，把那棵树冲倒了。

这个人的迂腐就在于，他以为菩萨会如同海豹突击队一样来救自己的。其实，先前的那艘木船和后来的大树都可能是菩萨对他的救助。是他错失了救助。我们念诵文殊菩萨的《开智咒》，也许会使我们在考场上头脑清醒、灵感频来、状态比较好，但是如果没有平时的努力学习和知识积累，再好的状态也只能是无米之炊。

有些场所为了追求经济利益，会误导香客、游客烧高价高香，价格从数百到数千元不等。其实，灵与不灵与香的价格完全没有关系，只要心诚，哪怕只是心香一瓣也是功德无量啊。

更有个别场所的经营者利欲熏心，许以高额的回扣拉拢个别职业素质不高的导游，引诱游客烧高价香。朋友们，有回扣香就打了折扣，香打了折扣，你许的愿能不打折扣吗？再说到寺院作功德是供养"佛、法、僧"三宝，当钱进了某些个人的口袋，这功德当然就打水漂了。刚才，有朋友问："只点三支清香，剩下的香怎么办？"我告诉各位，可以把剩下的香放在各个大殿佛龛前的供桌上。这样，寺院里的法师们做早晚功课时，会点上这些香的。在法师们的诵经声中，这些香的功德会更大的。

好，朋友们，刚才大家都虔诚地敬了香炉，与自己礼敬的佛、菩萨有了沟通，现在请各位都带着自己美好的心愿，循着自己的心路自由活动吧。祝朋友们好运连连！

道 教 类

▶▶▶ 蒙恬迎财神 ◀◀◀

各位朋友大家好,我们出来旅游不但要饱览祖国的大好河山,还要了解祖国的传统文化才算是不虚此行。有细心的朋友注意到了,昨天晚上和今天中午的两个餐厅都供着财神,但是这两尊财神很不一样,这是为什么呢?

我很佩服这位朋友的眼光,这两尊财神确实大相径庭。那尊读书人模样的是文财神范蠡,而武将模样的呢,就是武财神赵公明了。告诉大家一个秘密:供奉文财神的一般都是很有学问的儒商,而供奉武财神的可能在知识涵养方面有所欠缺。有一点是肯定的,凡是暴发户,百分之一百都是供奉武财神的,当然并不能因此推论凡是供奉武财神的一定不好。但是我们作为消费者,根据商家供奉的财神而一眼判定其文化品位,总不是一件坏事吧。一般说来,供奉文财神的店主大多经商讲道德,做事好商量。

因为绝大多数商家和普通家庭供奉的是武财神,现在趁着到下一个景点还有半个小时左右,我就和大家一起分享有关武财神的故事。

正月初五,迎财神已经成了中国百姓春节文化的重要内容。鞭炮声也是一年高过一年,好像鞭炮放得越多就越能交好运似的,其实事情正好相反。

战国时,秦国书生蒙恬穷困而不潦倒,虽然常常衣食无着,但仍然悬梁刺股熟读兵书、精练武艺。又是一年新春到,富人希望更富,穷人企望脱贫,因此迎财神成了各家的大事。

有钱人家供三牲八果,贫穷人家也供些蔬果粗点。蒙恬穷得家无隔夜之粮,只得在桌上放置清水一杯、清香三炷。点燃清香后,蒙恬向武财神赵公明的像深深鞠了一躬,口中吟道:"蒙恬命苦比黄连,既无酒米更无钱。清水一杯香三支,敬你财神在西天。"

他根本不敢奢望财神爷能眷顾他,所以别人都是"喜迎财神到家来",而他只是"敬你财神在西天"。

初五凌晨,财神爷奉天庭之命,把财运赐给人间。他在天宇中细细观察,看看哪家心诚,就把财运送到哪家。这时凡间一阵阵鞭炮声响起,刺鼻的硝烟

味直扑天空,熏得财神爷皱起了眉头。

又有好多高升在空中炸开了,惹得财神爷心里很生气,他想:"这些凡人真不知好歹,爆竹是用来驱走'年'这个戕害人间的恶鬼的,你们却用它来驱赶我?!罢,罢了,既然你们不欢迎我,那我就把'财运'带回天庭罢了。"

这时,蒙恬念打油诗的声音传入了财神爷的耳中,他循声一看心中升起一丝欢喜:"呵,人间还有一处清静地,待我前去看看。"想罢便化作一阵轻风到了蒙恬家中,把土地爷招来,方知蒙恬勤奋好学、为人善良,立时生心助他。

此时,天色已明,蒙恬忍着饥饿走到院中准备练武,突然他看到一只硕大的老鼠叼着一穗麦子钻进一个洞里。蒙恬不由得心中大喜,他知道老鼠都有藏粮过冬的习性,鼠洞里藏粮少则一两升,多则三五升。他就用手中长枪,循着鼠洞口往下挖,指望挖出个三升两升的,对付几天。

挖着挖着,他有点失望了,鼠洞中根本没有粮食的踪影。就在此时,枪尖触到了一个硬物,他以为又是一块石头,就随手用枪尖一挑,把它挑到了院子里。在阳光的照射下,这块石头发出了耀眼的金光。呵,原来是一个金元宝。蒙恬大喜过望,拾起金元宝放在供桌上,然后对财神像深深作了一揖,说道:"蒙恬谢财神爷恩赐!"

有了这笔财富后,蒙恬遍访名师,终于功成名就,成了秦国太子扶苏最倚重的爱将。

呵,朋友们,听完了这个故事,以后迎财神就不要再放鞭炮了,鞭炮是驱赶邪神的,而且污染环境、噪音扰民,用来接财神是适得其反。

▶▶▶ 月下老人 ◀◀◀

各位,俗话说:"百年修得同船渡,千年修得共枕眠。"今天我们能在一起旅游真是百年之缘哪!既然都是有缘之人,我们应该珍惜这份难得的缘分。我们将共同相处好几天,在今后的这几天中,我相信大家一定会互相照顾、互相谦让的,对吗?对,缘分嘛!

我们车上,有好几对是夫妻。夫妻可是千年之缘哪。夫妻都是命中注定、月老牵线而成的。所以我们一定要千万千万珍惜夫妻之间的千年之缘。下面我就和大家一起分享《月老的故事》。

讲解篇

　　唐太宗贞观初年,有一位名叫韦固的人,有一次,他到宋城去旅行,住宿在南店里。一天晚上,韦固在街上闲逛,看到月光之下有一个老人席地而坐,正在那里翻一本又大又厚的书,而他身旁则放着一个装满了红色绳子的大布袋。韦固很好奇地过去问他道:"老伯伯,请问你在看什么书呀?"那老人回答说:"这是一本记载天下男女姻缘的书。"

　　韦固听了以后更加好奇,就再问:"那你袋子里的红绳子,又是做什么用的呢?"老人微笑着对韦固说:"这些红绳是用来系夫妻的脚的,不管男女双方是仇人还是距离很远,我只要用这些红绳系在他们的脚上,他们就一定会和好,并且结成夫妻。"

　　韦固听了,自然不会相信,以为老人是和他说着玩的,但是他对这古怪的老人,仍旧充满了好奇,当他想要再问他一些问题的时候,老人已经站起来,带着他的书和袋子,向米市走去,韦固也就跟着他走。到了米市,他们看见一个妇女抱着一个三岁左右的小女孩迎面走过来,老人便对韦固说:"这妇女手里抱的小女便是你将来的妻子。"

　　韦固听了很生气,以为老人故意开他玩笑,便叫家奴去把那小女孩杀掉,看她将来还会不会成为自己的妻子。家奴跑上前去,刺了女孩一刀以后,就立刻跑了。当韦固再要去找那老人算账时,却已经不见他的踪影了。

　　光阴似箭,转眼16年过去了,这时韦固已找到满意的对象,即将结婚。对方是相州刺史王泰的掌上明珠,人长得很漂亮,只是眉间有一道疤痕。韦固觉得非常奇怪,于是便问他的岳父说:"为什么她的眉间有疤痕呢?"

　　相州刺史听了以后便说:"说来令人气愤,16年前在宋城,有一天保姆陈氏抱着她从米市走过,有一个狂徒,竟然无缘无故地刺了她一刀,幸好没有生命危险,只留下这道伤疤,真是不幸中的大幸啊!"

　　韦固听了,愣了一下,16年前的那段往事迅速地浮现在他的脑海里。他想:难道她就是自己命仆人刺杀的小女孩?于是便很紧张地追问说:"那保姆是不是一个左目有疾的妇女?"

　　王泰看到女婿的脸色有变化,且问得蹊跷,便反问他说:"不错,正是如此,可是,你怎么会知道呢?"

　　韦固这时惊讶极了,一时间答不出话来。过了好一会儿才平静下来,然后把16年前在宋城遇到月下老人的事全盘说出。王泰听了,也感到惊讶不已。韦固这才明白月下老人的话,并非开玩笑,他们的姻缘真的是由神做主的。因

— 71 —

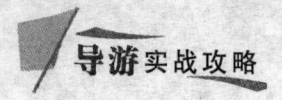

此夫妇俩更加珍惜这段婚姻,过着恩爱的生活。

不久这件事传到宋城,当地的人为了纪念月下老人的出现,便把南店改为"订婚店"。由于这个故事的流传,使得大家相信:男女结合是由月下老人系红绳加以撮合的,所以,后人就把媒人叫作"月下老人",简称为"月老"。

讲到这里,细心的游客一定会产生疑问:"不对呀,导游,你刚才还说'夫妻是千年之缘',怎么月老给韦固他们系红线后才十六年就成夫妻了呢?"

问得好,朋友。因为,只有修满了千年的夫妻缘分,月老才愿意系红绳的呦。

好,在这里我作为大家的导游,衷心祝福各位已经结婚的朋友夫妻恩爱、白头到老,也祝愿未婚的朋友早日修成夫妻情缘,让月老尽快用他神秘的红绳,系上 NI 的心,系上 TA 的心!

韩湘子度韩愈

各位团友,大家一定注意到在游客集散地有很多商店和商贩在兜售葫芦丝、笛子、洞箫等民族乐器。大家来猜 猜,这其中哪样乐器能和咱们老百姓最喜闻乐见的神仙人物八仙扯上关系呢?这八位神仙不但故事脍炙人口,而且他们的法器也是千奇百怪,吕洞宾的长剑倒也是常见的兵器,但是张果老的渔鼓与蓝采和的花篮就有点不可思议了。

到下个景点也就个把小时的车程,我就不卖关子浪费大家时间了。告诉各位,是笛子。韩湘子的法器就是一支竹笛。八仙在历史上都确有其人。

八仙之一的韩湘子,本名韩湘,字清夫。是唐代大文学家、刑部侍郎韩愈的侄孙。《唐书·宰相世系表》记载,韩愈之侄老成之子,长庆三年(823)考中进士,官至大理寺丞。

韩愈在他的诗《徐州赠族侄儿》中这样描述韩湘子:"击门者谁子?问言乃吾宗。白云有奇术,探妙知天工。"

韩湘子生有仙骨,厌烦华丽,喜欢恬淡,远离酒色。他所热心的是道家的修炼之法、黄白之术。韩愈屡次劝他读书求进取,韩湘子总是回答:"我所学的与你所学的绝不相同。"韩愈恼怒,狠狠地训斥了他。

有一天,韩湘子外出访师,恰巧遇见吕洞宾和钟离权,便弃家随二人学道去了。后来到了一处地方,见仙桃红熟,吕洞宾令他爬上树摘3枚桃子。韩湘子吃了这桃子后,顿时感到神清气爽、身轻如燕。

韩湘子成仙后,欲度韩愈,知道韩愈历来不信道,便先用法术打动他。那年正遇大旱,皇帝命韩愈到南坛祈求雨雪,祈祷好久,并无雨雪降落,眼看就要罢官。这时,韩湘子变成一位道士,当街立出招牌:"出卖雨雪。"有人报告韩愈,韩愈便请他来祈祷。道士登坛作法,不一会儿,天降大雪,韩愈还不信服,问道士说:"这雪是你求下的,还是我求下的?"

道士干脆回答:"我求下的。"

韩愈逼问:"有何凭据?"

道士说:"平地雪厚一尺。"

韩愈立即着人测量,果然雪厚一尺,心里这才有些服气。

又一天,韩愈庆寿,设席宴请众多贺客。韩湘子突然归来,为韩愈拜寿。韩愈又喜又怒,当着众多祝寿人的面问他:"你这些年尽在外边游荡,也不知学了些什么?且作一首诗让我来看看你的志向。"

韩愈本意是在难为他,不料韩湘子启口便吟道:

青山云水隔,此地是吾家。

终日餐云液,清晨啜落霞。

琴弹碧玉调,炉炼白朱砂。

宝鼎存金虎,芝田养白鸦。

一瓢藏造化,三尺斩妖邪。

解造醇醲酒,能开顷刻花。

有人能学我,共同看仙葩。

韩愈听罢,不无讽刺地说:"你竟然能够夺造化之功?"就抓住诗中"解造醇醲酒,能开顷刻花"两句,要他造酒并在深秋催开春花。韩湘子就要了一只空酒樽放到桌上,盖上瓦盆,过一会儿打开,果然美酒盈樽。接着他又在院中聚土成堆,插上一根枯枝洒上些酒,口中念念有词,不一会儿,只见枯枝发芽现蕾,顷刻开花形如牡丹,比牡丹花更为艳丽。花上还有两行金字:

云横秦岭家何在?

雪拥蓝关马不前。

韩愈看了,不解诗中意思,韩湘子说:"他日自验,天机不可预泄。"众人个个叫奇,饮酒极其欢乐。酒席宴罢,韩湘子又告别外出云游去了。

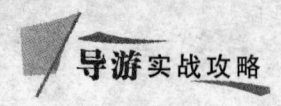

却说唐宪宗本性好佛,有一回西番派和尚送来佛骨,宪宗意欲将佛骨迎进宫,诸臣皆不敢说个"不"字,独有韩愈上表苦谏,反对迎请佛骨。宪宗大怒,将韩愈贬往南国潮州,限日起行。出发没几日,阴云滚滚,朔风冽冽,大雪飘飘。走到一个地方,雪深数尺,马不能前行,路亦难以辨认,四周更无人家。想要退回,大雪埋了来路。正在饥寒交迫、进退两难之际,忽有一人顶着凛冽寒风扫雪而来,近前看清,来人正是韩湘子。韩湘子问韩愈:"你还记得当年花开时的诗句吗?"

韩愈反问道:"这是什么地方?"

韩湘子说:"蓝关呀。"

韩愈叹息良久,说:"世事这般的有定数,我将从前的句子补成一首诗吧。"诗曰:

左迁至蓝关示侄孙湘

一封朝奏九重天,夕贬潮州路八千。

欲为圣明除弊事,肯将衰朽惜残年?

云横秦岭家何在?雪拥蓝关马不前。

如汝远来应有意,好收吾骨瘴江边。

二人收拾仵进蓝关驿站,韩愈从此相信了韩湘子的预言并非无据。夜间二人议论往来之事、修真之道,韩愈心悦而诚服。韩湘子再次作了预言:"公不久即西归,不惟无恙,并将复用于朝廷。"

果然,韩愈还未及到达发配地,京城又快马传旨,宣韩愈回朝,官复原职。

好,关于一代文豪韩愈和他侄孙韩湘子的故事就暂时讲到这里。在这里我提个醒:过会到了景点下车后,想买支好笛子自己用或者送朋友,还是应该到正规的乐器店里去购买。如果是哄哄孩子,在景区里随便买一支倒也无伤大雅。

►►► 紫气东来 ◄◄◄

各位团友,现代的礼尚往来讲究一个雅趣,如乔迁之喜、新婚之喜、升职之喜等送字画的很多。国画的题材很有讲究,不但讲究笔墨,更讲究寓意。比如画一支长成三节的藕,由"莲生三节"的谐音寓意"连升三级"。画一幅牡丹,便题上"花开富贵"的字款。其中最受欢迎的题材莫过于紫藤了,而且以紫藤为题材的作品,题款大多为"紫气东来"。为什么呢?因为紫色在中国传统文化中是富贵吉祥色。说起富贵的含义比较好理解,譬如唐代三品以上的官服就是紫色的。但是吉祥之意如何而来呢?让我们一起分享《紫气东来》。

万里终南山,绵延起伏像一条巨龙盘踞在西北大地,奇峰峻岭恰似龙鳍。在龙腹之处有一处关隘,唤作函谷关。关令尹喜,面相清奇、目光炯然,平素体恤兵民,所以深得军心民心。

一天,尹喜正与夫人在草堂下棋,忽然外面人声嘈杂,好像发生了什么大事。过一会儿,一个家人慌慌张张进来禀报:"报,报关令大人,大事不好了!"

尹喜神态自若地把手中的棋子稳稳地点在棋盘上,端起茶盅来,揭开盅盖喝了一口,然后问道:"何等大事,尔等如此慌张?"

家人面色紧张地说道:"东方天空突然涌出一股紫色云霞,好像蟠龙御游长空,滚滚向西而来,势不可挡。如今战事纷乱,军队和百姓不知是凶是吉心中慌乱。大人善观天象、通晓地理,还请大人察看!"

尹喜心中一动,便率随从登上草堂观望台举目远望。只见东方空中,果然有一紫色云龙气势磅礴,向西涌动而来。尹喜见此天象,先是喜上眉梢,而后肃然起敬:"奇哉,善哉,紫气东来大吉之象,必有真人来之!"

尹喜下得楼来,赶紧沐浴焚香、垂目静坐,通宵未眠。翌日便吩咐下去:"所有军官兵士文官府吏,一律斋戒以迎圣人。"

原来,尹喜崇尚修道,得到异人指点,得知不日将有圣人路过函谷关,故此特意奏请朝廷以大夫之身下放函谷关任关令之职,只为迎候圣人。今日得见天象,知道圣人果然要来,心中大喜。他又令守关将士,三日内有一位骑青牛的老者过关务必留住,并立时禀报关令府。

第三天一早,尹喜率关令府一干吏员,虔诚地列队关门外,等候圣人的到来。时值中午,果然有一位老者,天庭饱满、两耳垂肩、鹤发童颜、寿眉高扬,骑一头青色水牛悠然而至。尹喜一见赶紧匍匐在地三叩九拜请老者进关城。

原来,这骑青牛的老者,不是别人,正是东周守藏室史李耳,人称老子。因周室内乱,国运不兴,他辞去官职,准备西行出关避世修行,因此路过函谷关。他见面前这位官员,清奇不俗,气度非凡,躬身迎请,便明知故问:"你是何人?为何得知老夫将至?"

尹喜恭恭敬敬地回答道:"我乃函谷关令尹喜,去年冬天,我看见天理星西

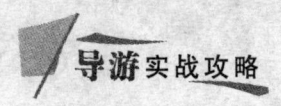

行,数日前又见紫气东来状如龙蛇,知真人将西行,故在此迎接,恭请圣人不吝赐教。"

老子淡然而答:"我知道你不是凡人,传承道统的重任将承担于斯。"说罢,便在尹喜的陪同下入住草堂。

尹喜在老子面前恭恭敬敬地执弟子礼,不时向老子请教修道至理。有一日尹喜在老子前长跪不起,请求道:"弟子将很快归隐修炼。"

老子感其虔诚,就同意了他的请求。尹喜大喜,于是就将关令印信留在官府,回到草楼专心求道。老子为他写了五千言的道法大统《道德经》。尹喜把平日里他向老子请教时师徒之间的问答,另行整理成书,书名为《关尹子》。

因老子还要西行,于是就告诫尹喜:"你好好修道,予行道千日后,到成都青羊肆来找我。"

尹喜将此话牢牢地记在心中,千日后果于青羊肆再会老君。这就是"紫气东来"的故事。后人因之以"紫气东来"表示祥瑞。

现今陕西省周至县的楼观台,就是当年关令尹喜结草为楼观星望气的地方,"说经台"即讲授《道德经》的地方。现在楼观台的青牛柏,即是老君到草楼观时系他青牛的柏树。这是道家最古的圣迹。

好,各位团友,今后哪位家里有了"紫气东来"的祥瑞之事,可别忘了我这个导游和全团的旅伴呦!

人 物 类

▶▶▶ 苏东坡智破杀人案 ◀◀◀

各位团友,现代旅游已经从单纯的观光旅游与时俱进到了文化旅游,观光旅游是知其然,而文化旅游是知其所以然。中国是一个历史文化资源大国,先秦诸子散文、汉赋、唐诗、宋词、元曲以及明清小说,一脉相承而又各有千秋。其中最让人喜闻乐道的大概要数唐宋八大家了吧,唐宋八大家中苏氏三杰尤其让人称道,而苏氏三杰中最有故事的则首推苏东坡了。

说起苏东坡,大家津津乐道的是他书画诗词无一不精,杭州名菜"东坡肉"

也是他的传世佳作。然而鲜有人知的是,苏东坡还是一个破案高手。今天我就和各位一起分享苏东坡利用心理学智破碎尸案的故事。

苏东坡当杭州通判时,曾经接到灵隐寺僧人报案,说是在寺院前的冷泉亭发现一具尸体。苏东坡就带着捕快、仵作等随从到现场勘查,发现被害人是被人用斧子砍杀的,便命令捕快等人仔细查勘,结果在尸体不远处发现了一把木匠用的斧子,斧子上还沾有斑斑血迹。苏东坡断定凶手是个木匠,由于交通不便活动范围有限,必定住在附近。

他回府后下令灵隐寺周边二十里内的所有木匠必须在七天后地藏王菩萨生日的那天到灵隐寺外会合,不得有误。木匠们都以为是官府要为灵隐寺做工程雇佣他们,因此很高兴。

地藏王生日那天一早,木匠们来了。苏东坡让县令、地保们仔细察看,确认当地所有木匠都已到齐,便令衙役将木匠一干人等都带到了闻名遐迩的冷泉亭前。此时的冷泉亭已被苏东坡命人用黑布严严实实地蒙了起来,前面挂了一幅苏东坡手书的对联,内容是地藏王菩萨的偈语:"使计使奸使阴谋,不使最好,瞒不过此处聪明。图财图利图名声,多图无妨,带不来此地享用。"众人不知通判大人葫芦里卖的什么药,只是一个个面面相觑。

苏东坡又命人把钟楼地藏王菩萨像前的香炉抬到了冷泉亭前,恭恭敬敬地点燃了香烛,三叩九拜后对众人说:"举头三尺有神明,六道之中人、神、鬼等众生,一切作为都逃不过地藏王菩萨的法眼。所以,菩萨常常教诲我们众生,'诸恶莫作,众善奉行'。菩萨已神谕于我,凶手就在尔等众人之间,如速速从实招来,尚可酌情处理。"

此时,凶手确实就在众人之中。只是他自以为手脚做得很干净,不相信苏东坡能在30多人中甄别出他来,因此稳住了不作声。见无人自首,苏东坡便长叹一声:"尔果真是不见菩萨不认罪,好!今天就请地藏王菩萨当众揪出凶手来,看尔服与不服!"

苏东坡命令众木匠依次进冷泉亭摸钟,他转身大声对众人和捕快们说:"我已把地藏王佛龛上的钟请到冷泉亭中,他们各自去摸,当杀人者摸到钟时,钟自然会鸣响。听得钟响,尔等立即拿下凶犯!"

木匠们按令依次进冷泉亭摸钟,一个,两个,三个,都没声响。衙役、捕快们心里有点纳闷,虽然他们信佛,平素也佩服通判大人,但一口铜钟如何能辨认出凶犯来呢?如果铜钟能抓住凶犯,那捕快们岂不成了吃干饭的?

— 77 —

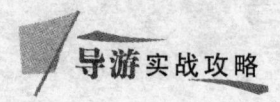

当第七个木匠从冷泉亭中走出后,钟声仍旧未响一声,苏东坡却大喝一声:"给我拿下!"

众捕快未听得钟响,故都犹疑不决,只听苏东坡又是一声大喝:"凶手已显露,尔等为何不立即拿下?"

众捕快犹犹豫豫地绑住了那个刚从亭中走出的木匠,押到了苏东坡面前。苏东坡厉声喝道:"大胆凶犯,还不从实招来?"

那个木匠却不肯跪,边挣扎边申辩道:"通判大人,小的冤枉啊。你说过凶手摸钟,钟自会响。而小的摸钟,钟未曾响过,大人为何强定小的为凶手,小的不服啊!"

旁人也都觉得那个木匠说得有理,此时苏东坡哈哈一笑,手捋胡须不紧不慢地说出一番话来,让众人佩服得五体投地,凶犯也乖乖低头认罪。各位,苏东坡究竟说出怎样的一番话来,让案件水落石出了呢?

原来,苏东坡早就料定凶犯不会自己坦白,于是命人在铜钟上涂上了厚厚一层锅底灰。如此,没杀过人的心里坦然,摸就摸,手掌上就会沾上锅底灰。而杀人者心里有鬼,生怕真的被地藏王菩萨识破了,让钟响起来而罪行暴露,所以势必不敢摸钟。苏东坡一眼认出杀人凶犯,就是因为他手里没有灰。至于在亭子外面蒙了厚厚一层黑布,仅仅是让凶犯避开睽睽众目,便于大胆作弊而已。

各位,苏东坡的破案水平一点也不比阿加莎·克里斯蒂笔下的比利时大侦探波洛差吧?

▶▶▶ 徐文长西湖题画 ◀◀◀

各位团友,现在我们来到了苏堤。苏东坡当年疏浚西湖筑长堤的故事,各位一定是能够倒背如流了,我再重复就没有意义了。"苏堤春晓"是当年康熙皇帝钦定的,迄今也是西湖四季景中春景的代表。因此,文人墨客以苏堤为题材吟诗作画的不少,今天我就和各位一同分享明代才子徐文长画《苏堤春柳》的故事。

明代文人徐文长生性狂放,在诗歌、戏剧、书画方面独树一帜,以致当时无论达官贵人还是巨贾富商都以得到他的书画为荣,而他偏偏不愿为官宦贵人作画。一日,他醉卧西湖边柳荫下,忽然听得旁边望湖楼中人声嘈杂。起来一看,一群博冠锦衣之士正在争论不休,于是便走了进去。

原来,他们争论的是一幅描绘苏堤春色的长卷《苏堤烟柳》,而这幅画正是不久前,他在街上看到一位女子插着草标卖身葬父,被其孝心所感动特画此图赠她卖画以葬父的,因当时仓促作画,未及题诗,只有落款"青藤山人"。后来此画竟被当地一位大财主购了去。为了炫耀自己拥有达官贵人们千金难求的徐文长墨宝,这个粗通文墨的土财主约了诸多狐朋狗友,特意到西湖边文人雅士聚集的望湖楼来赏画。

徐文长看到这帮为富不仁的家伙假充文雅,便有心戏弄他们一番,问道:"各位,在鉴赏何人的画呀?"

众富豪一看是徐文长来了,连忙躬身让座:"啊呀,原来是贵人光临,请,请,请上座。"

徐文长也不客气,一偏腿坐到了首席,说道:"咦,这不是在下的拙作吗?"

"正是,正是,"土财主满脸得意,"我多次恳求先生赐予墨宝,先生总是不肯。皇天不负有心人哪,这回总算遂了我的心愿!"

"古人云,诗书画缺一不可,这幅画怎么没有题诗呀?"徐文长醉意未消地问道。

"太对了,太对了,"土财主连连以手拍额,众人也乘机在一旁起哄,"何不有劳先生高抬贵手补上?!"

"你们是知道我的规矩的,我是不愿意为你们这样的贵人题什么诗的。"徐文长一口拒绝了,那些人好不尴尬。徐文长话锋一转:"不过,今天也许可以破例——"

一听到有希望请徐文长题诗,那财主眼睛都绿了,说道:"先生请吩咐,请吩咐,在下一定照办!"

徐文长一指在楼内卖唱的一位盲琴师和他的女儿,说道:"给他们父女俩十两纹银,我就给你题诗。"

"十两?"财主以为自己听错了,他想,不久前自己新宅院落成,自己愿花五百两白银请徐文长画一幅中堂挂在客厅里充文雅,却被徐文长一口拒绝。前几天仅花了三两纹银就从急于葬父的流浪女手中买得徐文长的《苏堤烟柳》,今天只要再费十两纹银,就可以请徐文长补上题诗,真是天大的便宜啊!

见他一时没反应,徐文长就问:"怎么,嫌贵?"

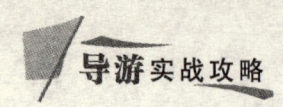

"哪里,哪里,先生太给在下面子了,我怎敢嫌贵?"财主喜得连哈喇子都流了出来,赶紧吩咐管家掏出10两纹银给了那对卖唱的父女。

因为画面上是一片绿意盎然的柳树,徐文长就挥毫题上了——东边一棵柳树,西边一棵柳树,南边一棵柳树,北边一棵柳树……

财主一下子就傻眼了,头上汗如浆出。"这是什么诗啊,连打油诗都不如。这幅画被你毁了,你得赔我。我可是花500两银子的大价钱买来的!"他的狐朋狗友也在一边帮腔:"题这样的诗把好好的一幅画糟蹋了!"

"行,这里的文人雅士很多,就让大家来评评,如果诗题得不好,我赔你500两白银;但是如果大家都说题得好的话,我也不要你赔许多,只要从白堤到苏堤沿湖每个乞丐给5两银子如何?"

这时,在楼内品茗的诸多文人雅士都聚了过来,财主左算右算自己都很合算,就说:"好,一言为定!"

只见徐文长在画上补了个凉亭,亭中有一位凭栏远望的朱衣女子,万绿丛中一点红,分外醒目。而后徐文长又继续补上题诗——纵然柳丝万千条,留不住郎君要远行。遥闻远山子规啼,行不得也,哥哥!

苏堤上的万千柳丝中,一个痴情的女子在凭栏思念远方的情人。此诗此画中的此景此情意味隽永,众人不由得齐声叫绝。

徐文长放下笔来伸了个懒腰出了醉湖楼,向湖边的乞丐们走去……

好,朋友们,请让我们一起漫步苏堤,寻访苏堤春柳的诗情画意吧。

▶▶▶ 徐文长题匾 ◀◀◀

各位团友,大家一定注意到现在的字画生意特别好,这倒不是人文素质普遍提高的原因,而是附庸风雅的有钱人多了。有些暴发户的客厅里一边摆着俗不可耐的招财猫之类,一边则挂着名人字画。诸多书画中,徐文长的作品是最受欢迎的对象之一。

说句公平话,附庸风雅并不是新生事物,而是古已有之。比如这位在绍兴大兴土木的两江总督。

新来的总督命人为自己在风景秀丽的绍兴东湖新造了个带花园的私邸,遍请文人才子写门匾。写了好多都不满意,不是嫌这个字不好,就是嫌那个名气不大。最后问管家:"如今两江之地谁的字最好?"

"不说两江,就是全中国没有比徐文长的字更值钱的!"管家说。

总督发火了:"那为何不早叫他来写就得了?"

管家嗫嚅着回答:"别说叫,就是请也请不来。因为他有三不写,一是为富不仁的不写,二是不学无术的不写,三是为官不廉的不写。所以……"

总督下令管家七天之内必须把此事办好,管家犯难了,他心想徐文长的三不写,人家只占一样都不行,今天总督大人三样全占了,如何请得徐文长题匾呢?

实在挨不过去了,管家只好硬着头皮去请徐文长。他想徐文长吃软不吃硬,实在不行自己大不了跪请,他要不答应我就不起来。想不到,徐文长一口答应了,说是只要把绍兴东湖的栈道修好了,他可以分文不取为总督题匾;否则,虽千金而不能。

管家也是本地人,他想,栈道修好了大家方便,何况修栈道的钱是公家出,而题匾是总督大人个人得好处,于是就一口应承了。

题匾那天,总督请了当地名流、官宦达人到园中喝酒庆贺。园中种满了昂贵的奇花异葩,酒桌就安置在花花草草中。徐文长喝得醉天醉地,要过笔墨写了个"苞"字,字是写得极好,清逸灵动,当时是满堂喝彩。徐文长没说什么,拍马屁的倒迎合着总督大人说:"大人,这个'苞'字用得极好,您这园中如此珍贵、含苞欲放的花朵,虽京城王公贵族的花园也不能比。"

这着实让总督大人高兴得很,特意用上好的楠木刻了匾,挂在院门上方。隔三差五地还要请朋友来园中喝酒,欣赏徐文长特地为他留下的墨宝。后来有一次朋友聚会,有人当面讥笑徐文长趋炎附势、假清高:"怎么给这么个不学无术的草包题匾?"

徐文长醉眼迷蒙地回答:"没错,我写的就是这两个字。"原来他把草字头和包字底分得特别开,粗看是个"苞",细看是"草包"。就是暗讽总督是个草包。话儿传开去,让那个总督大人灰头土脸了很久。

各位,咱们笑过这位不学无术的总督大人后,是不是也应该思索点什么……

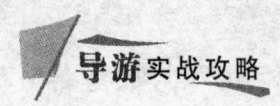

祝枝山祝寿

诸位,绍兴的黄酒享誉华夏,其中又以"女儿红"和"状元红"尤为盛名。历代文人雅士吟诗斗酒,斗的就是黄酒。明代四大才子之首祝枝山,才华横溢而好戏弄人,尤其是达官贵人。他一生好酒,虽然是苏州人氏,但好的却是绍兴的"女儿红"和"状元红"。

一日,当地首富为其母亲做六十大寿,想请祝枝山写副寿联,又怕遭其戏弄届时下不来台,故此没敢邀请他。

谁晓得,祝枝山早就惦记着他家里的极品好酒——陈年状元红。这日,当宾主正开怀大饮时,老先生不请自到。进门就当席坐下,一把抓过酒壶自言自语道:"老朽迟到,罚酒三盅!"说是这么说,可他一连豪饮七八盅,方肯放下酒壶。在当地,祝枝山到谁家喝酒,谁家就又怕又喜。怕的倒不是他喝个没完,而是喝醉了口无遮拦,说出些让主人没脸面的话来;喜的是如果他喝得高兴了,没准给你写几个字,那可是连京城里的皇帝老儿都稀罕的宝贝。

酒过数巡,席上的客人开始为老夫人献寿,商贾官宦照例是送金献银,文人墨客不外是吟诗作画。主人对金银财宝不甚上眼,对酸文假醋的"寿比南山,福如东海"之类的寿联更感到俗不可耐。老寿星传下话来,要儿子无论如何向祝枝山求一幅墨宝,其他的寿礼一概不稀罕。

主人是当地有名的孝子,他敢对官宦拍桌子瞪眼,却不敢对母亲说一个不字。但祝枝山却不是个好惹的主,当地官宦贵人常遭其戏弄。这次给母亲祝寿,要是祝枝山也来这么一手,那脸就丢尽了。但是母亲催着要,只好硬着头皮,请祝枝山写一副寿联,祝枝山倒也不拒绝,只是提了个条件:"一字一坛状元红。"

"酒窖里有的是,要多少拿就是!"主人没想到祝枝山这么爽快。

铺好宣纸,祝枝山略一思索便龙飞凤舞地写了起来,上联是:这位夫人不是人,下联是:生下儿子都是贼。

一时间满堂哗然,主人好不尴尬,一些平时就嫉妒祝枝山的文人墨客乘机起哄:"吃了人家的寿酒还骂人,真是有辱斯文!"

"莫急,莫急。"祝枝山抓过一壶酒一饮而尽,补全了寿联:这位夫人不是人,九天仙女下凡尘;生下儿子都是贼,偷来蟠桃奉母亲。

刚才还尴尬万分的主人,此时欣喜万分,对祝枝山深深鞠了一躬:"晚生有礼了!"

原来,主人家老母亲是个吃素念佛的大善人,平时修桥铺路做了很多善事,祝枝山是真心来祝寿的。只因主人没有主动请他,故先小小地戏弄他一番。

诸位,所谓"女儿红"就是绍兴人生下女儿后,酿造了上等的黄酒窖藏,待女儿成年出嫁时作为嫁妆陪嫁。而生儿子的人家则同样窖藏好酒,期待儿子金榜题名时庆贺用。顾名思义,"状元红"应该比"女儿红"窖藏更久一些,因为女儿大了总是要出嫁的,而儿子大了能不能中状元、什么时候中状元都是一个未知数。范进70岁才中的举人呢。

如果问我作为一个导游有什么好的建议,我会建议诸位:当女儿的就购买"女儿红",当儿子的就购买"状元红",回家孝敬自己的长辈,以感谢他们的养育之恩。

(注:引申得当,这个段子可以广泛应用——其中酒是绍兴酒,人是苏州人,而每个人都是为人子为人女。尽孝道是传统的道德文化,从这层意义上阐发,应用面就更广了。)

▶▶▶ 祝枝山写春联 ◀◀◀

俗话说:"一日之计在于晨,一年之计在于春。"因此,迎新春写春联是中国传统的节日文化之一,今天我们就讲讲春联的故事。

明朝苏州有个风俗,每年除夕家家户户都喜欢在门口两边的桃木匾上裱上空白的桃花纸,交子之时写上吉祥如意的春联,故有"爆竹一声旧岁除,总把新桃换旧符"之说。而江南第一才子祝枝山有一个癖好,就是喜欢在除夕夜带着书童满城乱逛,欣赏各家各有千秋的对联,兴之所至就在人家空白的桃符上写春联。

这年除夕,他照例带着书童满街走,忽然下起雨来了,书童急着要跑,祝枝山却慢悠悠地问书童:"前面可在下雨?"

"前面在下雨。"书童对老爷奇怪的问题已经是见怪不怪了。

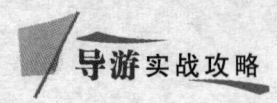

"这就对了!"祝枝山教训书童,"前面也在下雨,那还跑什么,跑来跑去还不是跑在雨里?"

雨下得大了,书童硬把祝枝山拽到一家大户人家的门楼下躲雨,忽然听到里面传出新生儿呱呱坠地的哭声。祝枝山突然来了灵感,从书童手中要过笔墨,顺手在大门两边龙飞凤舞地写了一通:"今年真好晦气全无财帛进门昨夜生下妖魔不是好子好孙",旁边写:"祝枝山题。"

第二天早晨,该家员外打开门,一眼看见对联,念道:"今年真好晦气,全无财帛进门";"昨夜生下妖魔,不是好子好孙。"顿时气得脸色发青,立即派人把祝枝山"请"来,厉声问道:"我和你往日无仇,近日无冤,为什么大年初一用这样不吉利的话来讽刺我呢?"

祝枝山一听,笑得眯上了近视眼,他摇头晃脑地把对联重新念了一次,员外立刻心花怒放、笑容满面,不但为自己的鲁莽无理向祝枝山道歉,还命家丁抬了几坛上好的陈年状元红酒送到祝枝山府上。

你知道祝枝山是怎样念自己写的对联的吗?请你给原对联加上标点,看能不能让我也送几个奖品给你?

答案是——上联:今年真好,晦气全无,财帛进门。

下联:昨夜生下,妖魔不是,好子好孙。

各位,祝枝山的春联已经过时了,我们完全可以一笑置之。在这里我送给大家一份值得一生珍藏的礼物,那是台湾地区高僧星云大师的一句极富人生哲理的偈语:"春天不是季节,而是心境。"

愿我们每一位游客,不但在旅途中,而且在生活中的每一天,都是阳光明媚的春天。

▶▶▶ 丁宫保怒斩安德海 ◀◀◀

各位团友,咱们中国是美食之国,鲁、川、苏、粤、浙、闽、湘、徽"八大菜系"更是闻名于世。其中每个菜系都有鲜明的地方特色,唯独有一道菜,既名列鲁菜又在川菜中榜上有名。这道是什么菜呢?谁第一个把正确答案告诉我,晚餐时我就请他品尝这道名菜。

好了,不耽误大家的时间了。这道名扬中外的菜叫作"宫保鸡丁"。它的创始人是清朝同治年间山东巡抚丁保桢。同治还是东宫太子时,丁保桢是他的太子少保(太子师),所以丁保桢又被人尊称为丁宫保。丁保桢任山东巡抚时,见当地盛产花生,就因地制宜,令厨师用酱爆花生米、鸡丁做下酒菜,此菜故名为宫保鸡丁。后来丁保桢又调任四川总督,于是宫保鸡丁又加入了川菜的行列。

就是这位传奇般的人物丁保桢,在其任山东巡抚期间,干下了一件前无古人、后无来者的大事。

同治八年,受宠于慈禧的安德海以为太后采办龙衣织料为名,在太后的默许下出宫。按清廷祖制,宦官是不能随便出京的,擅出都门者就地处斩。安德海自恃有太后撑腰,耀武扬威地离开京城,与随从乘坐两条大船,一路还带着乐队吹拉弹唱,冒名钦差,挂着奉旨钦差、采办龙袍的条幅,顺京杭大运河南下,很快到达了山东的德州。安德海一路巧取豪夺、滋事扰民,早已弄得民怨沸腾。别处官府不敢得罪这个慈禧太后的心腹太监,丁保桢却果断下令逮捕了安德海,囚禁于监房,并立刻八百里加急驰马飞报同治皇帝。

同治帝苦于慈禧太后垂帘听政把持朝廷,更恨太监安德海狐假虎威借慈禧太后的权势在宫中监视皇帝并为所欲为。当他得知安德海私自出宫往山东,被自己的老师丁宫保所擒时格外高兴。当时西太后正在生病,这为除掉安德海、削弱西太后势力提供了大好的时机。于是派亲信给自己的老师、时任山东巡抚的丁保桢下了一道衣带诏。

此时慈禧太后也得到心腹的密报,得知自己最宠爱的太监安德海被丁保桢拿下,立刻下了一道懿旨令丁保桢放安德海回宫。

两彪传旨人马几乎同时到达山东巡抚府,丁保桢略一思索下令:"先正厅接圣旨,后花厅接懿旨。"

丁保桢接到同治帝的衣带诏屏退左右打开一看,只有一个"安"字而已。只不过这个"安"字上面的一点,是用朱笔所点,他立刻明白了皇上的良苦用心。

于是他立刻传令,将安德海带到刑堂开审。安德海最初还有恃无恐,声言自己奉西太后懿旨出宫办差。决心已定的丁保桢哪里理会他的胡言乱语,以太监私自出宫、违背祖制、本大臣并未接到朝廷的命令、必有诈无疑为由,朱笔一挥下令将安德海立即斩首处死。

而后,信步走进花厅接慈禧太后的懿旨。当来使宣旨完毕后,丁保桢一拍大腿:"晚了,晚了!请回禀太后,微臣已经按大清的律法将违背祖宗规矩私自

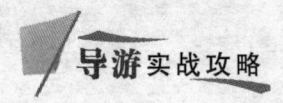

出宫的太监安德海斩首处死。"慈禧听到消息,虽然心痛万分,却有祖宗规矩摆在那里,她也无话可说,最后只好不了了之。

好吧,朋友们,丁保桢怒斩安德海的故事暂且到这里打住,下一个节目就是分享宫保鸡丁了。考虑到有些团友不喜欢吃辣,我已经通知餐厅按"微辣"的标准做。驾驶员同志,目标——餐厅!

▶▶▶ 吃醋的故事 ◀◀◀

哟,朋友们,我们的团队中夫妻同行出来旅游的不少。太好了,这才是夫妻同乐嘛。今天呢,本导游就插讲一段夫妻之道的故事。

我们有些男同胞喜欢嘲笑女同胞在爱情方面的顶真,说是"女人爱吃醋",其实男人也会吃醋,本导游郑重地告诉各位,"醋"是爱情的保鲜剂。不信,咱们就瞧瞧唐太宗李世民当年是怎么干的。

玄武门事变之后,李世民逼父亲李渊退位当徒有虚名的"太上皇",自己坐上了皇帝的宝座后大赦天下,犒赏有功之臣。其中宰相房玄龄运筹于帷幄之中功劳最大,所以先赏赐他。

其他文武官员娶小的娶小,纳妾的纳妾,唯独房玄龄还是守着年过花甲的结发老妻。于是李世民道:"房爱卿,你如今是万人之上一人之下,已是无官可升。府邸宽敞,也不缺钱用,只是你那个发稀齿缺的黄脸婆实在是难为我大唐宰相之妻呀!"

房玄龄吓了一跳,连忙解释:"回禀皇上,当年老妻嫁给我的时候,可是花容月貌,而今老臣与妻恩爱如旧,万万不敢有休妻之想呀!"

李世民哈哈大笑:"我也是讲情义之人,岂会令你休妻?只是你是我大唐之宰相,如此糟糠之妻足令各国使节耻笑我大唐无美女呀,我这个皇帝也丢不起人啊!我已托皇后从宫中选了四名绝色女子,赐予你为妾,岂不两全其美!"

唐朝历来有"房谋杜断"之说,李世民遇到军机大事往往都是请房玄龄来做谋划。而今天房玄龄却期期艾艾满头流汗,李世民就开玩笑说:"爱卿惧内,举世闻名!"众人哄堂大笑。

最后李世民果决地说:"爱卿,你可知抗旨该当何罪?朕意已决,你不必推托了。至于你夫人那边,朕自有安排!"

翌日早朝完毕,众大臣尚未退下,李世民下旨令房玄龄老妻上殿面圣。殿中央放了一张条案,案上放着一把酒壶,案桌的对面是四位容貌俏丽、体态婀娜的妙龄女子。

李世民当庭宣旨:"朕决定要把四位美女赐给房爱卿为妾。朕还知道房爱卿特别惧内,所以今天特地请你来,朕命你把这四位美女领回家中去!"

众人都以为皇帝当庭宣旨,房妻肯定只得领旨谢恩,暗暗羡慕房玄龄艳福不浅。想不到房玄龄老妻当庭大发雌威,只见她杏目圆睁,手指一直戳到房玄龄眼前:"你敢,你敢把她们带回去,我连你这把老骨头和四个小贱人的腿一起打断,看你还敢不敢娶妾?!"

众人都知道房玄龄老婆厉害,却不知道这么厉害,厉害到敢当庭抗旨。李世民原以为自己当庭宣旨,房玄龄老妻会乖乖把四位美女领回家,想不到她竟然敢咆哮朝廷,让自己堂堂的皇帝下不来台,于是就龙颜大怒:"你知道违抗圣旨该当何罪吗?"

房玄龄老婆毫无惧色,大声回答:"不就是一个死吗?"

李世民也真的动怒了:"既然你要寻死,容易!案上那把酒壶里装着毒酒,唤作'九步断肠酒',今天你当庭作个选择,要么把四位美女领回家给房爱卿做妾,要么把这壶断肠毒酒喝下去,你死了,纳妾的事也就作罢!"

众人都瞪大了眼睛,紧张地注视着。房玄龄此时内外衣全部湿透,只见自己老婆抢上前去,抓过酒壶"咕咚咚"一口气全喝完了。喝完后她还走了几步,咦,怎么自己没死?

"哈哈哈哈!"李世民仰天大笑,原来这壶中装的不是毒酒而是李世民从山西带来的老陈醋。他原来只是想吓唬一下房玄龄的老婆,好逼她领旨,想不到她竟然以死抗旨,只好打消了让房玄龄纳妾的念头。

从此以后,人们便用"吃醋"来形容男女感情之间的顶真。朋友们,"吃醋"是好事,"吃醋"说明爱情的生命力很强。哪天不"吃醋"了,那么爱情就该吃药了。

▶▶▶ 文财神范蠡 ◀◀◀

诸位,在所有的中华神祇中最受老百姓欢迎的除了寿星,就要数财神了。各省市自治区的电视台在春节晚会上,唱得最欢快的就要数《财神到》了。

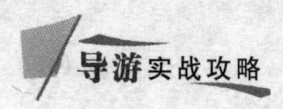

各位,谁能告诉大家,财神有哪几类呢?怎么根据所供奉的财神去判断主人是暴发户呢,还是有学识的儒商?

其实就和大臣有文武一样,财神也分文武。武财神赵公明骑黑虎举钢鞭的形象早已家喻户晓,这里就不多讲了。这里就讲讲大家不太熟悉的文财神。文财神有两位,一位是殷商时期的比干,另一位是春秋时期的范蠡。因为比干被剖腹挖心,百姓恐有不祥,所以很少供奉。而范蠡则富甲一方、福荫百姓,所以后人特别是有文化的富商多供奉他。范蠡为什么放着越国大夫不当,反而要下海经商呢?这里面有个故事。

周景王二十六年,吴王夫差为报父仇与越国在夫椒决战,打败了越国。范蠡陪同越王一同去侍候吴王夫差,历经艰险。回国后又辅佐越王富国强兵,终于打败了吴国。

灭吴之后,越国君臣设宴庆功,群臣皆乐,唯独勾践面无喜色。范蠡察觉到越王的心机,便对好友文种说:"大王这个人只能同患难,不能共享福,我们还是急流勇退吧,否则恐有杀身之祸。"

文种却认为,越王虽然心胸狭隘,但我们立了如此大功,越王总不至于加害我们,建议留在越国,辅佐越王。范蠡只得长叹而别,并毅然向越王辞官隐退。几年后,越王勾践嫉妒文种功高盖主,找了个借口把文种全家都杀了。

范蠡辞官后,先携西施来到无锡,在风景秀丽的太湖边定居下来。无锡原来属于吴国之地,当地的百姓对范蠡的感情由恨而爱,一开始他们痛恨范蠡辅助越王勾践灭了吴国,因此还把无锡的一条马路叫作"骂蠡巷"。范蠡避祸来到无锡后,把野生的鲢鱼、鳙鱼、青鱼、草鱼驯化成四大家鱼,开创了淡水饲养业,使当地的百姓生活很快得到改善,生活让老百姓明白了国王姓啥和自己无关。无锡百姓感激他,就把范蠡带领百姓养鱼的这个太湖之湾叫作"蠡湖"。

闻知文种全家被害后,范蠡举家避往齐国。父子在齐国海边耕种土地,经营水产,没几年就积累了巨大的财富。齐王知道范蠡有治国之才,就请他担任齐国宰相。范蠡叹息道:"财富太多,官职太高,必有不祥啊!"于是归还了相印,将钱财全部分给了朋友和乡邻,只带上最贵重的物品,暗自离开齐都,悄悄来到陶地住下来,自称陶朱公。

在陶地,范蠡父子靠做丝绸生意又积累了数万家财,成为当地的大富翁,后又两次分财给当地百姓,天下人都赞美陶朱公,拜其为财神。据说,在范蠡经商成功后,第一件事就是答谢恩师。他集毕生之智慧,汲取恩师计然之精华,撰写了一本书——《范子计然》。有人甚至说这是一部中国历代商人秘而不宣、用而不言的经营奇书。据说,红顶商人胡雪岩发迹前就曾到处查询这本书,后来终于弄到一部,并最终凭借此书,几经奋斗,竟至富甲天下。"千古扁舟风流客,中华道商第一人",在中国的经济思想史上,范蠡是商人心中崇拜的偶像。人们把经商事业称为"陶朱事业",把世代以经商为业或买卖公道称为"陶朱遗风"。

各位,我不知道你们是否供奉财神,供奉的是哪一位财神,但是我可以告诉大家的是,我们作为一个消费者可以根据商家供奉的财神,对商家作一个大致的判断:供武财神的有钱,但不一定有品位,而供奉文财神的基本是有钱又有品位。比如上海著名的美食街乍浦路上,酒家鳞次栉比,其中只有一家供奉的是文财神,店堂装潢很有格调,生意也最好。店主呢,还是上海很有名望的画家,真正的儒商。

哪家酒店?先留个悬念。有时间不妨去上海乍浦路走走,看看文财神坐在哪家的大堂里?

▶▶▶ 周恩来与尼克松 ◀◀◀

各位游客,花港观鱼是杭州的老十景之一,前身是宋代官员卢允升的私家花园,因花家山的溪水穿园而入西湖、水面上经常漂满花瓣而得名花港,园中又有红鱼池可供观鱼因此合称为花港观鱼。当年《中美上海联合公报》签署后,周恩来总理和尼克松总统曾经在杭州花港观鱼公园东大门口临时召开了一场前无古人、后无来者的"记者招待会"。当然这个招待会是应该打上引号的,因为这个"记者招待会"事先没有预料到,是突发的、自发的。世界上没有哪个国家会选择在一个地方小公园门口开记者招待会,更何况中美都是世界上颇有影响的大国。请听我道事情的来龙去脉。

《中美上海联合公报》签署后,作为东道主的周恩来总理,邀请尼克松总统一起游览花港观鱼公园。原来约定在公园的东大门会合而后游园,但是那天周恩来一行还有闻讯赶来的各国新闻记者早早来到了这座定香桥畔,可作为主要贵宾的尼克松总统却迟迟没有露面,过了不少时间才见到他们一行人匆匆赶来。原来,前一晚尼克松被破例安排下榻在西湖国宾馆,而西湖国宾馆的

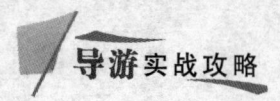

南大门与花港公园的西大门毗邻,他身边的"中国通"就想当然地带着他从西大门进入,因而耽搁了一段时间。

中国记者提的问题都是有关部门事先安排好的,所以尼克松应答如流很轻松。外国记者就不同了,一位英国路透社记者当场就发难了:"请问尼克松总统,对今天迟到的事情作何解释?美国作为一个大国为什么在如此重要的场合,犯如此低级的外交错误?"

尼克松立时汗就下来了,脸上显露出十分尴尬的表情,而众记者都举起了相机,等候他的回答。就在尼克松不知所措的时候,周恩来总理微笑着走上前去握住了他的手,朗声笑着对大家说:"中国是东方文明的代表,美国是西方文明的代表。今天我和尼克松总统的握手就是东方文明和西方文明的握手,因此我从东门进,君从西门来,是天合之作呀!"

众人愣了一下,随即响起了热烈的掌声。周恩来总理以他超人的机智和真诚的友好,巧妙地为尼克松解了围,也在世界外交史上写下了精彩的一笔。

尼克松总统对此始终十分感激,在他的回忆录里面有这么一段话:"作为美国总统,我有幸会见了世界上100多个国家的元首,但是最具人格魅力、最有才华、最让我敬佩的是中华人民共和国的总理周恩来阁下。"

各位游客,旅游其实是一种文化,我们出来旅游不但应该游览大好河山的自然风光,更应该领略旅游文化的博大精深。作为导游,我有义务让各位知人所不知、享人所未享。所以我特意把分享敬爱的周恩来总理无与伦比的外交艺术作为正式游览花港观鱼的开始。

▶▶▶ 抗暴英雄潘秀竹 ◀◀◀

各位游客,这里就是著名的上海鲁迅公园,它的前身是虹口公园,日本游客喜欢到这里来,是因为这里有个鲁迅纪念馆。韩国游客喜欢到这里来,是因为这里的梅园是韩国的抗日英雄尹奉吉炸死侵华日军将领白川的地方。我们中国游客到这里来,除了瞻仰鲁迅先生外,不能不知道一个曾经震动整个上海滩的平民英雄潘秀竹。就在这里,为了救一个被日本浪人蹂躏的中国女学生,他徒手迎战持刀行凶的日本浪人。

潘秀竹是一个人力车夫，家中一大家子人全靠着他拉洋车挣钱买米下锅。那天晚上，正当他满街找客人时，一个满嘴酒气的日本浪人上了他的车。这个鬼子一边嚷着"快快地！快快地"，一边不停地踢着他的后背。

不一会儿就来到了这条紧贴虹口公园的小马路。这里是日本人聚集居住的地方（各位请看，马路对面清一色的日式花园洋房就是那个时代的产物）。一位身着月白短袖上衣和黑色短裙的女学生，夹着书急匆匆迎面走来，车上的鬼子顿时兴奋起来，"花姑娘，花姑娘"乱叫。

就在擦身而过的那一刻，那个鬼子伸出了魔爪，只听那女学生一声惊叫。车上的鬼子狂笑着让秀竹停车，秀竹知道这个兔崽子没安好心，就假装没听见，相反脚下加快了速度。

鬼子见秀竹不但不停车反而越跑越快，就抽出了武士刀，用刀背狠狠地砍了秀竹的后背："八格牙鲁，不停车，死啦死啦地！"

秀竹只好停下了车。鬼子下车后，转身向那个女学生跑的方向追去，不一会儿那里响起了女人惊恐的尖叫声。秀竹知道是那个鬼子在作恶，于是狠狠地骂道："畜生！"

正当秀竹想离开的当儿，那边传来的声音变得凄惨了。他犹豫了一下，就拉着洋车跑了过去。

女学生的上衣已被完全撕开，那个鬼子龇着牙正在女学生的身上乱啃乱咬。秀竹顿时怒火中烧，上前一把拉开了鬼子。那鬼子从来没把中国人当过人，今天秀竹胆敢搅他的"好事"，让他狂怒了。只见他爬起来，左右开弓连续抽了秀竹好几巴掌，秀竹的嘴角淌下血来。

秀竹拉起女学生要走，那个鬼子拔出了武士刀，威胁秀竹让秀竹"开路开路"。秀竹全身的血都燃烧起来，他一个堂堂的中国男子汉，岂能眼睁睁地看着一个鬼子糟蹋自己的女同胞。于是他对惊恐万分的女学生喊了一声"快跑"，就拦在了鬼子面前。

那个鬼子本来就在虹口的日本武馆教授跆拳道和日本刀术，见一个拉洋车的"东亚病夫"竟然胆敢阻拦自己，气得哇哇大叫。鬼子挥手一刀，路边胳膊粗的柳树应声而断。

见女学生已经脱险，秀竹也不想与鬼子纠缠，转身拉起洋车想离开。就在他要起步的那一刹那，觉得脑后一阵凉风袭来，他本能地一偏身，洋刀"当"的一声砍在了洋车的铁杆上，溅出了几星火花。鬼子一刀砍空，紧接

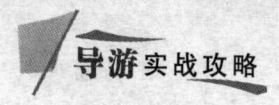

着又是拦腰一刀。此时秀竹左、右、前三边是铁拉杆,身后是车厢,无处可躲。眼见洋刀的寒光闪来,好个秀竹来了个"旱地拔葱",凌空跃起,躲过第二刀。

鬼子见接连两刀都没砍着人,知道遇上了高手。可他自恃刀术高超,岂肯放过眼前这个中国人?只见他的刀在空中划了几个弧,突然刀锋一变,对准秀竹的前胸刺来。秀竹却并不躲闪,眼看刀尖到了胸前,他左手化拳为掌拨开刀尖,右手化掌为剑指来了个"仙人指路"直插鬼子前胸,只听鬼子"嗷"了一声,跌倒在马路中间。嘴里像开了个酱油铺,咸的鲜血、苦的胆汁、酸的胃液全都涌了出来。

秀竹拍了拍身上的尘土:"小鬼子,今天爷爷饶你一回,以后再欺负中国人,小心爷爷我收拾你!"说罢拉起洋车就走,他还要找活干呢。

鬼子从地上爬起来,连武士道也不顾了,只见他脱去木屐光着脚,蹑手蹑脚地追了上来,举刀又砍。秀竹没想到鬼子会如此无耻,待听到刀锋划开空气的啸声再躲闪时,已被鬼子的洋刀在肩上划开一道口子,鲜血顿时染红了短褂。

鬼子见秀竹受了伤,就狞笑起来:"你的,死啦死啦地!"连刺十几刀,刀刀奔要命处来。秀竹是左躲右闪,没让鬼子的刀再咬着自己的肉。末了一个弹腿踢飞了鬼子的刀,又一招"神熊推山"再袭鬼子前胸,把鬼子打得跌出一丈开外,倒在地上血流满面直哼哼。秀竹怕鬼子流血过多死了,惹出大麻烦,就上前为他点穴止血:"爷爷今天再饶你一回。"

想不到,就在秀竹弯腰给他止血的当口,鬼子拔出了手枪。随着鬼子打开保险的"喀哒"声,秀竹一个"大鹏展翅",高高跃起,然后双膝弯曲一个雷霆万钧的"千斤坠"直砸鬼子胸口。只听"喀嚓"一声,鬼子胸骨全碎,一命呜呼魂归东洋了。

秀竹为避祸,躲到了苏北盐城乡下。他见义勇为怒惩东洋鬼子的佳话传遍了整个上海滩,日本浪人因此一时收敛不少。

上海解放后,陈毅市长还专门宴请了潘秀竹,并安排他到上海造船厂工作,并担任了车间党支部书记。

园 林 类

▶▶▶ 豫园大假山景区 ◀◀◀

各位游客,豫园的来历刚才我已经对大家讲了,我们知道"豫"字的含义是平安和安泰。在此我就借豫园吉祥如意的园名,祝贺各位旅途平安、阖家安泰!

好,进了豫园大门,就到了豫园六大景区中以山为胜的大假山景区。迎面这块石头上的"海上名园"四字是江泽民所书,后面的三穗堂气势恢宏、宽敞雄伟,是豫园最高大的厅堂和主要建筑之一,属于歇山式建筑。

以三国故事为题材的屋顶雕塑是豫园的建筑艺术特色之一,三穗堂的屋顶塑像即为三国中的"张飞战严颜"。屋顶飞檐向上仰翘的曲线,显得华丽和流畅。飞檐的作用有两点:缓冲雨水下泻和采光。

好,请各位进入堂内参观,堂内中堂张挂着潘允端写的《豫园记》,梁上高悬着"三穗堂"、"灵台经始"、"城市山林"3块贴金匾额。其中"三穗堂"蕴含着"一稻三穗,丰收在望"之意,应合着正面八扇雕画门扇上的稻麦、玉米、高粱、瓜果等图案,生动地点出了堂名。"灵台经始"出典于周文王建造灵台,中国的造园史自那时开篇。"城市山林"则印证了当时当地已经是一个相当繁华的商埠,而豫园是喧嚣的市井中一抹清幽的绿色。

步出三穗堂,即是一座飞檐翘角两层楼阁,与大假山隔水相望。下层是仰山堂,上层是卷雨楼。仰山堂以仰山名,有两层含义:一是堂上所挂"此地有崇山峻岭"的匾额,点出此处为观赏大假山之最佳处,有仰望的意思;二是典出《诗经》"高山仰止,景行行止"诗句,此处是仰慕的意思。卷雨楼卷雨的出典据说取自王勃《滕王阁序》诗句"珠帘暮卷西山雨",意思是在雨中登楼观望山景,迷茫如烟,隐约可见,别有一番山色空蒙的意趣。

对面的大假山,是豫园景色的精华之一,也是江南地区现存最古老、最精美、最大的黄石假山。它由明代著名叠山家张南阳精心设计堆砌,是他唯一存世的作品。假山高约12米,气势宏大,用2 000吨浙江武康黄石叠成,一直享有江南假山之冠的美誉。见石不露土是它一大特色,假山黏合剂用石灰、糯米汁等制成,迄今有400多年了。假山层次分明,有近山、中山、远山。山上林木葱茏,山顶有望江亭,可远眺黄浦江。大假山虽不是真山,其气势却不亚于真山,是园林中叠石堆山的经典之作。

各位游客,此处的园林设计的微妙之处还在于蕴含了道家的阴阳五行学说和儒家的男尊女卑思想。大假山山体是武康黄石,而武康黄石色黄褐而棱角分明,石纹多为直线,有阳刚之气。而一旁的太湖石假山,色白而石纹多曲线,有阴柔之美,此为道家的阴阳相济。黄石大假山为主景,高大而居中;太湖石小假山为衬景,低矮而居偏,则体现了儒家的男尊女卑(万花楼景区的男女双廊亦有异曲同工之妙)。不过我们从美学角度来看,如此设计还是相得益彰的:主体大假山更显雄伟,陪衬小假山愈发柔美。

各位游客,在仰山堂隔荷花池观山景可称为豫园一绝。仰山堂东侧是游廊,如果我们要亲临大假山,就得经过右边这游廊。请看游廊前这对栩栩如生的铁狮子,它铸于元代,距今有700多年历史了。这对狮子曾经一度被掠夺去日本,据说它们在日本时思念家乡,经常在春夏之季泪流满面,秋冬之季白发满头,故而又被称为"望乡狮"。其实真正的原因是铁的热传导率高,春夏时节水汽在铁狮表面凝结成水珠、秋冬之季水汽结成冰霜而已。不过"铁狮望乡"之说并非空穴来风,而是寄托了广大旅居日本的华侨的思乡之情。

中国的造狮子风格历来有南温北威之分,这对铁狮显得威武凶猛,显然是北狮风格。狮子的安放左雄右雌,雄狮左蹄踏球,象征权利和威严;雌狮踏着小狮子,象征子嗣昌盛。

现在请大家随我进入这"渐入佳境"游廊,游廊西侧墙上有"武举夺魁"砖雕和"梅妻鹤子"泥塑。廊中有一太湖石,高2.3米,亭亭玉立,名"美人腰",似美人柔腰顾盼,遮住了前面景物,乃造园抑景,产生含蓄美的艺术效果。

游廊的东边仅有盈尺之宽,种植了婷婷修竹和扶疏的杂树,让人有逼仄之感,使得西边原本并不大的荷花池,显得水面开阔。这就是豫园的造园构思借鉴了中国画中"密不透风,疏可走马"的章法,产生的对比美艺术效果。

好,各位游客,大假山景区的讲解到此为止,我们将穿过右边的小门进入万花楼景区……

西湖第一名园

唱歌跟着感觉走,旅游跟着导游走。尽管各位已经来杭州多次了,不过这次跟我张导到西湖边潇洒走一回,就会发现以前那么多次都是白来了。不信?请跟我来——

西湖有新老十景之说,老十景是康熙皇帝钦定,而新十景则是由杭州全市人民投票选举出来的,可说是民心所向呀。这里我有个问题要向大家请教,西湖的风光美不胜收,西湖的景点举不胜举,那么到底哪个景点堪称西湖第一名园呢?呵呵,答对了可是有奖的嘀。

这个问题有点难吧,因为即便是导游也不是每个人都能答对的,告诉大家:西湖第一名园既不在老十景中,也不在新十景中,它就在我们眼前——西湖国宾馆。西湖国宾馆前身叫刘庄,"水竹居"是刘庄最初的雅号。原为晚清广东香山县富豪刘学询所建的别墅,故称为"刘庄"。刘学询是光绪年间的二品花翎举人,在离京归途中游览了杭州西湖,感叹"故乡无此好湖山",就在此购地筑园。水竹居背山濒水,环境幽静,建筑豪华,陈设古朴典雅。内有迎宾馆、梦香阁、望山楼、湖山春晓等楼台水谢,曲桥、亭廊、山水互为因借,布置得体,独具东方园林特色,博览西湖之美,又最得天趣,尤其是在丁家山山顶毛泽东读书处鸟瞰全湖——苏堤、白堤、杨公堤,三堤如苍龙蟠湖;阮公墩、湖心亭、三潭印月,三岛似翡翠点波。湖上观山,古木葱茏不见亭阁;山上观湖,千顷碧波尽收眼底。此为观赏西湖风光绝佳之处,故被誉为"西湖第一名园"。遥想毛公当年,眼观西湖挥斥方遒,"君临天下"之气概是何等的豪迈!

园中毛泽东赏梅处,就在那条游廊的尽头,紧贴湖边。冬天,或者泡一杯上好的咖啡,在暖阁中凭栏赏梅不由得你不诗意盎然;或者在梅花的暗香浮动中踏雪而行,一边是白雪皑皑、梅朵点点,一边是碧波荡漾、船影绰绰,更是别有一番惬意在心头。园中还有毛泽东采茶处、毛泽东垂钓处,处处景色如画。嘀,我一口气说了这么多与毛泽东有关的景致。因为这片占地500余亩的人间仙境,在1976年以前就是一个御花园。1949年以后,毛泽东没有回过陕西延安一次,却到西湖刘庄这个人间仙境四十多次。"文革"结束后邓小平同志主持中央工作,做出一个利国利民的重大决定:把全国数十处宛如人间仙境的

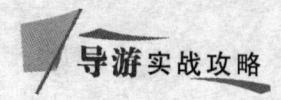

御花园,全部对社会开放,刘庄也就真正成了以接待国家最高领导人和外国首脑为主的国宾馆。我今天之所以向各位介绍西湖第一名园,不是因为它的景色醉人,而是一件震撼全世界的大事因它而风生水起。

我们都知道当年敬爱的周恩来总理与尼克松总统签署了著名的《中美上海联合公报》,打破了中美两国之间的政治僵局。可是历史却向我们证实:就像哈密瓜真正的产地不在哈密一样,上海公报的真正签署地也不在上海,而是在杭州,在西湖国宾馆。

当时导致中美联合公报难以签署的关键是台湾问题。以基辛格为代表的美方试图搞两个中国或一中一台,而以周恩来为代表的中方坚持一个中国的立场丝毫不退让。每一次因台湾问题陷入僵局时,周恩来就会说:"好吧,我们换个话题。"结果兜了一个圈子又回到了台湾问题上。据基辛格的回忆,周恩来一共用了27种不同的说法,阐述一个立场,那就是:"世界上只有一个中国,台湾是中国的一部分,北京是中国唯一的合法政府!"基辛格说,按照他个人对周恩来总理渊博的知识、杰出的口才以及人格魅力的敬佩,他已经倾向了周恩来的立场。但自己是美国总统的特使,必须坚持美国政府的立场,因此谈判一直非常艰难。

又一次通宵达旦的艰难谈判后,基辛格感到很累,就到八角亭品茶,想缓解一下深度疲惫。他坐在临湖的窗边一边品着香茗,一边欣赏着如诗如画的风景。此时一轮朝阳正破晓而出,刹那间撒上阳光的湖面金波闪烁,苏堤像一条绿色的巨龙跨湖而过。基辛格感到分外的心旷神怡,数日来谈判的疲惫一扫而空,兴趣盎然地问服务员:"这仙境般的美丽地方,是哪里?"是啊,连日来紧张的谈判,他都无暇看一看周边风景。

当服务员告诉他,这就是美丽的西湖时,他表示不理解:"杭州不是只有一个西湖吗?怎么长堤的这边和那边都有一个湖,难道有两个西湖吗?"

服务员笑了:"博士,这边是西湖,那边也是西湖,苏堤的两边都是西湖。"基辛格听了,脑中忽然灵感闪现。当天的谈判中,基辛格提出一个中美两国都能接受的说法:"美国政府注意到,海峡两边的人民都承认只有一个中国。"气氛严峻的会议室中响起了难得的掌声。基辛格感慨地告诉大家:"这是西湖给予我们的智慧。"

是的,正是碧波荡漾的西湖之水融化了中美两国政府之间的政治坚冰。

朋友们,是西湖第一名园,催生了中美两国人民友谊的第一个春天。好,下面我们将去杭州老十景之一花港观鱼,在那里我们不但观鱼赏牡丹,更要领略周恩来总理富有人格魅力的外交风范。各位请跟我来……

▶▶▶ 蠡园(节选) ◀◀◀

诸位,我们现在来到了有"真水假山"特色的无锡蠡园。蠡园呢,因蠡湖而得名;蠡湖呢,则因越国大夫范蠡而得名。我们现在所在的大门又叫百花山房,是由原来渔庄的大门改建而成。而渔庄又是在当年范蠡携绝代佳人西施隐居太湖之滨饲养家鱼的地方所建,中国四大家鱼——鳙鱼、鲢鱼、草鱼、青鱼就是由范蠡最早驯化成功的,所以范蠡是中国淡水养殖业的祖师爷。

无锡原来属于吴国之地,当地的百姓对范蠡的感情由恨而爱,一开始他们痛恨范蠡辅助越王勾践灭了吴国,因此还把无锡的一条马路叫作"骂蠡巷"。后来范蠡避祸来到无锡后,开创了淡水饲养业,发展了蚕桑业,使当地的百姓生活很快得到改善,生活让老百姓明白了国王姓啥和自己无关。无锡人感激他,就把范蠡带领百姓养鱼的这个太湖之湾叫作"蠡湖";对其感情尤其深厚的青祁村民,又在蠡湖边上建了这个蠡园来纪念他。

好,我们现在来到了蠡园的假山台阵,蠡园既然以真水假山著称,真水即太湖之水,假山就是眼前的假山阵了。这些不同凡响的假山是台园景区的主要特征,它是1930年陈梅芳建渔庄时请浙江东阳人蒋子元设计建造的。

这些假山都以"云"字题名,有云窝、云脚、穿云、朵云、盘云、归云、留云等。假山最高处是"归云洞",高12米,在此可以眺望全园景色。我们到此,是否有一种"身在此山中,不知云深处"的感觉呢?假山虽小,却风景独特。在假山群旁,还配置着小亭、池塘、小溪、曲桥、石笋,并且种植了各种名贵花木,大有会稽兰亭之风光。

假山群中最大的建筑是"莲舫"。舫是园林湖泊中建造的一种船形建筑,主要供人在游览时驻足停留,观赏水景。因不受风浪之险,故又称之为不系舟。能造私家园林者非富即贵,而官场、商场无不充满了尔虞我诈的凶险,造园者设置石舫的深层蕴意,则在于祈求余生和子孙政商之途风平浪静。

看完莲舫,我们沿石路向南,前方有一口直径约一米的泉井,周围叠石形如耳廓,这就是著名的"洗耳泉"。洗耳泉名得之于传说——当年尧帝想让位给隐世高人许由,派使者去游说他。许由坚决不同意,觉得使者的话污染了他清静的耳朵,立即跑到山下颍水边去捧水洗耳;许由的朋友巢父恰好牵牛在此饮水,听说原委后就牵牛去上游饮水,以免玷污小牛的嘴。

泉旁这块大石,状如狮子,似在守护着清泉。再看泉畔石路两旁分布着的这些太湖石,倘若游客们仔细辨认,就能看出12生肖的动物形态。跨溪石桥上有"潜鱼"两字。此处景观以景状物,让我们不得不叹服造园者的别具匠心。

在"望湖亭"前沿湖边的是"南堤",长二三百米,20世纪30年代初,虞循真在这里种植桃树和柳树,称"南堤春晓",成为"青祁八景"之首。如今共有300多棵柳树,600多株桃树。每到春天,红碧桃、紫叶桃,以及从外地引进的金散金碧桃、重瓣白碧桃等十多个品种的桃花竞相开放,争奇斗艳,将这里点缀得分外美丽。

沿南堤向东,走过假山石洞,是一个小天井,左边是木香树,右边是一棵紫藤,路面上用卵石镶嵌成的各种吉祥图案,在为每一位游客无声地祝福。"嘿,前面那位游客请停下,各位请看这个设置在月洞门口的图案是由五只蝙蝠围绕着一枚铜钱组成,寓意为'五福临门,财运大发'。看来这位朋友今年必交好运,大家同贺同喜!"

穿过月洞门,就是"千步长廊"了。长廊全长289米,建成于1952年。它既连接了老蠡湖和渔庄,也构成了一道独特的景致。长廊一面临蠡湖,另一面是长墙,墙上开有80多个漏窗,并用青瓦砌成各式图案,每个图案各不相同。长廊东边,嵌有38块砖刻,刻的是苏东坡、米芾、王阳明等人的作品,这是在1928年建园时镶嵌上去的。整个长廊临水一边设置长椅,既装饰游廊,又能供游人休息,倚栏观景,人在其中,确能领略到"山光照槛水绕廊"的意境。

千步长廊东边的尽头,左边是一个月洞门,上边的匾额刻着"镜涵"两个字,这是一个不应错过但是却往往被错过的景点,现在让我们进去一探究竟。

各位请看,这里的造园艺术很有特色,中国古典园林和欧洲风格的建筑和谐地融为一体在别处是不多见的。尤其是"镜涵"这两个字用得绝妙,因为绿树掩映和高墙的围拥,大风难得吹皱水面,因此这一湾湖水常年水平如镜,而周边景物在水中的倒影清晰如真。如镜的水面涵融了天空和湖边的景色,不是镜涵又是什么呢?

我特别推崇这里的原因并不是此处能诱人发思古之幽情的秀丽景色,秀山丽水在江南比比皆是。我推崇这里是因为池水对面那栋小洋楼里曾经囚禁过一位伟大而又充满悲剧色彩的人物——彭德怀元帅。

1959年的庐山会议,彭德怀元帅为国担忧,为救百姓于水火而写了著名的《万言书》,因此遭到错误的批判。会后,最高领袖下令把彭德怀元帅囚禁于此,一关就是十年哪!

当年唐太宗李世民曾经有过千古之绝叹:"以铜为镜,可正衣冠。以史为镜,可知兴替。以人为镜,可明得失!"

今天我们站在这里,追溯往事:这一池碧水何尝不是映照历史的明镜?!被囚禁在这里的彭德怀元帅,何尝不是映照每一个人灵魂的明镜?!

正迎着月洞门的就是栈桥,走过50米长的栈桥就到万顷碧波之中的湖心亭了。整座亭呈长方形,飞檐翘角,四面通敞,上部金色琉璃瓦顶,底部用黄色架筑材料。一面墙上雕刻有《嘉湖佳话》壁画,演绎了范蠡当年携西施泛舟太湖的故事;向着太湖的一面有块"晴红烟绿"匾,表现了蠡湖的水色随天色而变的景观,晴天时旭日东升或者夕阳斜照,水色被阳光所晕染而朱波荡漾。细雨霏霏时,雾烟笼罩,水面显得澄绿清澈,因此也叫"晴红烟绿"水榭。和湖心亭隔水相望的是"凝春塔",高数米,五层八角,小巧玲珑,中西结合,是蠡园中的著名一景。

各位,凝春的含义就是凝结春色。因此,我在凝春塔前祝大家青春永驻!好了,下一个景观就是隔水相望的四季亭了,(唱)请——跟——我——来——

风 物 类

▶▶▶ 桂花栗子 ◀◀◀

诸位,在桂花飘香的时节,有一样食品不用吆喝,就能让顾客闻风而来、趋之若鹜。这是一种什么样的食品呢?

嗬,对了,是糖炒栗子。那么请问:最好吃的栗子是哪里出产的呢?我知道肯定有人会回答我是"天津良乡栗子"。但是我可以负责地告诉各位,天津良乡栗子的确是中国最著名的栗子,但肯定不是中国最好吃的栗子。

再问一个问题:如果我们去买栗子,一家店是"桂花糖炒栗子",另一家店

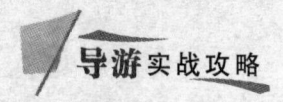

则是"糖炒桂花栗子",我们应该去买哪一家的糖炒栗子呢?

嚯,这位游客说对了,看来您一定是位有学问有经验的美食家,因为极少有人能准确回答这个问题。我佩服您有学问是因为您首先判断"桂花糖炒栗子"和"糖炒桂花栗子"都是偏正词组,所谓偏正词组就是词组的中心词在后面,那么我们来研究一下,"桂花糖炒栗子"的中心词就是"栗子",而"糖炒桂花栗子"的中心词是"桂花栗子"。因此它们之间的区别就是,前者是用桂花糖炒的普通栗子,而后者是用普通糖炒的特殊的"桂花栗子"。口味的区别就更明显了,"桂花糖炒栗子"的桂花香味在壳上,剥了壳后栗子肉就没有桂花味了;而"糖炒桂花栗子"浓浓的桂花香在栗子肉里,吃完后还会长时间的齿间留香,让人回味无穷。

多年前,宜兴市旅游局请我们去考察,招待我们的餐前点心竟然是一盘清水煮栗子,这让大家都有些不快,认为这也太过随意了。出于礼貌,我们就各自象征性地拿了一颗尝尝。这一尝不要紧,顷刻之间一大盘栗子被一抢而空,还连声问:"还有没有?还有没有?"

这时,局长才笑着告诉大家:"这是宜兴丁山特产的桂花栗子,和别处不同的是这里的栗子树是用山泉水灌溉的,这里的传统是在种植栗子的山上,间或种植大量的桂花,尤其是花期特别长的四季桂。每年四五月间,四季桂就进入了盛花期,一直要绵延到十二月份。这样,栗子开花坐果后,果实日夜吸纳桂花的香气,久而久之果肉里就蕴含了浓郁的桂花香。吃我们这里的栗子,用清水煮食才能保持栗子的原汁原味。"

众人赞不绝口,并建议宜兴旅游局牵头开发这个特色产品。局长透露了邀请我们这一大帮子旅游公司经理的原因:"宜兴陶瓷天下闻名,可陶土总有挖完的一天。现在提倡可持续发展,我们就想到了用旅游带动绿色农业的发展,因此请大家来出谋划策!"

一向不喜欢买土特产的经理们,考察结束后购买了大包小包的丁山桂花栗子与家人好友分享。我每次带团到宜兴总是建议客人别错过这天下独此一家的美味食品,今天各位有本导游带着到宜兴来旅游,也可以说,咱们有桂花栗子之缘分。

现在真空包装的宜兴桂花栗子已经进入了各大城市的超市,但是由于产量有限和保质期的原因,要吃原汁原味的桂花栗子,还是要来宜兴丁山哟!

碧螺春

　　诸位,有句俗语说:"成绩是领导的,财富是子女的,只有健康是自己的。"真是太对了!健康之道的至理名言是"多茶少酒",茶呢,又有绿、红、黄、白、黑5种,其中只有绿茶名列世界六大健康饮品之一。苏州的东山碧螺春和杭州的西湖龙井又是名扬天下的中国绿茶,今天我们先讲苏州的东山碧螺春。

　　中国清朝皇帝,有两个皇帝特别喜欢旅游,那就是康熙和他的孙子乾隆。这祖孙两人兴趣相同,旅游的方式却大不相同。康熙出游喜好摆出皇家的仪仗,威武显赫;而乾隆出游却偏好青衣小帽微服私访,尤其是他六下江南更是引出了许多让人们津津乐道的"路边新闻"。

　　话说乾隆带着大臣纪晓岚闲游来到了苏州东山洞庭湖边,因口干舌燥便在湖边一间小茶坊坐下。店小二一看来了客人,忙不迭地为两人沏上了一壶当地特产的春茶"香煞人"。纪晓岚一看茶来了,便站起身来,提起茶壶要为乾隆倒茶,却听乾隆轻轻干咳一声。原来,这天乾隆心血来潮,决定出游不带护卫,只让博学多才的纪晓岚陪伴。而且他别出心裁地让纪晓岚穿上了东家的长袍马褂,自己却一身短打活脱一个仆人。纪晓岚自然明白皇上的用心,因为道上劫道绑票的惯例是绑了东家,而让仆人回家报信赎票,这样皇上就便于脱身。

　　现在纪晓岚有点为难了,按两人的装束打扮自然是应该仆人为东家倒茶,否则有违常理呀。可实际上乾隆是君自己是臣,让皇上给自己倒茶那是犯上之罪,要杀头的呀!他看了乾隆一眼,却只见他一脸幸灾乐祸的坏笑,知道皇上又在给自己出难题了,他略一沉吟便坦然坐下了。君臣二人僵持了一会儿,口渴难熬的乾隆只得站起身来先给纪晓岚倒上了茶,心里却在盘算怎样找个由头治治纪晓岚的"犯上之罪"。此时却见纪晓岚伸出手来在桌上做五体投地磕头状,中指微微前伸状如人首,食指和无名指微缩两旁比作两手撑地,小指和大拇指紧扣在后好似两腿屈膝跪地,嘴里轻轻地呼道:"臣叩首,臣叩首。"乾隆见了,哈哈一笑。后人闻之,都学着以此为风雅,在茶道上以手叩桌称谢,这叫行叩桌之礼。

　　其实行叩桌礼是很有讲究的,比如长者给晚生、领导给部下或者各位游客

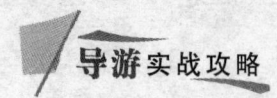

给我们导游倒茶水,那么我们就应该用"臣叩首"的方式,表示"敬上"的感谢。如果是平辈之间和朋友之间互相倒茶水时的叩桌礼就应该是四指齐平,用指尖或者指关节叩桌称谢,这叫"四海之内皆兄弟"。如果是晚辈给长辈、学生给师长倒茶水,则只需伸展四指(大拇指分开),轻拍桌面示意"知道了,放在这里吧"就可以了。叩桌礼是中国茶文化的内容之一,请千万别弄出长幼颠倒的笑话来。

再说乾隆给纪晓岚以及自己倒好茶后,抿了一口细细品味,只觉得满口生香、回味甘甜、舌根生津,一杯下去更是回味无穷通体舒泰。不由得连连赞道:"好茶!好茶!"

纪晓岚便叫店小二过来,乾隆问道:"此茶何名?"

老实巴交的店小二就回答道:"香煞人哉。"

乾隆一听连连摇头:"俗,俗,太俗。如此好茶被这俗名糟蹋了!"而后叫小二拿过一只细瓷茶盅,放上几粒茶叶细细把玩良久,终于眉头一舒,朗声对众人道:"各位请看,这茶叶颜色碧绿,状如螺蛳,又采摘于春天,叫作'碧螺春'如何?"众茶客听了连连称妙。

回到行宫后,乾隆给江苏巡抚下了一道圣旨,将苏州东山特产的茶叶赐名为"碧螺春",并列为贡品。从此,"香煞人哉"的"碧螺春"茶香飘万里,闻名遐迩。

各位游客,日本的茶道久负盛名,其实"壶中日月长",中国的茶文化才是真正的博大精深。我今天讲的只是中国茶文化的一点皮毛而已,下一次我要讲的"西湖龙井"故事就精彩多了。

(注:为碧螺春茶赐名,有乾隆说也有康熙说。康熙下江南往往摆开皇家的仪仗,而乾隆则多喜欢青衣小帽微服私访。故而民间传说和逸闻中多以乾隆为题材。本文因此取"乾隆说"。)

▶▶▶ 有趣的中国茶道 ◀◀◀

各位游客大家好,首先我问一个问题:为什么别人为我们倒茶时,我们会用手敲敲桌子?敲桌子有什么讲究吗?好,下面我就和大家分享一个典故《碧螺春的故事》(见本书"风物类")。中国人饮茶已有3000多年历史了,扬州人的"早上皮包水,晚上水包皮"中的"皮包水"就是"吃早茶",广东福建一带更是不可一日无茶。

在明清时期的江南一带,还有一种叫作吃"讲茶"的习俗。在封建社会,没有法院,而"天下衙门朝南开,有理无钱莫进来"又使得一般百姓对衙门避而远之。因此,邻里之间、朋友之间,或者生意往来中有了什么纠纷,都会请出双方都认可的长者或尊者,到茶馆里喝茶讲道理解决纠纷。平时到茶馆里是喝茶聊天,而这类到茶馆里喝茶讲道理的形式,就被称为吃"讲茶"。

自唐朝以来,斗茶成为中国茶文化的一个重要内容,说白了,斗茶就是茶叶品质的评比,就好比奥斯卡电影节评比电影一样。斗茶始于唐代,当时称为"茗战",后来宋代盛行,称为"斗茶"。斗茶最初见于以出产贡茶闻名的建州茶乡,是一项在新茶制成后评比新茶的比赛活动,具有比技巧、斗输赢的特点,颇有趣味性。

斗茶胜负的决定标准,一是汤色,二是汤花。汤色即茶水的颜色,标准是以纯白为上,青白、灰白、黄白者则稍逊。汤花是指汤面泛起的泡沫。汤花的色泽与汤色密切相关,因此汤花的色泽也以鲜白为上。汤花泛起后,水痕出现的早晚,早者为负,晚者为胜。计算胜负的术语叫"相差几水"。

参加斗茶的人,要各自献出所藏名茶,轮流品尝,以决胜负。比赛内容包括茶叶的色相与芳香度、茶汤香醇度和茶具的优劣、煮水火候的缓急等。斗茶要经过集体品评,以上乘者为胜。

斗茶多选在清明节期间,因此时新茶初出,最适合参斗。斗茶的参加者都是饮茶爱好者自由组合,多的十几人,少的五六人,斗茶时,还有不少看热闹的街坊邻舍。如在茶店斗,则附近店铺的老板或伙计都会轮流去凑热闹,特别是当时在场欲购茶的顾客,更是一睹为快。

如果汤花细匀,有若"冷粥面",就可紧咬盏沿、久聚不散,这种最佳效果名曰"咬盏";反之,汤花泛起,不能咬盏,会很快散开。汤花一散,汤与盏相接的地方就会露出"水痕"(茶色水线)。因此,水痕出现的早晚,就会成为评判汤花优劣的依据。

有时茶质虽略次于对方,但用水得当,也能取胜。有时用同样的水煎茶,最能检验茶质优劣。这种斗茶,必须了解茶性、水质,以及煎后效果,不能盲目而行。宋代范仲淹有首《斗茶歌》说得好:"斗茶味兮轻醍醐,斗茶香兮薄芝兰。其间品第胡能欺,十目视而十手指。"

斗茶的场所，一般多选在比较有规模的茶叶店。这些店大都分前后二进，前厅阔大，是店面；后厅狭小，兼有小厨房——便于煮茶。有些也兼有房间，老板家人住在里头。当然，一些街坊、工友好此道者，几个人小聚谈到茶道，也有说斗就斗的。有些人家有较雅洁的内室或花木扶疏的古旧庭院，或其家临江、近湖的，便都是斗茶的好场所。

中国茶叶按其制作方法可以分为不发酵、半发酵、发酵三大类，按颜色可以分为绿、白、黄、红、黑五大类。其中绿茶因其富含的茶多酚有保健作用而被列为世界六大健康饮料之一。

最好的绿茶出产在杭州的龙井和苏州的东山，最好的白茶出产在浙江的安吉和福建的福鼎，最好的黄茶出产在安徽的霍山和湖北的英山，最好的红茶出产在安徽的祁门和福建的崇安，最好的黑茶出产在湖南的安化和云南的思茅——现在改为普洱市了。云南的普洱茶厂，曾经因为产品销售不出去，处于停工状态，大量的普洱茶被积压在仓库。没想到台湾和东南亚的商人突然青睐上了普洱茶，疯狂地炒作。在短短的三四年中，普洱茶的价格翻了十几倍，因为历史悠久，积压在仓库里的普洱茶成了万商争夺的抢手货。于是这家厂时来运转，不但仓库里的积压产品卖了个做梦都想不到的好价钱，订单还如雪片般地飞来。直到后来，决策者制定了"以茶兴市"的经济发展战略，连城市的名字也从"思茅"改成了"普洱"。这是发生在改革开放后，一种茶叶挽救了一个工厂、兴旺了一个行业、振兴了一个城市的典型范例。

从茶性来分，绿茶未经发酵性凉，能解毒祛火，但脾胃不好的人不能多喝。白茶属于轻微发酵，性清温，既能清热解毒又不容易伤脾胃，尤其适合女性和年老体衰的人饮用，尤其是白茶又被称为美女茶，有排毒养颜功效很受欢迎。黄茶的发酵略重于白茶，性温和，不伤脾胃，口感较绿茶和白茶浓醇。红茶属于半发酵茶，性温，有降血脂、助消化的功能，很符合现代人的健康理念，但是夏秋季节天气炎热，不宜多喝。黑茶，经过深度发酵，性暖，有暖胃驱寒的功效，所以胃寒或者在寒湿环境中工作的人士应该多喝。

还有用特殊的方法栽培的茶，比如在茶园内套种芳香类植物生产香茶。新昌特产的香茶"兰贵人"就是在茶园里种植各种兰花，茶叶天长日久地吸收兰花的幽香，在冲泡时茶汤里就会有一种幽雅的兰花香味。比较多的是用茉莉花或者代代花和茶叶套种，这样生产的茶叶也是上品的香茶。当年苏东坡当杭州通判时，途经一个寺院进去向方丈讨一杯茶喝，开始方丈有些不耐烦，随口说了一声"坐",然后对小和尚说了一声"茶",小和尚便搬来木凳一个,泡上粗茶一杯。后来听苏东坡谈天说地满腹经纶,心中便有了敬意,便命小和尚搬来一把椅子请苏东坡坐下,而后又吩咐小和尚"上茶",小和尚就重新泡了一杯上等的新茶。最后得知这位不速之客就是大名鼎鼎的大学士苏东坡时,不由得肃然起敬,把苏东坡请进了方丈室,说"请上座!"然后吩咐小和尚"上香茶!"

苏东坡告辞时,方丈请他留下墨宝,苏东坡哈哈一笑,根据方才的情景写下了一副千古传诵的对联,上联是"坐,请坐,请上座",下联是"茶,上茶,上香茶"。如果让我导游加上横批的话就是四个字"趋炎附势"。这个故事讽刺了方丈的世故人情,同时也让我们懂得了"香茶"的贵重。

有人会把香茶和花茶混为一谈,这是不对的。所谓花茶,就是在熏制茶叶时放上茉莉花或者代代花,这样茶叶的表面就会沾上一些花香,但是这样的香气是不长久的,一般两泡之后,就淡然无味了。有些不法商家便用香精喷洒茶叶,为了掩饰就"此地无银三百两"地掺入一些花瓣,让顾客看起来以为是真正的花茶。

有一种叫作"迷迭香"的芳香植物,具有强大的抗氧化作用,有提神醒脑、增强记忆力的功效,在泡茶时加入一些迷迭香树叶,不但茶味芳香可口,喝了以后准保神清气爽,这也可算是一种别有风味的茶呵。迷迭香树叶泡水用来敷面,因其抗氧化功效,久而久之就能减淡脸部沉积的色素。当然,如果能把茶树和迷迭香树套种,那么不但能有效地祛除害虫,还会使得茶叶吸收迷迭香的香气,成为真正的香茶。

茶叶如果从造型上来分,可以分为散茶和块茶两大类,其中绿茶、白茶、黄茶、红茶都是散茶,而黑茶则多是块茶。散茶叶形可以分为眉、珠、片三个系列,如银针毛峰、祁门红等尖细如眉,碧螺春和魁龙珠等卷曲如珠,龙井和瓜片则扁平成片。块茶多为压制而成,如茶砖、茶饼、茶坨等均是。

江南一带的茶客,喝绿茶居多,比较喜欢的一般有西湖龙井、东山碧螺春、六安瓜片、黄山毛峰、君山银针等,其中龙井茶和碧螺春茶最负盛名。我们今天就重点讲龙井茶。

龙井茶也成为现在的扁平片状,相传与乾隆皇帝和纪晓岚有关。当年乾隆皇帝下江南,到了杭州梅家坞龙井村的龙井寺,因为新茶尚未开采,寺僧从寺院后面的野茶树上摘了新鲜的茶树嫩芽泡给皇帝老儿品尝,乾隆品后赞不

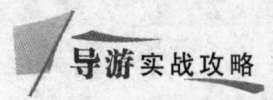

绝口。

乾隆虽为一国之君,却也十分孝顺,他想带些新鲜的茶叶回北京请皇太后尝尝新。可是新鲜茶叶水分多容易腐烂不好带,怎么办呢?纪晓岚灵机一动,把茶叶夹在他用来记录皇帝"最高指示"的宣纸中。就这样,两叠宣纸夹一层茶叶,再用木板压紧了,一路不停地换上干柔的新宣纸。到了京城,茶叶中的水分被宣纸吸干了,茶叶也被压成了扁平的片状。皇太后品尝后大喜,下懿旨把龙井茶列为贡品。当然不可能都用宣纸来吸干大量的茶叶,而晒干的茶叶会失去茶叶的清香味,于是就用铁锅焙干,焙干的茶叶也会失去大量的清香味,就在铁锅里抹上茶籽油以补偿茶香的散失。皇太后看到的茶叶是扁平状的,茶农不得不在焙制茶叶时用手把茶叶压扁了。绿茶的制作又分为"晒青"和"炒青"两种。顾名思义,"晒青"就是依靠太阳光晒干的,"炒青"自然就是用铁锅文火炒干的。

龙井茶的产地区域分为中国龙井、浙江龙井、杭州龙井、西湖龙井、梅家坞龙井。从采摘的时间上可以分为明前茶、雨前茶、春茶(谷雨后,立夏前)和夏茶。秋茶一般不能用来做绿茶,南方有用秋茶制作红茶和黑茶的。

各位,如果我们参加采摘茶的旅游节目,在山的阴面和阳面该采哪一面?为什么?呵呵,告诉大家,采阴面的茶叶为好,生长在阴面的茶树生长缓慢而品质好,就像生长一年的鸡肯定要比四个月的速成鸡味道要好很多、一年一熟的晚稻的口感要比一年三熟的早稻好得多的道理是一样的。特别是山的阴面经常是云罩雾漫,近似于云雾茶生长的自然环境,因此清凉祛火的功效也就强。

很多人,包括一些谈论茶叶的文章中都以为,茶叶经过炒制(杀青)以后才会有香味,这是一种误解。炒制以后我们闻到的香味,其实不是真正的茶叶香,而是添加的茶油香。一般两至三泡以后,就无茶香了。如果我们品尝过真正的新鲜茶叶泡出的茶汤后,一定就像吃过龙虾刺身或者生的甜虾或者生鱼片之后必定会体会到,一切的烹饪技巧都是多余的。

现代人讲究减肥,喜欢喝红茶或者黑茶,比较正规的称作"工夫茶"。工夫茶最基本的程序是:把茶叶塞满茶壶然后注入开水,这是为了洗掉茶叶中的灰尘杂物,所以这泡茶汤不能喝,只能用来烫杯。烫杯——用洗茶水一路冲洗排成一排的茶杯,就像古代将军巡视城防关隘一般,故有个很豪气的名称——关公巡城;烫杯之后是斟茶——一下子把杯子斟满称作韩信点兵,分三次把杯子斟满称作凤凰三点头(表示对长者的尊敬)。

除非是有机茶,一般的茶不要超过四泡(四泡以后茶叶中可能会有重金属析出,对健康不利)。

喝茶的一看二闻三品。红茶、黑茶看汤色,绿茶、白茶、黄茶还要看茶叶在水中的翻滚和舒展。闻就是闻茶汤的香味,茶香入肺腑又称为"洗心"。品当然是最主要的内容,品绿茶、白茶、黄茶,要半揭杯盖轻抿无声,无声为雅,出声为俗。而品工夫茶则称"龙吸水",要发出响亮的"吱"声,以体现对茶的赞赏。

泡茶的水温也有讲究,冲泡雨前和明前等高档绿茶,一定不能用沸水,正确的做法是:先用七八十度左右的水注入杯中1/3左右,等茶叶充分舒展之后(这叫作"醒茶"),再用90度左右的水斟满,如果直接用100度的开水冲泡,茶叶和茶汤立刻就会变色,茶香也会受到影响。泡红茶、黑茶则非沸水不可了。

水的来源更重要,但众说纷纭,茶圣陆羽和刘伯刍也各执一词。水乃天地之物,我们就说说天泉和地泉吧。

天泉

雨水——明代文人讲究用天水,他们对于春、夏、秋、冬四季的天泉,有不同的评价。秋天的雨水最好,其次是梅雨季节的雨水,再次是春雨,而夏季多暴雨,水质最差,不主张用来烹茶。收集雨水时必须用干净的白布在天井中央受雨水。至于从房檐流下的雨水,不能用。

雪水——"瑞雪丰年",古人认为雪水如五谷的精华,用来烹茶最雅。唐代诗人白居易曾经赞叹:"闲尝雪水茶。"

露水——又名"天酒",古代神仙的饮料,《山海经》:"仙丘降露,仙人常饮之。"中国历代皇帝中乾隆最讲究露水。乾隆帝夏天常到承德避暑山庄避暑,喜欢让宫女收集太平湖中荷叶上的露水烹茶,认为胜过北京的玉泉山泉水。当年秦始皇收缴了民间的青铜器后特意铸成了许多手托承露盘的铜质巨人,承接露水用以泡茶,美其名曰"仙人承露"。

地泉

各朝代对于中国各地的名泉,排名次序略有不同:

唐代:1.扬子江中冷泉 2.无锡惠山寺泉 3.苏州虎丘寺泉。

明代:1.无锡惠山寺泉 2.金山寺中冷泉 3.杭州虎跑泉

清代:1.北京玉泉山 2.扬子江金山寺中冷泉 3.无锡惠山寺泉

现在看来,还是明朝人有前瞻性,因为在今天除了虎跑泉还不错外,其他

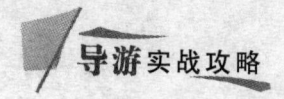

几眼泉水早就徒有虚名了。

那么在今天的城市里用什么水泡茶最好呢,我个人认为用品牌的桶装水都不错,就是不能用自来水。我有个朋友,从台湾买来数千元一斤的高山有机茶,在家里怎么也喝不出在台湾的那种甘洌润口的感觉,听了我的建议后,改用桶装水泡茶,果然找到了久违的感觉,其实道理很简单:自来水中的氯气破坏了茶叶中的天然甘香之味。

现在中国的茶叶农药残留超标是一个比较普遍的问题,中央电视台采访杭州龙井村的茶农,茶农坦言:他们自己只吃春茶,因为春季气温较低,病虫害尚不严重,一般不需打农药,所以这时的茶叶很安全。而入夏以后病虫害会随着气温的升高而加重,茶农就必须打农药加以遏制,否则茶树就无法正常生长。以我二十多年的导游经验,以惊蛰为分水岭,惊蛰以前的茶叶一般都安全,惊蛰以后蛰伏的害虫都出来了,打农药就不可避免了。

当然,任何事物都有两面性,茶叶也不例外,喝茶过多会导致钙质流失,因此老年人饮茶应当注意补钙。患有胃溃疡(胃酸过多)的人喝太多的茶会使症状加重。另外容易失眠的人,睡前不宜饮茶。有时候,喝茶特别是喝红茶过多,会感到头晕,这就是所谓的"茶醉",应对的方法是在饮茶时备一些小点心和坚果类的食品,这些统称为茶点。

绿茶、白茶、黄茶的茶叶的保存也有讲究,最好是放在密封的瓷罐里,其次是锡罐。镀有铝箔的密封袋也不错。茶叶还应该放在4℃环境中冷藏,这样可以保存一年以上,泡出来的茶汤还是清澈碧透,茶叶还会是碧绿如新,口感也会很好。红茶的保存也同此理。黑茶却正好相反,应该让它在空气中充分氧化发酵,时间越久远口感越醇厚。

好,各位游客,景点快到了,有关中国茶道的内容就暂时讲到这里,在以后的旅途中我们继续探讨,谢谢大家!

▶▶▶ 千岛湖之吻 ◀◀◀

诸位,"游在千岛湖,吃在鱼味馆",是到千岛湖旅游的金科玉律。中国有四大家鱼,但是最适宜做鱼头煲的莫过于鳙鱼,江南一带俗称"胖头鱼"。出产鳙鱼的地方各处都有,但是最适宜做鱼头煲的鳙鱼生长在千岛湖。千岛湖水质好、水温低，鱼儿生长缓慢，鱼肉之特别鲜美是一般鱼塘湖泊中饲养的速生鳙鱼所不能比拟的。千岛湖能做鱼头煲的酒店餐馆数以百计，但是堪称绝品的要数排岭镇的鱼味馆。也许朋友们会说我导游偏心，那么请大家看看鱼味馆墙上挂的照片，那么多国家领导人在鱼味馆的留影题词就足以说明一切。不信，大家可以随意到哪家酒店度假村去试吃，如果能吃到比鱼味馆更美味的鱼头煲，本导游就会建议千岛湖管委会给 TA 颁发"最佳美食家奖"。

各位，俗话说"鱼儿离不开水"，鱼好首先要水好。千岛湖的水质达到了国家一级饮用水标准，现在市场上很受消费者欢迎的"农夫山泉"就是取自于这里。请问，除了千岛湖，在江南一带哪里还有能够达到国家一级饮用水标准的自然水源呢？不多吧。

鱼味馆的鱼头煲好，主要在于鱼好。这里销售的鱼全部是"淳"牌有机鱼，每一条鱼都具有可以检索的"身份证"。这些有机鱼产自国家一级水体，个大味美，无泥腥味，肉质鲜嫩，富含蛋白质及人体必需的赖氨酸、蛋氨酸等8种氨基酸，具有降低胆固醇、增进智力之功效，是顶级绿色安全食品，又是唯一被评上杭州"七宝"的渔产品。2000年10月率先通过国家有机食品发展中心（OFDC）的认证，取得有机生产证书、有机加工证书和商标准用证，并连续3年通过了国家有机食品认证机构的认证。

鱼味馆的鱼头煲好，还在于烹饪上有独家之妙。鱼味馆素有"一餐吃遍天下鱼"之美誉，被游人称为中国淡水鱼品尝中心。人见人爱的"淳"牌有机鱼，是千岛湖鱼味馆的品牌菜。鱼味馆除承担全国的有机鱼烹饪培训外，每年还举办全国淡水鱼烹饪大赛。在历次比赛中，鱼味馆独家荣获一枚特别金牌和十一枚金牌，这是任何餐厅酒店无法比肩的。因此，鱼味馆又被称为中国淡水鱼烹饪的"黄埔军校"。

好，各位团友，话说千句不如筷头一尝，久负盛名的鱼味馆"金牌鱼头王"上来了。大家请看，在砂锅里还有一些特殊的配料和辅料，这些材料中有天麻，还有松茸、枸杞子、鸡腿菇等，这些都对鱼头起到了一种补充营养的效果，增加鱼头的鲜味，提升营养价值。

在鱼味馆享用鱼头煲，不但是品尝美食，还是一种文化。比如分鱼就大有讲究。来，我们大家一起转动转台，把鱼头转向最高贵的客人，这叫"至尊有余"。我们知道鱼每秒钟都在不停地呼吸，因此嘴巴是整条鱼中活动最多的部分，也是胶原蛋白含量最高、口感最佳的部位，嘴呢又称"吻"，因此我们把鱼嘴称之为"千岛湖之吻"。按千岛湖的规矩,千岛湖之吻只能由最高贵的客人来享用。

来,服务员,请把"千岛湖之吻"献给我们的董事长。各位,鱼的双鳍是鱼很重要的前进驱动力。鱼鳍下的肌肉是整条鱼中最有弹性的,我们称之为"千岛湖之鳍",现在,请服务员把"千岛湖之鳍",分别献给我们的销售总监和财务总监,因为在企业经营中,他们是董事长的左膀右臂。鱼眼睛中牛磺酸含量特别高,吃了能让人心明眼亮,口感也特别鲜美,我建议把一对"千岛湖之睛"献给我们的安全总监。

好,朋友们,接下来请服务员把鲜美的鱼肉和鱼汤分到每位嘉宾的碗里,"葡萄美酒夜光杯,千岛湖风惹人醉",让我们一起举杯,祝贺我们的企业在董事长的英明领导下,在各位的齐心协力下,生产和福利年年更上一层楼,干杯!

各位,我敢说大家品尝了鱼味馆的鱼头煲后,一定很想在家里做个鱼头煲和家人一起分享。那么请各位记住本导游的一个小小建议:辅料可以各有千秋,但是有两点应该注意,一是煎鱼头时用中火煎三分钟左右,时间太短,汤就会不够浓白不够香;太长了,鱼肉就会太老收缩而影响口感。对了,最重要的一点是千万不能用自来水煲鱼头,派头大一点嘛,买桶农夫山泉,享受一下原汁原味的"千岛湖水煲千岛湖鱼头"的千岛湖双绝,岂不快哉!

▶▶▶ 寿 桃 ◀◀◀

咱们中国是一个有着7000年历史的文明古国,尊老爱幼更是传统美德。每年的重阳节,销售最旺的要数糯米"寿桃"了。家中长辈生日,作为小辈少不了要敬送米面"寿桃",表示对长辈的生日祝贺。那么桃子这种普通的水果,怎么会成为祝寿的佳品,又为什么要用米面做成"寿桃"呢?

其实,以桃祝寿的礼仪出自于战国时期的著名军事家孙膑。孙膑18岁时离家到千里之外的云蒙山,拜鬼谷子为师学习兵法。弹指一挥间,12年过去了,这十二年中,孙膑无时无刻不在思念家中老母。

一日,孙膑想起今年五月初五是老母亲的80岁生日。他寻思乌鸦尚能反哺母鸦、羊羔必是跪着吃乳,禽兽都知道报答母亲的养育之恩,自己却外出12年未尽一丝孝道,心中万分愧疚不安,于是决意向老师请假回乡探望母亲。

鬼谷子早就知道孙膑心思,准了孙膑的告假,并拿出一个锦盒,锦盒里装着一个硕大的鲜桃。鬼谷子对孙膑说:"孝敬父母是为人之道,你12年一心学道未能报答母亲的养育之恩,为师知道你无钱筹办寿礼,就送你一个桃子作为寿礼吧。这桃树生长在我闭关修炼的绝顶上,日夜承受日月精华的滋养,绝非凡物,务必敬奉老夫人享用!"孙膑接过桃子,跪谢师恩后急急忙忙往家赶。

五月初五那天,孙膑家里张灯结彩、宾客盈门,众亲戚乡邻纷纷为孙膑母亲祝寿。母亲却因思念爱子而悲从心来,泪如雨下。众人只得陪泪相劝。就在此时,家人飞奔来报:"老夫人不必悲切,三少爷回来了!"

母亲闻声大喜,赶紧站起身来,拄着拐杖颤巍巍地向外走去,出门在外的孙膑,是她最疼爱的儿子,也是她唯一的牵挂。只见风尘仆仆的孙膑,三步并作两步奔上前来跪倒便拜:"母亲大人在上,儿子不孝!"

老母亲见到儿子,早已悲从心去、喜上眉梢,弯腰亲手扶起孙膑,说道:"回来就好,回来就好!"

孙膑从锦盒中取出鲜桃,双手敬奉给母亲:"母亲大人,这是师父赠我的鲜桃,孩儿敬奉给母亲大人作为贺寿之礼!"

母亲接过孙膑奉献的桃子,满心欢喜:"好,好,只要是我儿送的,我就喜欢。"

说来也奇怪,桃子本是极易腐烂的水果,但是鬼谷子赠送的鲜桃居然经受了千里颠簸,历经十数日而新鲜依旧。更奇特的是,孙膑母亲吃了此桃后,满头白发居然变成青丝缕缕,气色也日渐康健,全家老少喜出望外,众乡邻也啧啧称奇。

孙膑的母亲吃了孙膑奉献的桃子返老还童、延年益寿的事情传开后,人们都以为生日吃桃子能延年益寿,于是纷纷效仿在长辈生日时敬奉桃子作为寿礼,以寄托祈求长辈能健康长寿的美好愿望。

可是桃子是不易保鲜的水果,而人的生日四季都有,于是人们便用面粉或者糯米粉做成桃子的模样,作为寿礼奉献给长辈,因这种点心专为祝寿而用,久而久之就被称为寿桃了。

各位,如果我们要尽孝心,自己做寿桃也是一个不错的选择:以面粉为主料的要发酵,而以糯米粉为主料就无须发酵。馅料都是以豆沙和糖为主。在染色上面粉寿桃和糯米寿桃略有不同,面粉寿桃一般在桃子的顶端点红,而糯米寿桃大多整体为淡红色。为了健康和环保,最好用天然食用色素,比如价廉物美的江南红花或红苋菜等,如果能用红玫瑰花瓣,那更是色香俱佳了。在蒸法上的区别是面粉寿桃可以放在干屉布上蒸,而糯米寿桃如果放在荷叶上蒸就绝对是佳品了。

好了,朋友们,旅游不是单纯地看风景,而是一种文化。我们今天的寿礼文化就暂且讲到这里了。

▶▶▶ 定 胜 糕 ◀◀◀

诸位,中国是个礼仪之邦,迎来送往的礼节很多。比如乔迁之喜,比如孩子考试顺利,比如重阳敬老,很多地方就有送定胜糕的习俗。那么,有哪位朋友能告诉大家,为什么要送定胜糕,定胜糕的出典在哪里呢?现在呢,作为导游,我就和大家一起分享《定胜糕的故事》。

定胜糕其实和南宋抗金名将韩世忠夫妇在黄天荡大战金兀术有关。建炎四年即公元1130年,金兀术率十万金兵南侵,在江苏京口(今镇江)遭到韩世忠率兵拼死抵抗。韩世忠虽有满腔热血、一身武艺,但仅有8000子弟兵,面对金兀术的十万虎狼之师,有点力不从心。战斗打得是昏天黑地、血流遍地但仍然胜负难分。

这一天,韩世忠在军帐内心急如焚、夜不能寐。粮草官来报,军中粮草不足,再拖延下去军中断粮势必大乱。正在焦急之中,忽然兵丁来报,百姓前来送犒劳军队的糕点,韩世忠便令请进中军帐中。

为首者相貌清癯颇具仙风道骨,他手中的托盘中有一块两头大、中间细,状如木榫的糕点。他对韩世忠说:"元帅勿躁,糕点已送至各营。此糕是老朽为元帅所做,元帅若用此糕,金兵指日可破。"说罢飘然而去。

韩世忠轻轻一掰,糕点从中间细腰处断开,只见里面有一块绸缎。展开一看,原来是一幅金兵布阵图,一旁还写着一行字"金营如定榫,腰细易折断"。韩世忠心有所悟,急招夫人梁红玉进帐议事。梁红玉见图大喜,对韩世忠说道:"破敌之策有矣!"夫妇俩紧张地筹划了一番,便令众将领进帐听令。

翌日一早一队宋军号鼓齐鸣向金营佯攻,金兀术怒不可遏,亲率精兵追击,结果被引诱进长江边的黄天荡,如入迷宫晕头转向。而韩世忠亲率5000精兵直捣金兵中营,等金兵察觉已如同被掰断的"定榫糕"一样,被一分两段。

梁红玉则在金山寺的妙高台亲擂战鼓,魂飞魄散的金兀术逃向哪里,梁红玉的令旗就指向哪里;梁红玉的令旗指向哪里,众将士就奋力杀向哪里。就此一战,金兀术10万金兵损伤大半、溃不成军,士兵斗志尽失,只好狼狈不堪地向北方逃窜。

战后,韩世忠赏赐众将士,夫人梁红玉认为,进献"定榫糕"的老乡功不可没,可是找不到那位奇异之士。韩世忠感慨之余,便把"定榫糕"改名为"定胜糕",以表彰此糕的定胜之功。

从此以后,长三角地区的百姓就把"定胜糕"作为吉祥、喜庆和成功的象征,在节日和喜庆事宜中作为互相馈赠的最佳礼物。

哪位朋友提级、加薪、中大奖,记得招呼一声,我一定会送上正宗的定胜糕,带上这一车的朋友来为你贺喜哟!

▶▶▶ 年 糕 ◀◀◀

诸位,中国的饮食文化特别丰富,那么多的传统节日毫无例外地都与吃有关,清明吃青团、端午吃粽子、重阳吃糕团。最大的节日是春节,吃的是年糕。南北方的年糕各有特色,北方年糕多以黄米制作,金灿灿的又称为黄金糕;江南一带则用糯米磨成粉做年糕,糯香柔韧,经久不坏,可以在常温的条件下贮藏很长的时间。

年糕一开始其实并不叫年糕,而叫黏糕。因为过年时常吃,而且糕与高谐音,为了讨个好口彩,改称为年糕,寓意"年高",有一年更比一年高的好彩头。在广大乡村,不但自家吃,过年时节走亲访友,年糕是必备的年货礼品。

年糕中,又以苏州出产的为珍品,有"国色天香"的美称。其中"国色"就是用红曲、玫瑰汁、薄荷汁、青菜汁、鸡蛋黄、赤豆沙等天然食物色素,把年糕染成五彩缤纷的颜色;"天香"则是把桂花、玫瑰、薄荷、芝麻、花椒末等天然香料掺入年糕,使之五味芬芳。苏州天下闻名的糕团店"五芳斋"的店名,出典就在这里。

年糕的创始人,据说是伍子胥。古时建造城墙一般都用糯米掺和石灰作为黏合剂,建成的城墙可以历经数百年而不坏。当年负责督建苏州城的就是吴国大将伍子胥。伍子胥原是楚国人,其父兄被残暴的楚平王杀害后,他为避

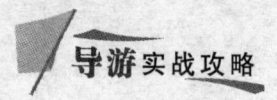

祸逃到吴国，辅佐阖闾、夫差两代吴国君王。

吴国伐越大获全胜后，伍子胥曾经力劝夫差杀了勾践以免后患。可是范蠡用重金和美女买通了夫差的宠臣，使夫差放过了勾践，伍子胥闻讯长叹道："灭吴者，勾践也！"

勾践卧薪尝胆力图报仇雪耻，他深知灭吴最大的障碍就是伍子胥，便买通受吴王夫差宠信的吴国重臣，又施离间计诱使夫差赐死伍子胥。伍子胥临死前留下两句遗言，一句是"把我的眼睛挂在阊门，我要亲眼看着越兵从阊门攻进城来"；还有一句是"若城中缺粮，可煮食齐门、娄门、相门三门瓮城内墙砖"。

伍子胥死后，越王勾践果然起兵伐吴。苏州城被围数月，城中缺粮人心浮动。伍子胥旧日部下突然想起相国伍子胥临终遗言，便挖下墙砖，剥去外层石灰，放入锅中煮。不一会儿锅中便飘出了糯米的清香。原来，伍子胥早就料到越兵会围城，便令人用煮熟的糯米粉夯实成城砖的样子，晾干后砌入墙中。伍子胥的糯米城砖救了不少吴国军民的性命，从此以后吴国的百姓就家家煮食糯米"砖"，来纪念相国伍子胥。久而久之就成为一种习俗留传下来，这就是年糕的起源。

朋友们，今天虽然不是什么传统意义上的年节，但是在午餐中我会给每桌赠送一盘炒年糕，祝愿各位"年年好年年高，一年更比一年好，一年更比一年高"。因为在我的心中，和各位游客一起游览祖国的大好河山的每一天，都是我们导游盛大的节日。

▶▶▶ 为何要"做七" ◀◀◀

国人有个习俗，亲人百年后，要以"做七"的形式来祭祀。从"头七"到"断七"共为七七四十九天。那么为什么会产生这个习俗呢？那就要从宋朝的包拯说起了。

包拯因清正廉明而被民间尊称为包公包青天。相传包公逝世后在阴司的十殿阎罗中担任头殿阎罗。按照佛教和中国民间的说法，大善之人逝世后即刻升入天堂，大恶之人死亡之后立即打入地狱。而世间俗人大凡有善行有过失，真正大善或大恶之人并不多。故而头殿阎罗的职责就是"初审法官"，根据亡者生前的善恶决定其去向。所以地藏王菩萨有"使奸使恶使阴谋，不使最好,瞒不过此处聪明"的偈语。这个"聪明"就是阴司的审判官。

一天,包公正在审理一亡灵的生前善恶,忽然听得阳间有人悲悲切切地在责备自己:"包公呀包公,人人都说你是个清官,可我要说你是个昏官!"

包公大吃一惊,心想自己生前亡后都是秉公断案,为什么有人数落自己是个昏官呢?便侧耳细听起来。只听得是一位老妇人在哭祭自己刚刚亡故的儿子:"包公呀,你倒说说我到底犯了多大的罪恶,你要让我遭受白发人送黑发人这个人间惨痛?你让我这个孤苦伶仃的老太婆还怎么活呀?"

包公盼咐把善恶簿取来细细察看,果然亡者年仅40,和大多数人一样,也是善多错少,上有年逾古稀的寡母需奉养,心中不由升起怜悯来。他召过无常来呵斥道:"尔等把他拘索而来,让其老母如何安生?"

"是他的阳寿已尽,并非我等胡来。"众无常分辩道。

包公勃然大怒,一拍惊堂木:"再要狡辩,我要判尔等永世不得投生!"

众判官、无常畏惧包公威严,只得把刚拘索而来的亡灵送回阳间。阳间老年失子的妇女见儿子生还,无比感恩,逢人便说包公在阴间的慈悲公正。又有一幼儿,父母双双溺水而亡,到了包公这里,向包公诉说对阳间孤儿的牵挂,包公又是惊堂木一拍:"还阳!"

以后,除非寿终正寝的或者恶贯满盈的包公判决重入六道轮回外,大多数都被还阳了。于是阳间是一片欢喜,阴间却是怨声载道了,因为亡故和投生的机会是轮换的,阴间众灵的投生机会因此而变得很少了。

包公因坏了阴间的规矩而被调任第七殿阎罗,每一殿阎罗审理期是七天(阳间"做七"其实是为自己亡故的亲人向各殿阎罗祷告),这样到了包公那里已经四十几天过去了,亡者的肉身早坏了,包公再有慈悲心也无法助其还阳了。如此,阴间又恢复了往常的秩序。

既然如此,那么为什么还要"做七"做到七七四十九天呢?因为如开头所说,大善者立升天堂,大恶者立下地狱,而极大多数人还是要根据生前的作为而入轮回的。到了第七个"七",亡灵正在接受包公的审理,阳间"做七"就是请求包公善断,助亡故的亲人投个好人生。正因为包公善断,所以往后各殿阎罗就基本无事可做。因此,"做七"也就做到"七七"为止。

中国的汉民族从宋朝以后就有了"做七"的习俗,知道了做七的来源,就不应该把放爆竹作为内容之一,另外供品也以素净为宜。

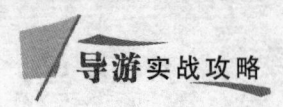

蟹的来历

诸位,常言道:"西风响,蟹脚痒",每年仲秋是品尝螃蟹的季节,而文人自古以来更有"持螯赏菊,品酒吟诗"的雅兴。

螃蟹因横行霸道而被称为"横行将军",又因有鳃无肠而得"无肠公子"之雅称。淡水螃蟹家族中,太湖流域中各大湖泊出产的大闸蟹均为上品,其中又以阳澄湖大闸蟹最负盛名,以致每年品蟹季节,阳澄湖畔小镇——巴城,常因食蟹客人蜂拥而至导致高速公路堵塞。

其实螃蟹本来并非食品,而是一种食谷螯人的害虫。此君八足双螯横行田间河港,每当稻谷成熟时节,便成群结队地爬进稻田,用双螯夹断稻株贪食稻米。此君食稻谷是夹一棵吃几粒,再夹一棵再吃,因此常常是糟蹋一大片,造成丰收在望的稻田歉收。又经常在田间用螯夹伤劳作的农民,因此当地农民对其恨之入骨,称之为"偷谷虫"。

江苏常熟是稻米产地,因此深受其害。夏朝某年深秋,紧挨阳澄湖的常熟巴村,数千亩稻田一片金黄,沉甸甸的稻穗让劳苦了一年的庄稼人心里喜盈盈的,来年的生计全在这丰收在望的稻田里了。

可是天不遂人愿,这年"偷谷虫"泛滥成灾,稻浪滚滚的农田,数日之间便被糟蹋成秃子的头发稀稀拉拉的,田间到处是尚未熟透的稻谷烂在泥中,让农民们心痛万分却又无可奈何。

村里一个姓巴名解的农民,看着横行田间的"偷谷虫",怒火中烧。心想反正稻谷已被糟蹋得所剩无几,不如放一把火烧田,把这些"偷谷虫"都烧死,或许来年可以少受其害。乡邻听了,都觉得解气,就围田放火烧田。火真大,以致把田中的水都烧得滚烫。

火熄水凉后,只见青壳的"偷谷虫"都被烧成了一个个红疙瘩,散发出一股诱人的香味,农家的猫狗为争食"偷谷虫"而撕咬争斗。又饥又累的巴解在一旁看了很久,心里一动:"猫狗吃了无虞,看来此虫无毒。"

他看到被猫狗咬碎的壳中露出了红白相间的肉团,就剥开一只小心地尝了尝。嚯!鲜美甘腴太好吃了。于是他招呼乡亲们:"它吃我们的谷,我们何不吃它的肉?"

众乡邻尝了都觉得十分好吃，便纷纷下田拾入筐内抬回村里与家人亲友分享。于是我们先民的食谱中多了一样美味——偷谷虫，后来当地文化人觉得"偷谷虫"这个名字实在恶俗，辱没了这味美食的名声，商量要改个名头，因为是巴解第一个用火征服了此虫，第一个发现此虫是美味，就创造了一个新字"蟹"。为什么要读 xiè 呢？这是要人们记住，今天我们能品蟹，应该谢谢这位巴解先生。

如今你去巴城，进镇的大路当口，豪气万丈的巴解就站在那里，脚下踩着一只举螯舞爪的"横行将军"。这座雕像会告诉你，"蟹"字为何这样写！

螃蟹又因体形大小而分为毛蟹和大闸蟹两种，毛蟹体型小，一般用来炒着吃，比如毛蟹炒年糕就是一道颇受欢迎的菜肴；而大闸蟹个头大，一般用"煠"的方法食用，才能保持原汁原味。

其实，大闸蟹的"闸"是个别字，正确的写法应该是"大煠蟹"，其中"大"是指蟹的个头，"煠"是指烹饪方法，用清水煮时间短叫作氽，时间稍长叫作"煠"。因为"煠"字是蝴蝶的"蝶"字由虫字旁改成火字旁，不好写，所以就找了个同音字"闸"代替了。久而久之，大煠蟹就成了大闸蟹。

不过，朋友们，不用太顶真了，因为即便是导游，绝大部分都不知道"大闸蟹"的真名。

导游实战攻略 实务篇

　　导游者,行走江湖而知天下。

　　导游者,服务游客而得人心。

　　知天下,方能广征博引。得人心,必能化难为宜。

　　天有不测风云,导游应未雨绸缪。路有突发险阻,导游须临危不乱。

　　山岳河海,一山一水总关情。吃住行游,一行一息总在心。如此,才能在"家"千日好,出门万里安。

　　导游者,嘴上功夫、脚下功夫仅是皮毛,心里功夫方为不二法门。

　　有才不如有德,有情不如有心。有才情之导游比比皆是,有心德之导游凤毛麟角。

　　有德者自成规矩,有心者目光远大,有才者纵横捭阖,有情者感人知己。

　　一名好导游,须德才皆备、情心俱佳。

出团之前细筹划

▶▶▶ 了解游客情况 ◀◀◀

现在有些导游一接到任务就盘算能挣多少外快,这万万要不得!一个好导游眼光要远,因此接到任务后首先要做好案头工作,要从公司计调那里了解客人的情况,包括哪里人、什么职业、民俗文化、饮食习惯等,做到了然于心。俗话说"到什么山唱什么歌",那么对导游的要求就是"对什么客人说什么话"。不然,很可能轻则服务不能适合客人的特点,重则触犯特殊的民俗禁忌。曾经有个导游不了解客人的情况,事先没有做好预案,在言辞中流露出大上海主义,引起兄弟省市客人的强烈愤慨,当即要求换导游。

客人的文化层次不同,你讲解词的深度必须与之相适应;客人的饮食习惯不同,你在餐饮安排上应当主随客意;客人的消费层次不同,团队的购物计划应高低有别(比如在上海,高端客人可以安排去淮海路,那里的服装比巴黎最新发布的款式仅仅迟一个星期。中端客人可以安排去四川北路,那里同样品牌款式的衣服要比南京路便宜20%左右。低端客人可以安排去七浦路,那里几十元就可以买到不错的服装)。

事先了解客人的情况,有利于我们导游制订最合适的接待方案,让不同经济层次、不同文化水平、不同地区民族的客人都皆大欢喜。而不管游客来自东南西北,千篇一律的模式是难以收到良好效果的。

▶▶▶ 制订接待方案 ◀◀◀

针对不同的客人制订"因人而异"的接待方案,首先在欢迎辞中热情洋溢

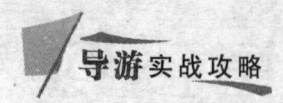

地赞美客人的家乡、赞美他们的民族和民俗文化、赞美他们的行业和职业等都是事半功倍地赢得游客认同感的方法。遗憾的是大多数导游往往都忽略了这非常重要的环节，只是呆板地背诵景区概况和注意事项，难以激发游客的兴奋点，错失展现自己与众不同的才华和赢得游客认同的大好时机。

其次，根据客人的特点确定各个景点的讲解重点。比如镇江、扬州之旅，镇江有个金山寺，扬州有个大明寺，都是佛教寺院。如果按照常规思路，从天王殿、大雄宝殿一路讲去，必然因内容重复而使客人产生厌烦情绪。

我带团游览金山寺就全然不讲佛殿佛堂，因为佛殿佛堂的一般知识，游客们都耳熟能详。我会在七峰亭讲解南宋时期金山寺高僧道月法师和抗金名将岳飞的故事，会在妙高台讲解苏东坡和佛印法师的典故及抗金女英雄梁红玉击鼓战金兵的故事，在山顶讲解江天一览碑和天地同庚碑的逸闻。如果有时间再到御码头白龙洞讲讲《水漫金山》的传说。这样，传说、故事、典故、逸闻都有了，让客人在领略浩瀚长江自然景观的同时又通过导游讲解感受了金山寺丰富的人文景观。

到了扬州大明寺，我同样不讲天王殿也不讲大雄宝殿，而是重点讲解鉴真大师东渡日本弘扬佛法的故事。如果是夏季，我还会带游客去观赏当年由鉴真大师带去日本，如今又从日本回归中国的千年古莲。在平山堂讲解欧阳修和苏东坡的故事。在琼花盛开的季节，一定不会忘记带游客欣赏平山堂前的两棵琼花。如果客人对书法有兴趣，我还会和他们一起到西花园中去欣赏"天下第五泉"的书法以及康熙和乾隆两代皇帝各有特色的书法碑刻。

这样，尽管游程中有两个寺院，但通过导游的事先筹划，巧妙地避免了雷同，让游客享受了丰富多彩的旅游文化。

在接待服务方面，同样要做好预案。我第一次接待来自马来西亚的游客时，对马来西亚的国情做了一个比较周详的了解，知道马来西亚以伊斯兰教为主要宗教，在饮食上有严格的宗教戒律。因此花了很多工夫寻访了上海、杭州、苏州等地的伊斯兰餐厅。由于马来西亚游客特别喜欢吃伊斯兰风味的大盘鸡，便在上海静安寺找到了一家能做纯真伊斯兰风味大盘鸡的餐厅，让这批客人品尝到了比在他们自己国家的饭店做的还要美味的大盘鸡。

为了便于他们向麦加方向朝拜真主，我提前好几天就打电话到各酒店，把朝西有窗的房间预订好。当他们看到每个房间都有西窗时，个个用生硬的汉语对我道谢。

为了讲解好,我还浏览了《古兰经》,并对清真寺的建筑特色做了大致的了解。在购物上,我考虑到马来西亚天气炎热,就安排了杭白菊。他们要买丝绸,我就带他们到绝对无假货的上海南京路百年老店老介福和丝绸公司去。如此我的个人收入少了很多,但客人们都心满意足地购买到了他们喜欢的商品。回去后,他们对我们公司大加褒扬,以致不少马来西亚游客对我们这家名不见经传的小公司大加青睐。

▶▶▶ 准备小小礼品 ◀◀◀

出团前准备一些小礼品很有必要,最适当的礼品是实用而带有公司标志的小饰品,我们公司就专门设计了钥匙圈和手机挂件,既宣传了公司又加深了客人的记忆。

小礼品往往能起到大作用,比如导游就可以在旅途中搞个有奖猜谜或者有奖赛歌等活动,活跃旅途气氛。有无小礼品效果大不一样,有了小礼品导游就比较容易调节团队气氛。在这方面,小礼品的功能好似厨师手里的浓汤宝,不放味道平淡,放了就能提鲜。

多数旅游公司都有专门的小礼品,出团前由导游部发给导游,但也有不少公司忽视这方面的工作。如此,导游就应该作为一种必要的投资,自己准备了。平时出团时,在各地景点都出售地方特色的小礼品,我们可以购买储备,分类保管。给客人准备礼品时,要注意到异地效应和异民族效应——比如你把西南风情的礼品送给东北的客人,他们就会感到新奇而倍加珍视。但是,如果你把上海的礼品送给苏州客人,他们很可能不在乎。

礼品不宜太贵太多,太贵导游承担不起,太多客人不珍视,如果每个人都有,那等于没发。

送礼品,也要注意客人的民俗文化,否则轻则闹出笑话,重则酿成事故。我公司有个导游外语水平很高,英语专业六级、日语一级(最高级),因此重要的外宾团一般都交给他带。有一次,他带的一个英国人的团,购物很不错,他觉得公司统一的小礼品拿不出手,就自费购买了一批精致的工艺小闹钟准备送给客人。可当我看到这批闹钟后,发现了一个问题——这批闹钟的钟面上用三只山羊作装饰,在中国寓意"三阳开泰"很吉祥,但山羊在英国是"不正经

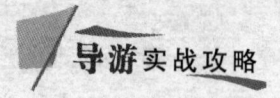

的男人"的代名词。家里有一只"山羊"就够不幸了,你还要送他(她)三只,岂不让人闹心?那位导游接受我的意见换成了其他品牌的工艺钟作礼品,客人很是欢喜,一再地"Thank you"。

在越南,我也碰到过同样的问题——我们那个团队购物不错,越南地陪为了表示感谢,买了一堆越南人普遍喜欢戴的绿色凉帽让我送每位游客遮凉。我对他的好意表示了感谢,同时告诉他:与越南大不相同,在中国的民俗中,"戴绿帽子"意味着"老婆红杏出墙",是一种很严重的侮辱。结果这位导游把很有越南特色的绿帽子退了,买了很多水果让游客分享,皆大欢喜!

所以,小小礼品大有文章,这文章只可做好不能做坏!

服务细节见功夫

在导游工作中服务是最基本的,其他方面有欠缺尚有弥补余地,而服务不好则无药可救,服务的质量直接反映出一个导游职业道德的水准。我在导游管理中有一个原则,其他方面客人有投诉的,我会给当事导游多次改进的机会;而服务方面只要有投诉,经教育后未能改进就坚决予以清退。水平不高可以提高,素质不好无可救药!

▶▶▶ 要把客人当亲人 ◀◀◀

做一个好导游,首先要从心里真正把客人当成自己的亲人。只有这样,当客人的菜没上齐全时,你就没有食欲。在客人住宿全部安排妥帖之前,再累你也不会有睡意。在个人利益和客人利益发生冲突时,你就会毫不犹豫地把客人放在第一位,装是装不像的。我在这方面有深刻的体会。

10多年前,我在庐山上就遇到这么一件事:一位年轻的女游客半夜突然腹痛难忍,据她自己说是受凉所致没有大碍。可问题是这是一所古堡式的老建筑,厕所远在山脚之下,中间要穿过一个停电后显得阴森森的长廊,全团41个人除了我以外全是女青年,没人敢陪同。因此每一次上厕所都是我从总台借一盏小马灯扶她过去,然后站在漆黑的长廊里站岗,如此一而再,再而三。最后,我发觉问题不对头,经再三追问,才知道她曾经到牯岭街上吃过大排档。于是我背着她,走了半个多小时漆黑的小道才摸到了医院。一检查,食物中毒,幸而及时就诊才没出大事!等一切安排妥当后,天色已经大亮,一宿没合眼也没工夫吃早饭的我又匆匆赶回招待所,带着客人出发了。

在杭州专门接待上海游客的燕忠饭店吃饭时,遇到女足获世界亚军后在杭州旅游的女足队长孙雯,她送给我一张有亲笔签名的名片,尽管我女儿是孙雯的粉丝,但当客人希望我能把孙雯的名片送给他时,我连一分钟都没犹豫。

越南的红木摆件很便宜,我带了大量现金原打算大举采购一番的。可当领队看到当地的火龙果价格不到国内的10%,希望我能为他们采购一大批火龙果时,我毫不犹豫地答应了,放弃了原先的打算把腾出来的时间让给他们,并拉了越南地陪一起到一个出产当地最好的火龙果的海岛上去采购。看到游客人人都买了很多价廉物美的红木摆件,心里很是羡慕,但一点也不后悔。

江西龙虎山仙水岩饭店的团队餐价廉物美服务好,我因此没要老板的回扣。老板是个很讲义气的汉子,在我们上火车当天一早特意带了猎犬到山里打了一头黄麂硬送给我。黄麂是四条腿中最美味的野味,我很想带给家人尝尝。可是当客人要求我把黄麂送给他们时,我虽然心里不情愿,但还是同意了。

雷锋做的那些事,很多我都做过,如在船上清扫客舱、在医院为游客陪夜、游客受伤我嚼又苦又涩的草药为他止血等,不过雷锋是为人民服务,我只为自己的游客服务,所以他高尚,我"市侩"。不过这种"市侩"并非一无是处。在去北京的火车上,我按公司的规定享受卧铺,而我的游客按经济团的标准只能在硬座车厢休息。我在与客人聊天的时候知道一位老教师有心脏病和高血压,就坚持请她到卧铺车厢去休息,这样我正好和我的团队坐在一起。那时的列车很简陋,只有中间的7号或8号车厢才有开水供应,而我们的车厢是最末尾的14号车。列车严重超载,我们的客人挤来挤去打开水很麻烦。我就向列车员借了一把戴棉套的大水壶,既不会烫到人,又能多装水。

当我提着大水壶在拥挤不堪的车厢里出现时,众人的眼光一下子盯住了我,有已经打开方便面盒盖等开水的乘客大声喊了起来:"嗨,给我开水!"

我大声喊道:"我不是列车员,是旅行社的导游。等我先给我们团队的客

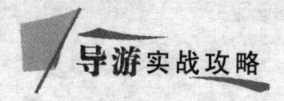

人倒上水后,再为你们倒!"

这时,我们团队的客人脸上流露出一种显而易见的优越感,似乎在炫耀"嘿,这是我们的导游!"

另外一个旅游公司的游客当即就大发感慨:"瞧瞧人家的导游,服务多周到!"

本来我只打算满足我们团队的客人用水后,对其他乘客意思意思就算了。可看到很多乘客拖老带小的,心中很是不忍,于是就"高尚"了一回,为整个车厢100多位乘客全部送上了开水。等他们吃好晚餐、开始喝茶时,我已经累得满身大汗了。

到了北京,旅游车把我们送到招待所后,所有的客人愤怒地拒绝下车,我下车一看,也傻眼了。原来我们所住的招待所位置极其特殊,一边是监狱,一边是医院的太平间。那时我还没有手机,无法联系自己的公司,就要求地陪联系地接公司换住宿地。地陪是位年轻的姑娘,她紧张地打了一通电话后无奈地对我说:"张哥,我也认为这个地点很不合适,但现在是旅游旺季,连郊区丰台的活动房都住满了,实在没有房间了。"

客人知道后要求自然升级,可是这样我们旅游公司的经济损失就太大了。作为一个导游既要维护客人的合法利益,也必须维护公司的合法利益。于是我和客人商量用增加王府井夜游来补偿他们,部分客人还是不同意。

这时,那位老教师就提起了自己的行李:"校长,我血压又高了,需要马上休息,我下车了!"

另外几位老师也帮着说:"不就是睡几晚的觉吗?看看张导对我们这么好,就看他的面子算了吧!"

校长其实也很想帮我,就顺水推舟地说:"看在张导的面子上,大家下车!"末了,他还幽默了一回:"不过晚上回来千万别走错大门啊!"

一个难以解决的矛盾,就因为我无意中的额外服务而得以妥善解决。地陪因此还成了我的红颜知己,她去新加坡发展后,还记得把新加坡和马来西亚的客人介绍给我。

当年我在没有地接导游的情况下,带人大代表旅游团游览泰山,团队回到中天门时一点人数少了一个人,领队告诉我那是患有心脏病和高血压、老上海知名品牌"喜喜底皮鞋"的老板、70高龄的杨光明先生。我先是估计他可能感到体力不支,先回宾馆休息了。可是同团的一位老先生信誓旦旦说在泰山顶部的天街看到过他,这下我的心一下子提到了嗓子眼,急了!

那时手机还是奢侈品,在管理处和派出所拒绝我借打电话与宾馆联系后,我请领队先带客人回宾馆休息并用晚餐,自己返身再登泰山寻找杨先生。我是在当天凌晨两点钟带领客人徒步登山的,此时已是下午三点钟,我又饥又渴地攀登到升仙坊时左腿膝盖韧带扭伤再也走不动了,只得候在路边询问下山的游客和挑夫有没有看到一个如此这般的老先生,直到问过几个从南天门下来的清洁工后,才确定杨老先生没有滞留在山上,因为清洁工可是连一个烟蒂都不会错过的。

当我拄着拐杖一瘸一瘸地挪回宾馆时,杨老先生一再向我道歉,原来他估计到自己会体力不支,没走多远就打道回蓝天宾馆休息了。这确实也不能怪杨先生,我便诚挚地说了一句:"不怪您,只要您老人家没事,就比什么都好!"

以上这些,我可以不做,或者不必这么认真,然而我都这么认真地做了,毕竟他们是我们公司的衣食父母啊。事实上,这些客人后来都成了我们公司长期稳定的客户,他们对我们公司发展作出的贡献,远远大于我对他们额外的"服务"。

▶▶▶ 宁可缺钱不可缺德 ◀◀◀

树立把客人当亲人的观念后,在关键时刻你就会做出正确的决定,你在接团时就不会挑肥拣瘦,你在带团时就不会误导客人到不该去的地方去消费,以谋取不当利益。

很多年以前了,我们公司接了一个来自上海郊县农村的团队,一共只有6个人。公司其他导游知道该团是6个农民后,没有一个愿意接此团队,除了确实在团的导游外,其他人不是"家里有事"就是"身体不好",公司老总知道我是从来不挑团的,就派我上团。

想不到这6位客人全是从香港到上海农村探亲的老板,途中许多购物点的老板看到我的客人是衣着华贵的香港人,就怂恿我带客人到他们那里去购物,并许以高额回扣。但我没有接受诱惑,并在车中事先告诉客人如何预防购物陷阱。客人实在需要购买东西,我就请客人在商店里先看好商品,然后我带领队去讲价,最后大都以远低于客人心理价位的价格成交。

最有意思的是,客人在下榻酒店用早茶,餐厅门口写着最低消费每人30元,这在上海人均工资仅200多元的当时可算是高消费了。这家餐厅很有特点,茶单上没有价格只有谁也看不懂的图案,结账时按图案算。我们的客人用完早茶后向服务员结账,服务员坚持团队只同导游结账,于是客人就要求我代为他们结账。

按该餐厅的潜规则,旅游公司的客人不受最低消费限制而且茶水是免单的,我们的客人总共消费了95元。服务员问我怎么开票,我就要求按实开。回客房向客人交账时,客人看不懂了,因为即使按最低消费他们6个人也要180元,何况他们吃得很好,"按照香港的价格至少要1 000多元啦!"客人们说。他们认定是餐厅算错了,要我重新去结账。我没办法,只好把餐厅的潜规则告诉了他们,让他们感慨不已。

晚上,领队敲开了我的房门,硬塞给我一个里面装了200元人民币的信封,说道:"导游先生很辛苦啦,一点小意思湿湿手啦!"

当年,我们全职导游的出团津贴只有5元一天,这200元几乎是我一个月的工资了。按照我们公司的规则,索要小费是不允许的,但客人主动送小费是对导游工作的肯定,可以收。

这次,让我明白了一个道理,宁可缺钱,不可缺德。你不找钱,钱会找你。关键是这钱要来得干净,才用得安心。

▶▶▶ 接送游客要到位 ◀◀◀

接机无可讨论,接船机会很少,我们这里主要讨论火车团的接送站。

从小母亲就教育我,做事要设身处地为别人想想,我一直就是这么做的。我做过多次全陪,因此我当地陪时就会考虑全陪的想法。接送站就是一个典型的事例。

我做全陪时,到一个陌生的地方总会担心不能及时找到最便捷的出口,或者不能及时找到地陪而让客人空等,我总是期待地陪能在第一时间出现在站台上。可是这个良好的行业规范已在业界消失很久了。因此10多年前我受命当一家旅游公司总经理时,就把地陪必须进站接团作为工作规则要求公司全体导游执行。

安徽蚌埠市妇联每年来沪的团队都要让我们公司做地接。她们第一次来上海是我亲自去接的站。她们的火车驶进站台时，我已经带着导游在站台恭候多时了。正当她们茫然四顾时，我公司的导游已经在帮领队招呼客人并通知司机及时开足空调了。我们的导游领着团队从最便捷的出口走出车站，冒着炎热登上旅游车时，车上已是清凉宜人，每个座位上也放置好了矿泉水。

送站也是，现在很多导游早早把客人送到火车站，好一点的送到候车室，差一点的送到大门口就拜拜了。其实按照服务规范，导游是应该送到站台、等火车开动以后再离开的，因为很可能在开车前还会有什么事情需要地陪帮忙解决的。

我当年送团到站台，还意外帮公司争取了一家组团单位呢。那回送的是北京密云县党团委书记团，当时在站台上有很多团队，送站的地陪导游却只有我一个，这让我们的全陪和客人感觉很好。由于和客人建立了真挚的感情，临别时互相都有些依依不舍。火车开动了，我如同送别自己的亲人一样，还情不由己地追着火车跑了很长一段路（我的真情流露感动了很多游客，一共98位客人后来给我来信的竟有30多人。有些客人自己单位来华东也指定我们公司做地接）。我无意的举动引起了站台上一个人的注意，他是北京一家旅行社的业务经理，他的上海地陪早回家了，只好自己送到站台。他要了我的名片，说了一句"人跟人真不一样！"没想到后来他也成了我们公司的客户。

▶▶▶ 内急不可唤"解手" ◀◀◀

有经验的导游会注意客人的内急问题，尤其是在高速公路上一定要掌握时间节点，否则错过了合适的时间节点被迫中途停车或驶下高速公路都是一件尴尬的事，所以大部分导游都会在适当的时候招呼客人"解手"。而我公司的导游在执导中是绝对不允许使用"解手"这个词的。

其他人员使用"解手"这个词尚可谅解，导游对客人使用这个词就不可理喻了，因为"解手"这个词是个贬义词，对谁使用就是侮辱谁。在古代中国，被流放的犯人都要被双手锁上木枷，不解开锁住双手的枷锁就无法如厕。因此，这样的犯人要解决内急时，才必须请求公差大人给"解手"啊。

我们既然把游客尊为"上帝"，又怎么可以用对付罪犯的词来招呼游客呢？

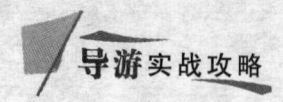

这样做遇上顶真的游客是会惹麻烦的。很多导游会用"唱歌"来替代"解手",这在10多年前还算幽默,如今已是俗套了。君不见,一到高速公路的休息站,不用导游招呼,游客就会大呼小叫"唱歌了"。我呢,则会这样招呼游客:"朋友们,休息站到了。我们花15分钟时间,为这里的绿化做点贡献,让这里的树更绿、花更红!"客人听了一般都会心而笑。

复旦大学、同济大学、福州大学、上海戏剧学院等高等院校都有我们公司的常客,他们曾经注意到了我们公司导游在这方面的用词与众不同。当我们的导游向他们讲明缘由时,得到了他们的夸赞:"不错,由此可以看出你们导游的文化层次不低。"

这仅仅是服务范畴的一个很小的细节,但我们仍需注意,"勿以错小而为之",细节往往能决定成败。

▶▶▶ 游客生日是商机 ◀◀◀

我们公司有一个工作要求,即导游在做出团文案时要注意一下,行程中是否有客人生日。我们公司有位导游讲解比较一般,有一次却得到了客人的高度赞扬。缘由就是导游在一天晚餐时,送上了一只裱有该单位主要领导姓名和生日贺辞的生日蛋糕,使该领导很意外又很高兴,当场下令加酒加菜,晚餐因之高潮迭起、举座皆欢。

团队到上海后,领队一定要请我一起共进晚餐。晚餐中,作为领队的工会主席告诉我:"昨天是他们局长的生日,谁都没注意,却被导游注意到了,并处理得非常好。这样周到的服务真是太完美了。以后到华东来非你们公司不可!"就这样一件小事,我们公司又多了一户常客。

要求导游这样做,我自己更是身体力行。2005年,我带上海市企业发展研究会的团队到台湾考察。我在做预案时发现行程中的某日是一位大型房地产公司老总的50岁生日,而且按行程他生日那天我们正在阿里山顶用晚餐并住宿,我便事先要求酒店做了相应安排。

酒店特意把我们的三桌安排在一个单独的小厅。当爬了一天山的客人围桌坐定、翘首以盼开饭时,灯光却熄灭了,大家"咦"了一声,以为电路出了故障。这时,一位服务员在黑暗中推着一辆西餐车进来了,餐车上放着一只大蛋糕,蛋糕上摇曳的烛光映照着客人迷惘的神色。这时,我站了起来,说道:"各位,今天是我们团郑先生的50大寿,让我们一起祝贺他寿比阿里山高,也祝贺我们共同的友谊比日月潭深。"

生日歌响起来了,灯在歌声中亮了起来。这位魁伟的汉子既意外又感动,连连说:"没想到,没想到,谢谢,谢谢!"当即激动地打电话到大陆:"老婆,朋友们为我在阿里山顶过生日,我太激动了。"

回到上海后不久,这位老总立即和我签订了一份50万元的会务合同,让我们公司打响了新春第一炮,直到现在他还是我的好朋友。

为客人过生日,这是我们公司人性化服务的一项制度,并不因人而异。在国内外其他地方,我们分别为工人、退休教师、服务员等普通游客庆贺过同等规格的生日。必须注意的是:如果可能的话,一定要在蛋糕上裱上生日客人的姓名,这样才能体现出把客人放在心中的至诚用心。至于这项制度后来竟然成了"招财猫",纯属意外。

▶▶▶ 食如天大巧安排 ◀◀◀

我的办公室里挂着一面锦旗,上面的对联上联是:吃得好,住得好,玩得开心;下联是:山也亲,人也亲,下次还来。这副大俗中透着些儿雅的对子表露了游客对旅游的基本要求,也足见旅游餐饮的重要性。虽然这个环节中,餐厅是主唱,但导游如果是个有心人的话,仍然有妙笔生花之处。

当我们把餐饮看作一种文化时,导游就应该大有用武之地。不管是鲁菜、杭菜、川菜还是其他什么系的菜,每一道名菜都有一段脍炙人口的典故,比如宋嫂鱼羹、东坡肉、醉八仙(鲜)、灯影牛肉等。因此,我要求我们公司的导游在执导美食主题游时,必须每上一道名菜就为客人讲解这道名菜的历史典故,否则单纯的吃吃喝喝还叫什么美食文化。

一般团队订餐时,专业的旅游餐厅会问是哪里的客人,如此的话导游就比较轻松,只要报对客人的来源地,厨师自会安排合适的口味。如果餐厅不问,说明餐厅做旅游团队餐不是很专业,导游就有责任根据客人的地区餐饮偏好和执导中对客人的了解,向餐厅说明口味要求,如苏州、无锡的客人爱甜,山西客人喜酸,山东客人偏咸,江西、湖南、四川客人嗜辣等。我的经验是,即便已经对厨师提了要求,用餐前最好在爱酸地区客人的餐桌上放碟醋,在爱辣地区客人的餐桌上放碟辣子,在口味重地区客人的餐桌上放碟酱油或盐,让客人根据自己的喜好进一步调节,效果往往很好。

在客人的菜没上齐之前,导游最好不要离开,导游在一旁催,客人的菜就会上得快些,还可以防止因为忙乱而少上菜,在旅游旺季和游客用餐集中地尤其需要如此。另外也是有意让客人知道他们的导游很负责很辛苦,有利于得到客人的理解和配合。

导游的工作餐越简单越好,保证基本的营养和卡路里即可。导游比客人吃得差,客人餐即使不是很理想,客人也会理解为是物价的因素。导游如果吃得比客人好,客人就必然会认为导游侵占了他们的利益而产生极大的反感。当然,为了照顾好司机,让餐厅晚上烧些菜打包回住宿地慢慢享用,也是可以理解的。

伊斯兰客人的用餐尽量安排在清真餐馆,没有专门的餐馆就要安排专门的用餐区域,并请某位厨师专锅烹饪,以免混入伊斯兰客人忌讳的原料或者味道。

素食团队的餐饮除了专人专锅外,尽量多安排菜式多样、口味新颖的新鲜绿叶菜,因为在大多数寺院里,日常伙食以豆制品和干菌菇类为主体,难得出来朝圣交流希望换换口味也是人之常情。如今,各地宗教团体的交流也与时俱进了,越来越多委托给旅游公司操作,因此宗教旅游餐饮应该尽快成为导游的重要课题之一。

一般,各旅行社都有定点的旅游餐厅,但是客人往往会提出换换口味的要求;另外行程中千变万化,计划赶不上变化的事情也时有发生。这就要靠导游的定力和能力了。

所谓定力就是导游在安排餐饮时能自觉抵制不当私利的诱惑。我们公司曾经接待过一个2 000多人次的系列团,为保证餐饮质量我特意到上海朱家角考察了十几家饭店,大部分饭店都主动请吃,并热情万分地承诺给多少多少的回扣。只有放生桥菜馆的老板邵菊花不亢不卑不请吃,她坦率地说:"我家的菜馆没有回扣,但绝对保证餐饮质量。如果客人不满意,旅行社可以拒付餐饮款!"在试吃了一份炒青菜和一份清蒸鱼(一家菜馆能把炒青菜和清蒸鱼做好了,其他菜一定也能做得很好)后,我把这家菜馆作为我们公司的定点餐厅。结果不但这批系列团客人很满意,以后10多年的客人也是人人满意。

所谓能力就是导游能凭借自己的关系,让客人享受到优质的餐饮服务。导游和餐厅经理的关系好,餐桌位置、小环境就会比较好,当客人菜不够吃时免费加道菜或者加个汤都没有问题。尤其是别的团队500元一桌只能坐在大厅,而你的团队300元一桌却能享受包厢时,你在客人心目中的地位会如何?

我当导游时曾经接待过一个山西团,他们希望每次用餐时都有馒头,这没问题,关系好一点的餐厅都会做到。可是他们的领队提出为他们的团队安排吃一顿山西特色的正宗炸酱猫耳朵(面食),我联系了好多家餐厅都没人会做正宗的猫耳朵面食,最后还是我的哥们,南京军区125疗养院的厨师长,从驻军部队借了一个山西籍的炊事员过来,终于让这批客人心满意足地吃上了一顿人人竖起大拇指的"猫耳朵"。

如果其他环节出了问题(如交通、住宿等),通过公司批准,在餐饮上给客人适当的补偿,也是一个行之有效、花费不多且富有人情味的补救措施。

再上一个层次,导游自己破费一点,给客人来点意外的喜悦,往往也是事半功倍地提高客人满意度的举措。当天气特别炎热的时候,你在用餐时每桌客人赠送冰镇的饮料,或者饭后每桌一大盘冰镇西瓜。当其他团队客人用羡慕的眼光看着我们的客人时,我们的客人心里会是怎样的一种欣慰——"还是我们的导游好!"我个人多年来一直是这么做的,我的学生们也都这么做。当然,这么做自己的经济利益会有一点点损失,但是这种损失比之于游客满意度的提高,比之于上团率的提高,是不值一提的。更何况旅游公司往往还会对导游的优质服务给予精神和物质的奖励。

▶▶▶ 客房安排有讲究 ◀◀◀

在导游服务中,客房安排也是一个不容忽视的环节。一般来说,装修三个月以内的房间可能会有异味,装修三年以上的房间可能会有问题,装修五年以上的房间最好不用。

对重新装修的房间,导游应该抽几个房间,打开台盆水龙头和淋浴龙头试试,检查出水状况好不好。根据我多年的经验,一些宾馆为了减少成本,只对地毯、墙壁和家具做一些表面工程装修,而对隐蔽工程如电线、水管等的维护装修往往就省略了。这样龙头出水的情况可能会很糟糕,客人很可能无法爽快地洗澡,如果在寒冷的冬天,情况就会更严重。从防潮湿和安全考虑,有余地的话尽量不用底层房间。另外,房间的选择,景观比朝向重要,新旧比大小重要。

伊斯兰客人最好安排在朝西有窗的房间,便于他们向麦加方向朝拜。女游客的房间以上层及通道里端为妥。喜欢安静的客人尽量避免安排在临街的房间,以免影响他们的休息。情侣房宜错层安排,让他们有个相对的私密空间。领队房一般安排在离导游房较近为妥,以便及时联系。

酒店或地接社为了照顾全陪,往往会特意给我们安排比较好的房间,这就要我们牺牲自己的利益,把好房间让给领队或者重要的客人。这样做有两个好处:第一是用实际行动表示对领队的感谢,有利于继续合作;第二,万一客人突然来找你,发现你住的房间比他们好得多,容易产生负面效应。而把好房间让给重要客人,即可避免这一点。我从事旅游20多年,又是旅游公司的总经理,出团时经常被安排在高标房或者套房里,可是我从没有自己享受过一次,每一回都让给了客人。这并不是"学雷锋",而是"舍得"哲理的实际运用,是旅游营销的一个让人并不在意的有效细节。

▶▶▶▶ 巧对游客说"不"字 ◀◀◀◀

从导游准则上来讲游客是上帝,而从旅游心理上来讲游客常常会是"小孩"。因为在旅游中游客的心情很放松,有时难免会有一些任性的言行,此时导游对小事不必斤斤计较,对大事不可听之任之。一个不懂得尊重游客的导游不是个好导游,而一个放任游客的导游也不是一个称职的导游。

因此,导游必须学会说"不"。当然这个"不"字,必须艺术地说,游客才能心悦诚服地接受。否则,即便是导游真心为了游客好,也可能陷入"好心无好报"的尴尬境地。

在荷兰航空的客机上,供应的饮料中不但有咖啡、果汁、矿泉水等,运气好的话还有比较高档的小瓶法国干红,这种干红因口感滑爽醇厚而大受乘客欢迎。我的团队中的几位游客,因不会英语而通过我向气质高雅的奶奶级乘务员一连要了10多瓶干红。开始我还以为是他们酒量特别好,就没怎么在意,后来发现他们的折叠餐桌板上只放了三四只空酒瓶,其他的红酒都被他们藏到了脚下的旅行包中,一些外籍乘客也发现了这个猫腻,对他们侧目而视。

当他们再次要我向空乘要红酒时,我委婉地对他们说:"我很钦佩你们的酒量,旁边几位外国人也正在用'敬佩'的眼光盯着你们的酒瓶。但饮酒要适度,否则喝醉了容易失态。何况今天下午我们要去游览一个世界级的国家公园,醉眼蒙眬的,多可惜!"

我的话虽然委婉,但那几位游客听懂了我的话外之音,脸一下子就红了,连连说:"导游,我们听你的,不喝了,不喝了。"

晚餐时,有游客埋怨这几位游客丢了人格和国格,这让他们很尴尬。我赶紧打圆场:"其实他们也是想让我们今天的晚餐气氛更好一点,留着红酒和大家一起分享的,是吗?"

"对,就是导游说的那样。"他们拿出几瓶红酒与大家一起分享了,气氛也就缓和了许多。

"我知道你们主观上是为了大家,所以我很感谢你们在飞机上给我导游面子。"很少喝酒的我买了几瓶啤酒,和大家一起尽兴。

对普通游客艺术性地说"不",还比较容易;而对当惯了领导的游客说"不",就需导游费心思了。

有"海上桂林"之称的越南下龙湾,有两道美丽的风景线。一道是风光旖旎的海景;另一道就是海边貌似清纯的风情少女。这让一些男性游客心旌动摇。可是我带的这个团队没有安排任何一个特色节目。这让部分男游客很不爽,于是就暗示我说:"导游,我们出来旅游又不是开会学习,何必那么死板呢?"

我很诚恳地说:"作为男人,我也很欣赏青春勃发的靓丽少女,说一点也不为情色所动,那是假话。何况带游客去那种地方,作为导游会有很大的经济收益。但是,如果我带游客去了,那就不够朋友。为什么呢?因为第一不卫生,我们上公共厕所还知道找个干净的位置呢,谁能保证小姐一定没那个病?万一染上了不但害自己还要害老婆害孩子,有的甚至家庭离散。第二不安全,知道旧上海的'仙人跳'吗?我有位导游朋友在这个地方禁不住一名楚楚动人的混血少女引诱,结果被人堵在被窝里'抓奸'。不但被敲诈了近万元人民币,还差点耽误了整个团队。明知是个坑,却还让游客去跳,那我还是个人吗?"

我的这一番发自肺腑的话,得到了游客的认可。最后,我在海边找了一家华人开的餐厅,我们坐在沙滩椅上,喝着啤酒,唱着华语歌曲,听着海涛拍岸的

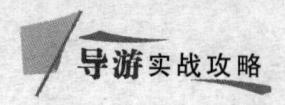

声音,看着橘红的夕阳慢慢地沉入深蓝色的大海中,度过了一个让人难以忘怀的下龙湾海滨浪漫之夜。

▶▶▶ "好事"不能做过头 ◀◀◀

作为一个导游,尽可能满足客人的合理而可能的要求是天经地义的,但是"过犹不及",好事做过了头,很可能走向反面,在这方面我是有深刻的教训的。

三亚的大东海海滨浴场海天一色、风光旖旎,是一个游客游泳和进行其他海上运动的好地方。我每次带团都要来大东海景区。

有一次特别幸运,为我们团队开车的司机,不但态度热情、技术好,而且特别能说会道,让地接导游都相形见绌了,一路上我们合作得非常默契愉快,可是在大东海景区,我们发生了争执。

面对风光绮丽的大海,客人自然激发了下海戏水的欲望,而司机却极力劝阻,让我不要同意游客下海,理由是今天的海涌很大,会有危险。老实说我根本区别不了什么是浪什么是涌,看看海面上还算风平浪静,而且我怀疑那是司机和地陪为了增加购物时间搞创收而找借口压缩客人的旅游观光时间,于是就态度生硬地拒绝了司机的劝阻,让客人下海了。

看到客人在海水中玩得很尽兴,我还为了自己坚持原则维护了客人的利益而自得。这时突然有客人叫了起来:"导游,冯老师被海水冲走了!"

原来,浪和涌不是一回事,水面上的起伏是浪,而海底的暗流是涌。有时候海面上看起来很平静,水下的涌流却很急,因此涌往往比浪更危险。我也开始感到了暗流涌动,冯老师不会游泳,她只是悠闲地躺在充气筏上,自在地享受着海风和阳光的吹拂与照耀,完全没有注意到已经被水面下的暗涌带到了离海岸很远的地方,危险正在逼近她。我们很多人一起呼喊,但因为海风较大,她根本听不到。

我意识到了事情的严重性,赶紧招呼客人往岸边浅滩处集中,然后快速向冯老师游去,企图把她拉回来。可是涌流的速度远远超过了我,眼看冯老师越漂越远,我真是急得眼冒金星,却无能为力。幸而,团队中有个张老师常年担任游泳池的救生员和教练,水性极好。只见他像一条海豚一样急速游近冯老师,把她拖了回来。此刻,我的双腿都软了,如果不是张老师的挺身而出,今天肯定是一场重大的安全事故。

回到岸上，几位没下海的游客告诉我司机在岸上一直急得团团转："张导怎么不听劝告呢？张导怎么不听我的劝告呢？"

我诚挚地对司机说："师傅，真对不起，我以小人之心度君子之腹了！"

司机诚恳地说："张导，别说咱俩处得不错，就是咱俩有矛盾，我也不会因为一点经济利益去坑游客呀。要不，我怎么配做我外婆的外孙呢？"地陪这才告诉我，司机的外婆是大名鼎鼎的红色娘子军指导员王莲香。

事后，我进行了深刻的反思，除了自己的海洋知识不足外，为了片面地提高游客的满意度，迁就游客合理而不合适的要求，是险些酿成重大事故的主要原因。提高客人的满意度是一件好事，但这样的好事不能做过头，过头的好事往往会转化成坏事。

井冈山下的漂流还算不错，有个团队因为有半天空余，主动提出要增加个漂流节目。为了让游客满意，在客人书面签字认可并得到公司同意后，我按成本价安排了漂流。原以为自己学雷锋义务做了件好事，没想到因为有些正式的筏工已经回家过年了，漂流公司为了不放弃这笔生意，竟然瞒着我们从农村里临时找了几个老乡冒充筏工，结果让人哭笑不得。

有个筏子经过一个急拐弯后，只听"噗通"一声，筏工不见了。再一看，筏工正在水里边挣扎边大呼"救命"，结果还是在我们游客的帮助下，才狼狈不堪地爬上了竹筏。由于有些假筏工技术实在糟糕，还翻了一个竹筏，6个客人连同筏工全部掉进冰冷的水中，有的客人手机进了水，有的客人脚被水底的石头划伤。

尽管最后我竭尽全力处理好了事情，没把矛盾带回公司，但给我的教训还是非常深刻，让我懂得"客人有求导游不应"不好，"客人有求导游必应"可能更不好。提高游客的满意度不是图虚名，而是切实地让游客享受到有全面安全保障的超值服务！

我们公司有位老导游，知识丰富、服务好，带团的质量一向满意度很高，因此公司接到的重要团队，公司导游部经常派他去带。他同样"老马失蹄"在做好事上。那是从杭州回上海的路上，因为离登机的时间尚早，有客人就提出是否到海宁皮革城去一下，让他们买点皮革制品。也是为了提高游客的满意度，这位老导游二话没说就同意了。这一车客人大半是女同志，女同志买起衣服来是永无止境的，结果比预定的时间晚了很多才集合。路上又"屋漏偏逢连夜

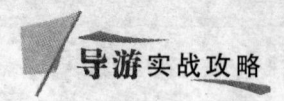

雨",遭遇了交通事故,结果一车40多位游客都误了班机,给客户添了很多的麻烦。最后,尽管出于我和他们董事长的交情,没让我们公司赔偿一分钱,我却再也没有脸面上门拉业务了。

  上海某区的人大是我们公司的常客,公司导游部也总是委派讲解好、服务好的导游为他们执导,多年来一直合作得很好,他们的旅游也总是非我们公司不可。有一次,却出了不小的差错。那是去宁海旅游,团队是属于包餐的性质。其中的一个晚餐他们提出要自行安排,导游很为难:拒绝吧,客人都是大领导,他们不但会生气,而且可能怀疑司机、导游有什么猫腻;同意吧,万一出点什么事担当不起。最后为了避免因此降低游客的满意度,导游把餐费退给了游客让他们自行安排。客人对导游的灵活处事表示很满意,高高兴兴地找了家海鲜馆享用海鲜去了。

  到了半夜,陆陆续续有客人感到肚子绞痛并有腹泻现象。导游还是很有经验的,当即判断是因食用海鲜出了问题,赶紧招呼司机把游客送到了医院。一经检查化验,果不其然是食物中毒,结果十几个游客打点滴,次日的游程全泡汤。领队来结账时很婉转地说:"当然,主要是我们自己的责任,但是如果导游能坚持一下原则,就不会发生这样的事了。"

  好事做过头了可能会变成坏事,而教训总结得好了则能成为经验。以后再有游客提出要变更计划自己用餐时,如果当地用餐卫生条件普遍不错,我们的导游就会欣然同意。如果用餐卫生大环境不太好,则会搬出这个教训来劝导游客。

▶▶▶ 细枝末节非小事 ◀◀◀

  做个有心的导游,你就会发现,一些容易被疏忽的细微末节你重视了,往往会对提升团队质量起到四两拨千斤的作用。比如,乘飞机离不开托运行李,而取行李往往会耽搁很多时间,甚至因为不少行李箱的外形颜色相似而难以分辨。我就要求我们公司导游带上一把色彩鲜艳的布条,托运时让客人绑在行李箱的手柄上作为标志(公司制作不干胶标志就更好),这样取行李时只要看到有这样的标志就取下,省时又省力。当别人还在大眼瞪小眼地在传送带上找行李时,我们早就集合走人了,客人和导游都轻松。

出境游,往往需要填写各国的出入境表格以过关,但是国人的外语大多数很差甚至完全不会,就需要领队(全陪)帮助填写。我的经验是:如果公司有就事先全部填好,分阶段发给客人;如公司没有,就需要领队在机上或机场海关为客人领取并填写。如果经常走某条线,不妨把沿线各国的通关表格尽可能地贮备好,以后出团时随取随用。这样就足以让客人感到他们的领队经验老到而倍感欣慰。

地陪和全陪(领队)合作的团队,还要注意一个细节:作为前导的地陪一定要考虑到全陪(领队)路途可能不熟,因此在标志不明确的岔道口(尤其是山林野地),一定要稍作停留,确定队伍后面的全陪或领队看清你才拐向,如此可以在队伍拉得很长时,有效地避免尾端客人走失而造成不快。

我带团往往很注重在两个细节上事先提醒游客:一是登高莫穿裙;二是爬山不撑伞。

"登高不穿裙"起始于我带团攀登三清山的第一高峰——玉京峰。那时的道路很陡峭,尤其是登临顶峰时有一段几近于直上直下的陡梯,陡到后面的一个人的脸近乎于平视前面一个人的小腿,尽管旁边装了金属护栏,还是十分难以攀登。

因为我带的这个团队有100多人,这么多人挤在一条又窄又陡的山道上,队伍行进缓慢得几乎陷于停顿。我抬头催促前面(其实是头顶上)的游客稍微快一点,话刚出口赶紧低下了头,原来我头上的是位女游客,尽管穿了齐膝中裙,裙内春光还是一览无余,让后面的游客好不尴尬。

回宾馆午餐时,我临时宣布了一个要求:女游客登山一律不要穿裙子。当然我的理由基于安全因素:大风吹到崖壁时会形成向上的旋流,可能会吹起女同志的裙子,一方面不雅观,另一方面女同志出于本能会用手去压裙边,容易失去平衡而发生人身安全事故。事实上,山风掀起女游客裙子的事时有发生,所以大家也接受了我的要求。

在景区中,陡峭的道路很多,例如虎跳峡以及仙华山的天梯就是垂直上下的。如果我们导游事先多一份对细节的关注,游客就能在游途中少一点麻烦。

"登山不撑伞"则是由于我个人的一次登山体验,那次我嫌穿雨衣太闷而撑了一把雨伞。山路又陡又滑,撑伞的我只能用一只手来扶崖壁或者抓树干来借力或者保持平衡,很不方便。路上滑了几跤还是小事,差点要命的是,一阵旋风袭来,由于伞的受力面大,让我失去了重心,若非及时放开伞把任其随

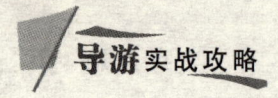

风而去,那我必定跌落峡谷无疑。

我当了旅行社经理后,就责成业务部门必须用口头和书面两种形式告知涉及登山项目的游客,好给他们准备雨衣。有些游客不以为然,我们导游就会将雨衣作为团队运作成本,免费送给客人。无袖的雨披又闷又不安全,那种前衣襟有纽扣的、有衣袖的雨衣最符合安全要求,穿着又最舒适。

大事由细节组成,细节决定成败,人生如此,工作亦如此!

有礼智对无理客

不少游客对旅游质量的期望值往往偏高,他们不会按性价比来衡量旅游质量,而是以心理期待来要求导游。比如住宿标准是普通宾馆,而有些游客会以星级宾馆来苛求导游;餐饮标准300元一桌的,也会以500元一桌的心理标准来责难导游;也有一些虚荣心较强的客人,会给导游出些不近人情的难题。对这类游客,我们导游绝对不能简单地说"NO",而是必须在尽量不损害游客自尊的前提下,坚持原则。

▶▶▶ 无理挑刺有礼应 ◀◀◀

真正高层次的客人往往很低调,比如我曾经接待过的国务院专家组、大百科全书的编辑和撰稿人等。但也有少数游客自恃社会地位比较高或者想在游客中突出自己,常常喜欢无端挑导游的刺,以显示自己比导游高明。对这些客人不宜当面指出他"错了",这会让客人下不来台,我的经验就是用"抽象肯定,婉转否定"的方法,让客人自己意识到自己错了比较妥当。来自于某宣传单位的游客曾经是这样给我下马威的——

在杭州的花港观鱼公园,我对康熙皇帝的御碑《花港观鱼》中的"鱼"字底部为什么只有三点是这样讲解的:

康熙皇帝赏花观鱼后兴致勃勃地挥笔写下了这四个字。西湖地方官员一千人等对其中的"鱼"字底下为何只有三点,百思不得其解。结果还是管理红鱼池的渔工猜透了皇帝的心思——数日前西湖涨大水,红鱼池中的许多锦鲤鱼趁机逃入湖中,池中所剩寥寥无几。原来康熙爷是嫌池中的鱼少了一点!于是赶紧采办了大量的锦鲤鱼放入池中。数日后康熙皇帝重游花港观鱼,看到红鱼池中锦鲤熙熙,于是龙心大悦,大大赞赏了杭州地方官员。

没想到我话音刚落,他们游客中有人打断了我的话:"你这个导游太蹩脚了,什么鱼少了一点?我告诉你,四点是个火字,三点是个水字,康熙皇帝不忍心让鱼在火上烤,所以改成了三点,有鱼得水的意思!"游客中的一个编辑也跟着说:"导游,今天你班门弄斧,弄出洋相了。我们主任可是1965年复旦大学新闻系毕业的高才生。"

我不卑不亢地笑笑用起了我的方程式:"各位都是毕业于名牌大学的高才生,比之于各位,本导游只是泰山脚下很小很小的一钵土而已。由于十年浩劫的缘故,我只读完了小学三年级,论学问决不能同各位老师同日而语,我岂敢班门弄斧?确实如主任所说,某些书籍,包括某些旅游界人士都这么理解,我自己也曾经这么讲解了好多年。直到我深入研习书法后,才发觉在最能体现象形文字特色的甲骨文和篆书中,鱼字的下部四条线就是鱼尾的造型,而且在简化汉字中的鱼字,底部的四点简化成了一横,而热、烈等字底部的四团烈火依然在熊熊燃烧。在请教了园林、书法以及历史的专家学者后,再联系到扬州平山堂匾额中'风流少一点'的佳话,我采用了现在的说法,如有不妥还请各位多多赐教!"

我的话讲完后,发难者的脸上露出略显尴尬的神色。为了不让挑刺者太难堪,我及时掉转话头:"我是杨柳老师的忠实听众,杨柳老师的诗朗诵堪称海上一绝,让我们用热烈的掌声请杨柳老师在美丽如画的西湖边,为大家展示一下她的朗诵艺术。来,掌声!"

▶▶▶ 导游不计客人"过" ◀◀◀

"宰相肚里能撑船",导游肚里则要能开"航母"。对于客人的无端挑刺,导游要及时化解情绪,不能影响服务工作。还是这批客人,当我诚恳地告诉他

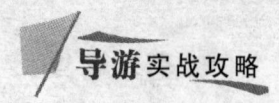

们,千万不能到路边那些饭店用餐,他们做的是一次性生意,因此卫生和质量都没有保证。没想到,有几位客人当即表示反对:"导游,我们见的世面多了,到你们的定点饭店去吃饭,你们好借我们的光有饭吃,我们要自己吃。"

我当即表示:"按你们每人20元的标准,在我们定点饭店不能说吃得非常好,但卫生和质量是有保障的。如果你们要自己安排没问题,只要领队签个字我马上把餐费退给大家!"

领队签了字,我立马退了钱,并说道:"尽管从现在起你们伙食自理,但我们的旅游车照样提供服务,送你们到你们指定的饭店。"

按照客人的要求,我们在一家看起来不错的路边饭店停了车,为了避嫌我和司机特意到马路对面的一家小面馆吃面。我们的面吃完了,他们那边也吵起来了。

原来200元一桌的菜,基本上是青菜萝卜咸菜豆腐,很少的一点荤腥也是少得可怜的肉丝,一条小小的白鱼一眼就能看出已经"牺牲"很久了,客人气愤地以现场采访的形式当场录制实况。一边的老板双手叉腰气势汹汹地吼道:"随你们拍,付钱走人。不付钱先打人后送派出所!"

看到我来了,客人连忙说:"导游你看,就这几个菜,要我们200元一桌。这不是明摆着宰客吗!"

老板还是粗嗓大喉:"老子就宰你们怎么样!"

主任嚷着要打电话报警,我悄然劝阻:"这种地方我知道,你不报警老板也会报警。此地有警察不错,可来的不一定是'人民'警察。来了也是一个结果,就是你们付钱走人。不如我来与老板交涉一下试试,不过这不是旅游局核定的餐厅,不一定会有合理的结果。"

最后,我以今后会带客人来吃饭为诱饵,说动老板每桌加了半只鸡和一盘上海游客比较喜欢吃的西红柿炒土鸡蛋。当晚,在我们的定点旅游餐厅杭州燕忠饭店同样是200元一桌,4个冷菜、10个热菜鸡鱼肉虾齐全,客人切实体会到了导游为他们服务的诚意,双方的关系变得十分融洽。

旅游结束后,他们主动向我约了稿,并以配乐散文的形式播了我的作品《情醉东钱湖》。即使后来他们单位撤并了,我们还有比较密切的联系。

宠辱不惊也应是我们导游的基本素质之一。我曾经带过一个由台湾同胞和日本人组成的旅游团。入住镇江大酒店时,我和酒店行李员吃力地把他们沉重的行李箱送到他们的房间里，没有一声"谢谢"倒也罢了，让人哭笑不得的是，他们每个房间凑了一块钱，总共是八元人民币，硬是塞在行李员的手里，算是给他的小费。行李员脸上的微笑一下子变得很尴尬，脸色也变得青一阵白一阵。不给小费并没有什么，国内客人一般都不给小费，何况他们也是黄皮肤黑眼睛的，行李员原本也不指望有什么小费。可是，一个房间给一块钱小费，就跟打发叫花子似的打发行李员，确实让人受不了。

我看到行李员嘴唇哆嗦着站在那里，就上前把那八块钱拿起来，交还给游客，然后"热情洋溢"地对他们说："尊敬的女士们、先生们，你们无论是作为同胞回到祖国母亲的怀抱，还是作为国际友人到中国大陆来旅游观光，我们都应该提供完善的服务。这是我们应尽的职责，因此，各位完全不必考虑小费的问题！"

当着游客的面，我抽出一张百元大钞，放到行李员手中："谢谢您把这么多的行李送进客房，请您喝杯茶。"

等客人进房后，行李员要把那100元钱还给我："导游，谢谢您帮我解了围，否则我真想把钱扔还给他们！"

我真诚地对他说："兄弟，我是真心感谢你。钱，你收着。还有两句话你也收着：第一，客人永远是对的；第二，即使客人错了，参照第一条。"

尽管这批客人，把我们旅游服务人员当作叫花子看待，可我仍然把他们看作上帝。到了扬州，他们希望能够让富春茶社的特级点心师，专门为他们做一桌扬州早茶细点。这让我很为难，因为人们都认为"不吃富春早茶，等于没来扬州"，因此，别说"特做"，就是普通的座位，还得提前预约。最后我还是通过私人关系满足了他们的要求，一道道精致细巧宛如工艺珍品的茶点端上来后，他们惊叹不已，又是拍照又是摄像，不忍下筷。当他们从茶社服务员那里知道自己享受的是"国宾"待遇时，再看我的眼神就变了："张先生，谢谢您。以后有机会到日本来，一定要到横滨大饭店来，我们是那里的厨师！"

以后他们年年都要来中国旅游并借机学艺。后来"猴精"了，甚至连日本的旅行社都抛开了，一个"伊妹儿"直接发到了我们公司。

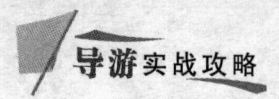

司导互动"哥俩"好

现在旅游市场比较规范了,大部分司机还是比较配合导游工作的。当然林子大了什么鸟都有,为了保证旅游质量,旅游公司应先督促车队把好司机的服务质量关。路线不熟、经验不足的不能放单飞,素质不良的缺乏合作精神的坚决不用。作为导游来讲处理好与司机的合作关系十分重要,一个团队带得成功与否,司机的作用十分重要。如何处理好与司机的关系,我个人有这么一些经验。

▶▶▶ 先戴高帽子 ◀◀◀

每个人都有一种天生的荣誉感。因此,对一个你首次合作的司机,不妨先给他戴顶荣誉的高帽子。我常用部分虚构的内容这样向游客介绍司机:

各位游客,这次旅游不但我们旅游公司高度重视,车队领导也高度重视,特地委派优秀司机××师傅执行本团的驾驶任务。××师傅驾驶经验丰富、路线熟,服务态度耐心、细致、热情,这么多年来从没有对游客耍过态度,对客人的合理要求总是有求必应。因此我很有信心和××师傅一起为大家提供优质的服务,保证让大家高高兴兴旅游、平平安安回家。在这里让我们一起用热烈的掌声,欢迎并感谢××师傅为我们开车……

在这番介绍和客人的掌声之后,司机就被牢牢地架上了道德和荣誉的牌子,而且无法解脱,绝对不可能有司机会当场反驳导游。大部分司机会笑笑默认这荣誉,也有个别司机会背地里悄悄对导游说:"导游,算你厉害。你就这样把我逼上山了,我要是服务不到位就是在抽我自己耳光了。"

此后,司机在整个行程中都会按导游给他设计的道德高度,来配合导游工作。即便客人有些额外的要求,只要不是太过分司机也会满足。这个经验在我们公司的导游和我的学生中推行,屡试屡灵。

▶▶▶ 生活多照顾 ◀◀◀

导游要有一颗真诚心,对客人如此,对司机也应如此。现在的司机来自农村和欠发达地区的很多,那么导游首先要从心里尊重他们,万万不可以有大城市优越感。

司机的工作是很辛苦的,因此导游在生活上对司机多点照顾,也很有必要。比如在旅游旺季,床铺紧张,宾馆安排的司陪房中,可能会有加铺。那么导游就应该让司机睡正铺,让他好好休息。在两个都是正铺的情况下可把看电视视角比较好的铺位让给司机。有的景点司机没游览过,可以在不影响客人的前提下,让司机也观观光。司机想吃点什么好的,导游可以让餐厅做好了让司机打包回宾馆享用。

20多年来,每次出团的前一天晚上和司机确认时,我都是这样对司机说的:

> 师傅您好,我是明天××团的导游张松青。现在我们再确认一下明天接客人的时间和地点。还有,明天的早点我会给您带来,您可以多休息一会。谢谢!

为司机准备早点是件小事,但是司机心里会感到很温暖。这么做可以在还没见面的情况下,就为建立融洽的合作关系设立一个良好的开端。

在我的导游生涯中,接待过的团队数以百计,但是最后真正让我买早餐的司机极少,大多数都是婉言谢绝我的好意。由于我注意到了这个细节,在和我们公司有合作关系的车队中,我的口碑非常好。当然,司机对我所带团队客人的服务也非常好。

▶▶▶ 经济让点利 ◀◀◀

司机和导游都是打工者,打工就是挣钱,因此处理好与司机之间的经济利益关系,非常重要。因为经济的操作权在导游,所以导游的诚信至关重要,该给司机的一分也不能少。我在实际操作中,不但不克扣司机的利益,往往还多

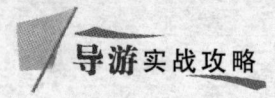

给司机。

那次接待6个香港客人,客人给了我200元小费,我问是否包括司机的。那时的香港人很有意思,他们不怎么尊重司机,他们这样回答我:"司机是车夫啦,我们给过车费啦,这钱是给导游先生您湿湿手的啦!"结果我还是分给司机100元,那时的100元可是半个月的工资啊。这让司机非常感动,好多年后有一次我带团的车在杭州抛了锚,那时没有高速公路,向公司求救远水解不了近渴,我抱着试一试的心情向他打了电话求助。他立刻让同事顶他的团,亲自开车来接我的团,这一回让我很感动。"行得春风必有夏雨。"这是母亲给我的教诲,生活印证了母亲的教诲。

某年带团去阳澄湖品蟹,老板是我多年的老友,由此也给我和司机每人准备了一对价值200多元的正宗阳澄湖大闸蟹。此前听该司机说起过他生有一对双胞胎,妻子辞职到上海照顾孩子,家中经济比较拮据,我就动了恻隐之心:"小吴,蟹咱们都不吃了,你带回去给孩子吃。"不仅如此,我还把朋友送我的鳜鱼、土鸡等全部送给了他。回程中这位湖南汉子没说什么,主动地把一车50位客人,七绕八拐分十几处就近下车。

我常对公司的导游说,我对你们有颗感恩的心,感谢你们为公司辛勤工作。希望你们对司机也要有一颗感恩的心,要从心里感激司机的配合工作,切切不可有"我给了你饭吃"那种卑劣的念头。因此,尽管我们公司给的司机津贴并不是最高,但我们合作车队的司机们很愿意给我们开车,因为我们的导游尊重他们。

▶▶▶ 适当扮点老 ◀◀◀

有的司机,也会欺新。当他知道你是个新导游时,往往会摆出老资格的架子,对导游的合理安排也有可能会找理由说"不",这样团队就不容易带顺。

为了防止出现这样的情况,导游可以先向老导游或者计调了解一下车队的大致情况,如车队负责人的姓名等,适当地"扮老"。最宜用的方法是这么说:"××师傅,我们公司和你们车队合作这么多年了,我们还是第一次合作啊,这次就劳你多费心了。哎,你们车队的××师傅最近跑哪里呀?"一般这么一套话,司机就会以为你是个老导游并至少和他们车队的某些司机关系不错,不至于会欺新了。

再进一步可以这么说:"你们车队领导对你们很不错的吧,上次陪我们经理和你们经理一起吃饭时,老听见他夸奖自己车队的司机。"至于司机是赞同还是反驳你的意见则根本无关紧要,因为你的目的是传递这样一个信息:"我和你们领导一起吃过饭,你自己掂量着吧。"

有时有些司机会掼纱帽:"导游,那个地方路线我不熟,导游你带路吧!"

如果是真不熟,指点一下也应该。如果是刁难,你可以这样对症下药:"虽然旅游业的行规是'司机管路线,导游管景点',但是你放心,我一定会配合你的。那个地方我也好几年没去了,更何况路上我要给客人讲解的,否则他们投诉对大家都不好。这样吧,我这里有张地图,标得很清楚的,你先用着。一会我带客人进景点时,你再好好研究。辛苦你了,谢谢!"

这几个套路一般够用了。我们简略地讲这些,只是为防"万一"而已,而一个万一就可能使旅游的质量大打折扣。

和司机关系处理好了,并建立了真正的友谊,导游在整个游程中就能如鱼得水、左右逢源,比如晚上送市中心让客人购物啦、为享用风味餐多绕点路啦都很好商量。到了关键时刻,司机或许还能帮你大忙。我在带团去贵州织金洞时就仰仗司机的机智和仗义,躲过一劫。

20来年前,那条道的治安情况远不如现在这么好。以致当地的司机看到我挂了个鼓鼓囊囊的腰包就不解地问:"去那里还敢带那么多钱?"

"不带在身上放哪里?"我并不在意。当汽车开进绵绵不绝的大山中时,每隔一段路就可以看到崖壁上刷着"狠狠打击车匪路霸""切勿轻易停车,警惕拦路抢劫"等巨幅大标语,心里不免有点发毛,转而又安慰自己:"总不会运气那么坏吧。"

汽车驶进一个两山夹峙的峡谷时,司机一连串的点刹,车速减慢了。就在减速的当口,司机急促地对我说:"有劫匪! 导游,赶紧把你的腰包给我,快!"

我向前方望去,百来米远的地方一棵大树横倒在路面,路上空无一人,"哪有什么土匪呀?"我说道。

司机二话没说,一把夺过我的腰包"扑通"一下扔进他脚边的铁皮大水壶里,又抓起一块油腻腻、脏兮兮的抹布扔了进去。没等我提出抗议,就见有十几个人从路边的灌木丛中跳了出来,为首的摇晃着手中的腰刀示意我们停车,我的心一下子抽紧了。

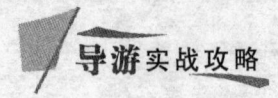

车停下了,车门打开后这伙不速之客分成了两拨,一拨围住汽车,一拨冲上了汽车,并问道:"哪个是导游?"

地陪是个年轻的女孩,我不忍心出卖她,只好自己站了起来。穿着一身黑衣黑裤的头领对我说:"我们是劫财不劫命,把钱交出来就没你的事了。不交钱就别怪我的刀快了!"

我一下子懵了,钱交出去吧,几万元哪;不交吧,家里上有老下有小,中间还有棵美人蕉——妻子,眼前这又是刀又是枪的怪怕人。就在我不知所措时,司机笑眯眯地站了起来,说道:"各位道上的大哥,不好意思,我们导游没带啥钱。"

"导游还能不带钱?"劫匪们挺在行的,"导游不交钱,我们就抢游客啰!"

司机一点也不慌张:"真的,我们是签单的,不用现金的。各位老大也是晓得的嘛,我常常在这条路上跑,要是骗你下次你就把我剁了。"

"那我的弟兄们总不能空着手吧。"匪首有点相信了。

"哪能呢,我这儿有瓶好酒,有条好烟,就送给弟兄们如何?"司机从身边的箱子里把烟酒都拿了出来。

劫匪却不乐意:"太少了,不行!"

司机就自作主张和劫匪商量:"这样吧,我们车上有40个人,咱们每人掏10元钱,算是请各位老大喝杯酒咋样?"

匪首想了想同意了,这事就这样过了,总算是有惊无险。回头想想这几个劫匪还不算太狠,司机十分有同感:"劫匪也就是闹口吃的。"领队是我的老同学,这钱也硬没让我承担。到宾馆后,我想用自己的导游津贴酬谢司机大哥,可是他坚辞不受,最后他急了还吼了一嗓子:"咱俩是哥们,你拿钱不是打我脸吗?"

在导游生涯中,我受司机的恩惠多着呢。我初出茅庐时曾经在杭州郊区的一个景点,因劝阻游客别买这里的伪劣茶叶而被几个摊主围殴,正在危急时刻,特种兵出身的司机远远地在车上看到了,飞步赶上前来三下五除二就为我解了围。

总之一句话,"人敬人高",你把司机当成自己的兄弟,司机也会把你当作自家兄弟。哥俩好,团队还会不好吗?

地陪担当成好事

当地陪是最辛苦的,但也是最能锻炼人的。做好了地陪,做全陪就能无师自通了。景点和途中的讲解,住宿、餐饮的安排,突发事件的应变等全是地陪无可推卸的工作。另外还有一层就是要处理好与全陪的关系。

▶▶▶ 成全全陪"做人" ◀◀◀

地陪是团队中重要的角色,既要热情周到为客人讲解和服务,又切切不可使客人认为他们的全陪是多余的人,若那样会让全陪很没面子。要知道,一个地接团的质量评估,除了客人的直接评价外,全陪的评价也很重要。尤其是为了保持好与组团社的长期合作关系,一定要处理好与全陪的关系。

要给全陪创造"露脸"的机会,让全陪知道你处处在树立他的威望。比如你想把比较好的客房让给客人领队,那么这个顺水人情就要让给全陪做,要这样说:"××领队,全陪说您一路很辛苦,所以要求我们在不增加客人经济负担的情况下,给您安排好一点的房间。这个房间原来是宾馆安排给全陪和地陪休息的,现在就请您在这里休息。"

或者在用餐时,自己掏钱让全陪长脸:"天气很热,全陪和我给每桌客人送一大盘冰镇西瓜。"这样客人和全陪都会感谢你。

反之,如果你的热诚服务使客人很满意,客人转而对全陪说:"你瞧人家地陪服务得多周到!"言下之意就是你全陪不如人家地陪好,你说全陪会没有失落感吗?

在讲解方面也同样如此,你自信自己的讲解很精彩,而全陪对此知之不多(这也很正常),如果你在讲解之前做这么一个铺垫:"咱们全陪是个优秀的导游,在这个景点的讲解比我好得多,但是一方面这是我的工作职责,另一方面全陪也很大度给我这个锻炼的机会,我就在全陪老师的面前班门弄斧了。不足之处请全陪老师指教。"如此既让客人领略了你的风采,又给了全陪足够的面子,岂不两全其美?全陪因此会更佩服你,这叫"人抬人高"。

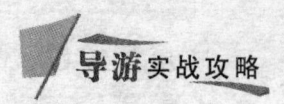

在经济利益方面不可欺瞒全陪,对客人要有诚信,对全陪同样也要有诚信。地球已经与时俱进成了一个小村庄,旅游圈子就成了一个小院。俗话说得好,"好事不出门,丑事扬千里",当欺骗这种缺德事传扬出去之后,就没人会看得起你。

▶▶▶ 诚让全陪"做事" ◀◀◀

地陪在某些方面承让全陪,做些小我的"牺牲",与全陪建立适度的私人友谊,对提高双方的配合默契度、提高团队服务质量大有好处,更有利于双方公司的合作。作为地陪尽尽地主之谊,在可能的情况下为全陪的合理私事提供帮助,都是应尽的义务。

我曾为山东一家旅行社的首发团做地陪,行程中有一个景点是杭州的净慈禅寺。为了给客人讲好佛教净土宗的三生九品,我带客人来到了寺院的最后一进佛殿前。这时从里面出来一个与众不同的法师,身着一件完全是用各色碎布拼缝而成的真正的百衲衣,身材和相貌都很奇特,眉弓突出而双目深陷,犹如国画大师范曾笔下的罗汉,鸡胸、驼背、肩膀还有点斜,活脱一个当年叱责大奸臣秦桧的南宋神僧叶守一,我从心底里感到这位法师有一种让人仰望的尊严。只见他用衣襟兜了一捧小苹果来到我跟前,说道:"导游,这些果子给你们吃!"

我把导游旗交给全陪,双掌合十向法师恭恭敬敬地深深鞠了一躬,然后把苹果分给客人,25位客人每人一个,法师的衣襟中还剩下两个,法师说:"这是你们导游的。"

几个团队混在一起,他只给我们苹果,而且一个不多,一个不少,那么巧。我和客人全都惊呆了!

旁边的其他法师对我们说:"你们这个团队很有福分的,我们这位师傅云游天下,目前暂时在我们寺院挂单。平时深居简出,今天主动迎接你们团队,真是很难得的。"

我知道今天我们有幸遇见真正的高僧了。净慈禅寺是济公活佛当年古井运木之圣地,客人也因此在嘀嘀咕咕地猜测是不是"济公再世"。这时一位在银行担任团委书记的游客叫了起来:"奇怪,真奇怪!"原来他因胃痛连早饭都没吃,现在一见法师送的苹果就想吃,一吃胃就不痛了。

如此一来大家都分外珍惜手中的苹果了,我也打算带回家让身体不太好的女儿吃。这时,全陪与我商量,希望我能把我的那个苹果送给他。开始我不太高兴,可当得知这是他为病重的岳母尽孝心时,就同意了。这让他很感激,回去大力宣传了我们旅行社,促使他们公司把原准备分给几家地接社做的十几个团队,全部交给了我们公司。

我带团去江西三清山,晚餐时客人自购的一瓶啤酒突然爆炸了,把客人的腿部炸得鲜血直流,而方圆几里唯一的一个小诊所医生早已下班关门了。正当我焦急万分时,三清山青旅的地陪从山上采来了草药,只见他把草药放进嘴里嚼烂了敷在客人的伤口上,立时止住了血,伤口也不那么痛了。由于草药的刺激,这位导游翻肠倒胃吐了好一阵,连晚饭都吃不下,当时我问他:"你知不知道这中草药刺激性很大?"

他坦诚地告诉我:"我家是中草药世家,对草药很了解,之所以选择这味刺激性很强的草药,是因为这味草药不但止血,还止痛,并且伤口好得快!"这件事让我和所有的客人都很感动,及时通过地接社对他进行表扬,我当即决定:今后来三清山,非他们公司地接不可!

做地陪,有一个行业规则不容违反,那就是绝对不能利用工作之便怂恿客人跳过当地旅行社直接跟自己的公司建立旅游业务联系,这是过河拆桥的行为。

全陪全责无小事

全陪的职责是监督和协调,好比古代军队出征时的监军,其工作全靠自觉性。尽责的全陪辛苦得有忙不完的事,除了尽自己的责以外凡是地陪该忙的事都有他一份;不尽责的全陪可以两袖一甩潇洒得无聊。不过客人心里有杆秤,全陪有几斤几两,他们全有数。俗话说"举头三尺有神明",这个神明就是游客。因此,把游客当"阿斗"的导游往往远不如阿斗。

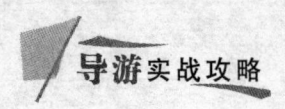

▶▶▶ 全陪有全责 ◀◀◀

不要以为有了地陪，全陪就不必在讲解上下工夫，在异地转移的途中，比如从成都往重庆的途中全陪总该有所发挥吧。即使有地陪在一旁，全陪也绝不是没有发挥的余地，比如台湾环岛游或者欧洲九国游的十几天中白天有一半的时间在车上，全陪难道好意思和客人一起"上车睡觉，下车尿尿"？那不成了一个免费的游客？

当然，全陪的发挥也要注意分寸，不能抢了地陪的风头。全陪和地陪在讲解中的关系很像相声表演中的捧哏和逗哏，要注意让地陪唱主角，全陪要有甘当配角的气度。我年轻时气盛好强，自恃知识丰富口才好，常常在旅途中喧宾夺主，弄得地陪灰头土脸。而一个真正的好全陪，应该是在地陪语短或者冷场时恰到好处地予以补台。对地陪讲解中的不足，应采取委婉的方式予以补充；对地陪讲解中的错误应该在合适的场合予以更正。

在生活安排上，全陪应该是拿大主意的主角。比如房间是否达标、餐饮是否符合客人的口味、购物点的安排是否违约等，全陪应坚决维护游客的合法利益，对损害客人利益的事决不姑息。

在贵州旅游安排中，常常会有参与少数民族风情文化的节目可供选择。我就曾经碰到过地陪和我商量，去某个少数民族村寨导游会有若干好处；而苗寨属于政府"旅游扶贫"的项目，导游没有分文好处。我认真思考后决定去苗寨，在与身着绚丽民族服装的苗族姑娘联欢时，我们看到了简陋的房屋和衣衫褴褛的村民，于是我们全团游客捐款捐衣，我干脆是穿着内衣回上海的。带队的校长很有感触地对我说："这个景点对我们的老师很有教育意义！"

客人出现了状况，不管旅行社有无责任，全陪都责无旁贷。客人出门在外，人生地不熟，有了问题不找全陪找谁？

在经济上，全陪不妨大度一点。全陪不管怎么说一份全陪津贴总是有保障的，而地陪的津贴一般比较低甚至为零，如果全陪在这方面斤斤计较会极大地损伤地陪的工作积极性。而且你在合理收入这一块卡死他了，就是逼着地陪动脑筋搞不合理的收入，如此极其不利于保障团队的质量。"皇帝不差饿兵"的道理大家都懂，得饶人处且饶人会让地陪对你的感激体现在对客人的服务上。我当全陪,与地陪见面的第一句话就是:"只要把客人服务好了,路上的好处我一分不要。"这就会让地陪和司机从心里敬重你,也必然会自觉做好团队的接待工作。

▶▶▶ 全陪要"义为" ◀◀◀

全陪一身正气,地陪即使心里有"小九九"也没法打。全陪有私心,游客利益极易受到损害。我们公司有个导游,带团境外游时,一者经验不足,二者抵制不住经济利益的诱惑,放任地陪误导客人参加质次价高的自费节目,客人发现上当后极其愤怒,导致我们这家大客户流失,公司蒙受的声誉和经济损失极其惨重!

尴尬时全陪要顶上。在商品经济的条件下,某些景点会把一部分区域承包给他人经营,这本无可厚非,问题在于不少承包者设下了损害旅游者的"陷阱"。按照潜规则,地陪不得不把客人带到某个"点",并由那个"点"的人员讲解。而这些"点"往往披着宗教的外衣,让你产生敬畏感而不敢抗拒。那些所谓的"导游"诱导的结果必然是高价算命和高价高香,最后以"遭报应"来胁迫游客掏钱,从数百元到数千元不等,严重侵害游客的利益。

遇到这种情况,地陪他们是当地人,要理解他们无法抵御潜规则的苦衷。全陪顶上自己带就可以避开陷阱,这就要求全陪有高度的责任心和丰富的讲解知识。

在西部某知名古城的某大院里,有假道士在必经之道为客人讲解并诱导算命。每次到这里我就让地陪躲开自己带,有一次一个落在后面的客人被"道士"搭住了。我知道后连忙赶回去请客人归队,客人却不敢,我知道她已经中套了。于是根据自己的经验说了一套算命词,结果"道士"尴尬得脸上又青又白,客人惊讶地张大了嘴巴:"导游,你真神了,和这位师傅说的一个样。你怎么也会算命?"

"我和这位道兄同出一门。"我开玩笑说。

"道士"见我搅了他的生意,很生气地要客人付600元算命费才能走人,否则要用咒语惩罚我们,并称自己是有法术的全真教传人。我便掏出50元钱放在他的算命案桌上,说道:"这位道兄,天气这么热,这是兄弟我敬你的一点茶

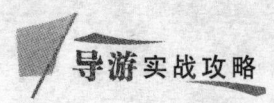

水费。不过以后当'全真教传人'时,拜托别戴瓦片帽,那是正一教的。"

当然,最好是别与他们发生冲突,以免节外生枝。但是当客人的利益受到侵害时,导游不能装聋作哑。

关键时刻全陪一定要挺身而出——20世纪90年代初,成都往九寨沟的路是一条经常塌方的沙石路,有一次在越过塌方处时,尖硬的石块把旅游车的水箱刮漏了,情急之中我用口香糖和女同志的长筒丝袜绑住了口子,但还是不能彻底解决漏水问题,在一个山高水险之处汽车终于抛锚了。车上的备用水包括饮用水都已全部用完,唯一可取水之处是在几十米陡坡下恶浪汹涌的岷江。司机拿起水桶要往下爬,我坚决不同意,这段陡坡全是松动的沙石,时不时地有西瓜大的石头往下滚落,万一司机有个意外,那我们一车人不是饿死也要被冻死在这荒山野岭之中。我看了看地陪,这个年轻的小伙子已经吓得脸色发白了。于是,我把装有机票和钱款的腰包交给了地陪,说道:"你发誓,万一我掉进江里了,你必须要把客人带到武汉。"地陪发了誓后,我用绳子把水桶绑在背上,冒着被滚石砸进岷江的生命危险,艰难地爬到江边取到了"救命水"。当我背着"救命水"一身汗一身泥地爬回公路时,全体客人都站在路边迎接我,司机感动地说:"张导,你真是个爷们!"军人出身的上海高南水厂厂长蔡惠君先生一把抱住了我:"小张,我的好兄弟!"从这以后他厂里所有的旅游都交给了我们公司。

另一次是去中国最大的红叶风景区四川理县,在海拔4 700多米的鹧鸪山区,突遇暴风雪,狂风暴雪把沟沟坎坎的山道填得一平如展。因是秋季,汽车没装防滑链,车轮一个劲地打滑,司机不敢开车了,生怕一不小心掉下万丈深渊。更要命的是气温骤降10多度,车上没空调,司机穿得单薄,此时手脚都冻僵了。我毫不犹豫地脱下羊毛衫给司机穿,然后在积雪盈尺的山路上,艰难地一步一步蹚雪探路,地陪和几位男游客在后面推车,终于众志成城度过了险关。事后,客人问我:"导游,难道你不怕一脚踩空,掉进万丈深渊?"

"当然怕!怎么会不怕?但这是我无法回避的责任。"

在生命危险面前,能义无反顾地把安全的砝码放在了客人的法兰盘中,那么在金钱面前,还会放错道义的砝码吗?

实务篇

随机应变解难题

导游带团中时时处处可能遇到意外的变化,及时报告公司是必须的,但往往远水解不了近渴。根据实际情况当机立断、机智应对同样是导游的基本技能,因此仅仅讲解能力强、服务水平高是远远不够的,应变能力的重要性在紧急时刻要在讲解和服务之上。虽然不可抗拒因素使旅行社和导游不用负责任,但是一个有责任心的导游必须依靠自己的定力(遇事不慌)和能力(随机应变)把对游客、对公司的不利因素降到最低程度。

▶▶▶ 交通应变 ◀◀◀

交通变故是令导游最头痛的,而且是整个旅游链条中发生率最频繁的难题。道路障碍、汽车故障、航班晚点以及火车座位、铺位缺失等都可能成为导游必须自解的难题。

我曾经带团从成都去九寨沟,从汶川到茂县的40余公里路耗费了十几个小时。途中遇到了天灾——大塌方,从施工人员的口中知道清障大概需要七八个小时,让客人在局促的车厢中干坐这么长的时间简直是一种煎熬。我打听了一下,知道公路附近有个空关的藏民小学,于是拉上我的藏族地陪格桑尼玛,与看门人商妥,花100元让我们的客人在里边休息一下。

我们的客人到了那个藏式木楼中,悠闲地坐在那里,喝着藏族阿波拉(爷爷)给我们煮的香喷喷的酥油茶,看着公路上堵成一条长龙的车队,一个劲地夸奖我们两个导游能干。阿波拉的两个孙女还为我们表演了藏族歌舞,乐不可支的客人还和美丽热情的藏族小姑娘围着火塘跳起了锅庄舞。

祸不单行,从九寨沟回成都的路上又遭遇了人祸——一辆盗运原木的载重卡车侧翻在公路上,车身和滚落一地的原木挡住了整个路面。此时已经入夜,要公路局来抢通必须等到天明,气温已经降到零度以下,绝不能让客人在路上冻一夜。我和格桑两个人光着脚蹚过路边漂着浮冰的浅河,摸黑走进附近的回民村寨。和他们一沟通,几位膀粗腰圆的回族青年牵了两头牦牛带上绳索,帮我们把考斯特旅游车从河滩牵拉绕过翻车点,重新上了公路。我掏出

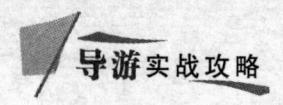

500元人民币,他们只抽了两张,这让我感慨至今。

这次九寨沟之旅,我们遭遇了天灾人祸,甚至连闻名遐迩的黄龙都没有时间去,结果通情达理的客人不但没有因为耽误了行程而埋怨我们,相反还写了热情洋溢的表扬信,赠送了锦旗。

越南的下龙湾素有"海上桂林"之称,但是从中越边境友谊关到下龙湾的公路却十分不堪,路面颠簸狭窄大型车辆无法通行,我们一行30余人只得分乘两辆中巴。在返回友谊关的途中后车翻车了,我接到后车的地陪报告,尽管游客受伤情况不是太严重,但我也丝毫不敢松懈。先把前车的游客安顿在边关小镇一家茶室内,让游客边品茶边观看越南歌舞,自己立即带车赶往出事地点,把游客送到小镇唯一的一家袖珍医院。

小小的医院官气很大,午休时间不看病人,哪怕是急诊也不行。我只得拉上越南地陪,给外科和透视室的两位医生每人塞了一张"老人头",人民币在越南是硬通货,当地人把它叫作"亚元",看在"老人头"的面子上,两位医生才肯屈尊提前上班。

在透视室里,那个越南男医生一定要我们的客人脱光上衣后才给拍X光片。男游客问题不大,可是女游客就很尴尬了,最后我又给了他100元,总算保住了每个女游客的尊严。经检查发现除了一位男游客锁骨骨折、一位女游客肩胛骨轻微骨裂外,其他人都是皮肉伤。

从友谊关到北海还有好几个小时的车程,我把旅游车第一排四个航空椅椅背放倒,让两位受伤最重的游客尽可能减少颠簸的痛苦,同时通知地接的北海青旅暂缓付给越南旅行社团款,并请北海市人民医院最好的骨伤科医生,给我们有状况的游客再做一次全面的检查。北海青旅的领导十分重视,不但找到了最好的医生,还为全体客人安排了一顿海鲜大餐。

回上海后,我请了卓有名望的上海市中医医院骨伤科主任为锁骨骨折的客人治疗,并多次到医院去探望,用真诚取得了客人的谅解,在结账时没有扣我们公司一分钱的团款。

在四川理县一条海拔4000多米的盘山公路上,一辆成都军区的卡车和四川电视台的采访车发生了碰撞。因为交通实在不便,交警至少要两个小时后才能赶到山上,眼看天色渐晚,在海拔四五千米的崎岖山路上开夜车,危险太大了。我决定狗拿耗子管一下闲事,我联合了在一旁围观的司机们,听两边的司机陈述情况——开军车的是一位没有驾照的新兵(班长坐在副驾驶座上指导),采访车则是借道超车。我把情况写下来,请周边的司机们都写上了自己的单位和本人姓名以及联系方式,留给双方各一份以供后来的交警处理事故时参考。然而两边的司机都很牛,均不肯挪车让路。

可时间不等人哪。本着"游客的生命安全高于一切"的原则,我当即指挥众人把采访车抬到了路边,堵在两头的几十辆车开始松动了,司机们竖起大拇指对我说:"多亏您挑头。导游,谢了!"

亲眼目睹我处理交通事故的游客很是感慨:"你的外表看上去很儒雅,想不到处理紧急事情么么果敢,否则我们要在山上熬夜了!"

"谈不上果敢,这样的事情遇到多了,我只是在尽一个导游的职责。"我淡然地说道。事实上,我们导游不但是知识上的杂家,而且还是处理意外事件的专家。

赶飞机或者火车必须有充足的时间提前量,否则路上发生意外情况要误大事的。我就曾因没有考虑到路上可能发生的意外情况而预留充足的时间提前量,以致当两辆汽车追尾堵住越江隧道后,我们的旅游车被卡在隧道中进退两难。这批客人是要飞到乌市然后转机的,一旦误机整个行程将被彻底打乱,而且城市道路堵塞是否属于"不可抗力"是有争议的,旅游公司完全可能因此遭受重大的信誉和经济损失。

被逼无奈的我,只好紧急收集了客人的身份证,关照司机在事故解除后尽快赶到机场,并关照全陪:实在不行就把游客带出隧道,分批乘出租车赶往机场。我自己则徒步跑出隧道,在路口拦了一辆摩的赶往机场抓紧办理了登机卡(根据我的经验,有四十几位办理了登记卡的乘客未登机,飞机一定会等候的),果然,这班飞机等了我们客人半小时左右。作为一个导游,我尽职了;但作为一个公民,我却做得很不对。从此以后,我带团赶机、赶火车都预留了充足的时间。

我们带旅游车到一个陌生的城市,事先的功课一定要做(根据最新的地图设计最佳行车路线),这样即便司机路线不熟,导游也能胸有成竹。进入路况特别复杂的城市,与其满世界乱找,不如找一辆出租车带路省事省力。当然导游绝不能对客人说:"对不起,我没来过这里,不知道路。"那样客人就会认为旅行社对他们不负责任而反感。比较妥当的说法是:"现在的城市建设发展真是太快了。以前说一年一变样,三年大变样;现在是年年大变样。才两年没来,又是旧貌换新颜了!"这样,客人就容易理解和接受了。

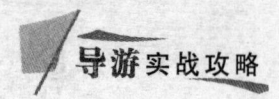

汽车发生故障是常见问题,如果短时间不能修好就需要导游先报告旅游公司,然后当即处理;如果离景区较近,可请其他导游帮忙(一般来说导游之间都愿意帮忙的),先用他们的车抽空短驳到景点,让景点讲解员带客人先游览,导游则可处理相关事宜;如果离住宿宾馆较近,可请宾馆紧急调车应急。如果离景区和宾馆都很远,那么最好的办法就是找事故发生地的旅游车队租车。

如果汽车能抢时间修好,可请司机赶往下一个景点或者到宾馆等候,否则就要求车队另外派车连夜赶到宾馆。这样,第二天团队就能正常进行旅游了。有时候司机为了减少自己或者车队的经济损失,会把大问题说成是小问题甚至没问题,这就需要导游坚持原则了,凡是发动机、发电机、空调机有问题都不是短时间就能修好的,必须换车没商量。否则一而再、再而三发生问题,肯定要"翻团"。

有经验的导游都会在最后一个游客下车后,再和司机结算车费。这样旅途中间发生的问题(包括司机的服务态度)解决的主动权就在导游手中。如果钱都交到了司机手里,就等于把难题交给了旅游公司,而一个合格的导游一般来说是不应该把问题(无论是客人的还是司机的)带回公司的。

带汽车团,需要我们导游随机应变的事情很多。我们公司的一位导游带团乘汽车往黄山,结果半道上一座桥被洪水冲垮,走省道往下游绕要多走上百公里。不得已绕道山区寻找上游的一座桥,结果在大山中迷了路。夜色中,聪明果敢的导游在一个小山村找到一位认识路并愿意带路的村民,顺利地把客人带到了黄山的宾馆。

中国是一个有自己特色的地方,因此千万别以为有了协定就可以高枕无忧。贵州荔波的水景天下无双,我因此曾经大发"荔波归来天下无水"之感叹。从荔波回贵阳走铁路只能从麻尾出发,那时一天只有一班火车四十几张座票,且被铁路部门所垄断。有次我的地接社已经事先预订了从麻尾至贵阳的座票,但是同一天当地铁旅也有个团,就占用了我们的座票。无奈的地接导游一直拖到上火车前才塞给我一把无座票,使我毫无回旋余地。让四十几个游客在火车上干站四五个小时,这是无论如何无法对客人交代的。我对客人讲明了情况,并以人格保证他们不会站到贵阳,无奈而愤怒的客人将信将疑地上了火车。

在列车长处确认绝对无座票后,我立刻和她商量在午餐后让我们的客人在餐车休息,列车长被我的执著所感动,破例同意了我的请求,并且只象征性地收取了300元茶水费。结果我们四十几个人,在餐车里打牌的打牌,看报的看报,聊天的聊天,喝茶的喝茶,比有座的乘客还要潇洒。到了贵阳后,领队对我说:"导游,你一路太辛苦了。这样吧,火车上的茶水费我们承担。你别坐火车了,和我们一起飞回上海吧,机票我们公司承担。"

我带上海雷允上医药公司的一个团队去北戴河旅游,是我导游生涯中最艰辛的一次。原计划是卧铺,结果原订卧铺票被有关部门临时抽掉了,在客人行程无法更改的情况下,票务只得拿回来一把无座票。因为公司里最重要和最困难的团队总是我去带,这次我又怀着忐忑不安的心硬着头皮上了团,上刀山下火海只能由我一个人来扛了。

我知道每趟列车都会有一些保留票供部队、公安等特殊单位临时执行紧急任务使用,于是先把卧铺订票单的复印件给满脸愠色的领队看了(证明了我们旅行社的无奈),请游客暂且站在靠近卧铺车厢的硬座车厢里,然后带了两位游客挤到8号车厢的列车长办公席。我揉乱了自己的头发、弄皱了自己的衣服,活脱一副焦头烂额的模样,请求列车长的帮助。女人天生就富有同情心,她给我补了4张卧铺票,告诉我这是她仅有的4张票了。有了这4张票,我们客人就有了暂时的栖身之地了。我请一位游客把团队带到卧铺车厢轮流休息。

为了表示感激,我掏出了自己画的几个扇面。她很懂画,选了我入选"文革"后"上海市首届青年中国画展"的《京口三山图》。有了画为媒,接下来我了解了镇江、南京、蚌埠、徐州等各站下车的卧铺号,请求列车长把各站没有售出铺位全部留给我。火车过了徐州后,仅有4位客人没有铺位了。列车长无奈地告诉我:"我要下班了,实在没法再帮你了。"

看到交班的列车员,我又央求列车长能否在列车员的宿营车厢给我调剂几个铺位。她真的为难了:"没见过你这么难缠的导游,看在你尽心尽力为游客服务的分上,可以把我的宿营铺位让出来,其他的我要去商量。不过宿营车要保持安静,不能影响列车员的休息!"

结果她不但解决了客人的铺位,连我的铺位也调剂出来了,但是我没要我的铺位。当客人知道我为他们每个人争取到了铺位,而自己却在拥挤不堪的硬座车厢里从上海一直站到山海关后,都感动地说:"导游,本来我们对你们公司意见很大,但是看到你这样掏心掏肺地为我们服务,我们什么都不说了!"

我等的就是这句话。没有这句话,这次北戴河之旅必定一路坎坷。

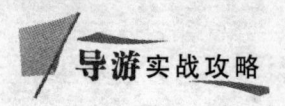

▶▶▶ 住宿应变 ◀◀◀

有时可能会遇到宾馆位置偏远或者设施有问题以及不可抗力的因素,造成客人的不满。一个好导游应该尽力降低乃至消除客人的不满情绪。否则会严重影响公司的利益和声誉,甚至造成客户流失。

我曾带团住在一个位置偏远但环境秀丽的山庄里,开始客人埋怨住得太偏。我这样劝导客人:"旅游的特质就是享受新奇和美好。因此我们旅行社把农村的游客安排在城区,而把城市的客人安排在景区。各位都是来自于大城市,习惯了大都市的喧闹。我们住在这里,你明天早上就会在小鸟的呢喃中而不是在汽车的喇叭声中醒来,你推开窗户看到的是满目的青山而不是灰色的水泥森林。你就能体会到旅游生活的惬意和美好。"

客人接受了我的劝导,没想到晚上空调线路被电力部门拉闸了,30℃以上的气温让客人实在无法入睡,纷纷到前台投诉,前台却无可奈何。按理说,这种情况我们导游没有责任,然而我一直为此而操心。最后和宾馆达成了一个补救协议——免费开放游泳池供我们客人纳凉,把卡拉OK音响设备搬到游泳池边免费使用,我又叫上宾馆经理开着车陪我到镇上买了很多西瓜让游客免费享用。结果全团客人尽情地唱啊跳啊一直玩到午夜天气凉快了才回房休息,不但没有一句怨言,反而一个劲地向我道谢。我用了心,只花了一丁点儿小钱就买回了游客的大满意。

最惨的一次,我带了两部车九十八位客人到南京住宿,因为当时传真机和程控电话都没有普及,住宿预订一般都是依靠长途电话局转接的电话双方约定。当我们用好晚餐赶到石门坎的那家招待所时,却吃了闭门羹。原来这家招待所当天接到了一个住七天的大型会务团(我们只住一个晚上),权衡利益就拒绝接受我们这个团。怒气冲天的全陪叫嚷:"不行的话就住金陵饭店!"幸亏我的工作习惯是把一切搞定后再请客人下车,因此我当机立断宣布免费增加一个夫子庙夜游的节目,客人很高兴地跟着另外一位导游走了。

因是旅游旺季,我在电话亭打了一通电话找不到能容纳近百人团队的住宿地。情急之中我想起了南京军区125疗养院,它们的招待所客房肯定是客满了。然而,我听说过它们新建了一栋病房大楼,于是抱着唯一的希望向它们求助。

125疗养院的环境很优美,团队餐质量也相当不错。因为没有回扣,导游一般不太愿意把团队餐安排在那里。而我是常客,即便不住在那里,只要是游览南京东郊三陵我都会带团队去用餐,因此从院长到所长、炊事班长对我都特别好。

值班的刘所长和任助理员接到我的紧急求助电话后,先斩后奏按我的请求在尚未启用的"住院部大楼"门匾上贴上了"为人民服务"的大红纸,并让护士撤除了相关楼层的氧气瓶和打点滴的支架。一切安排停当后,我们两车人黑灯瞎火地驶进了疗养院。夜已深,人已累,看到又新又干净的房间、雪白崭新的被褥,客人十分满意。

就这样,一个完全可能"翻团"的意外事故,被悄然消除了。旅游公司没有为此多花一分钱,最后还收获了一面锦旗。当然,我之所以能够自如无碍地处理好这个事故,主要得益于我平时良好的人缘,以及精彩生动的讲解和热情细致的服务得到了游客的认可。所以"做事先做人"还真是一个颠扑不破的真理!

为提高游客对客房的满意度,导游领取房牌时,在不增加费用的前提下尽量多要景观较好的房间,有些超大型宾馆有内景房(窗户或阳台向大堂内区)和外景房(窗户或阳台向园区),尽量不要内景房。为了拿到好房间,一到目的旅游区域时就及时通知前台,说明自己的团队已到达,会马上来领房牌并提出对房间的要求,请对方预留房间。否则到晚上去领房,就只剩下鸡头鸡脚的房间了。遇到重要的团队,如果可能,在客人自由活动的时候,打的去宾馆先把好房间抢到手也是一个办法。当然,平时与销售部和总台工作人员建立了良好的私人友情,那么只要在接到任务后一个电话就都搞定了。

▶▶▶ 景点应变 ◀◀◀

在市场经济的现实中,一些景区为创收经常搞一些什么"展",以前提价前会通知各地旅行社,现在旅行社太多了通知不过来,一些景区便闷声不响大提价。这对个人游客没什么,对团队问题就大了,因为团队的门票价都是事先约定的。如果旅行社在签合同时没有对景点的临时涨价有约定,那么就完全靠导游补救了,否则一个三四十人的团队,门票差价动辄就是上千元。

景点的临时展有"灯展"、"花展"乃至"冰雕展"等,其中应时花展是最常见的,如春天的樱花展、牡丹展,夏天的荷花展,秋天的菊花展,冬天的梅花展等。因此,只要我们导游对花卉知识有足够的储备,应对此类展览还是游刃有余的。

在一个景点,我遭遇了临时的"荷花展",每人需增加30元的参展费用,一个团队50人不是个小数目。景点是必须去的,否则就是违约。但是怎样让客人高高兴兴地承担这些增加的费用呢?好在我本身就是一个园艺爱好者,于是就这样开了口:

  古人说,贵人出行必有神助。我们今天太幸运了,能够亲眼观赏这与众不同的荷花展。我们都知道,荷花又称莲花,是佛教中的神圣之花,佛和大菩萨都以莲花为座。因此,我诚心祝福各位与佛有缘,一生平安,善哉善哉。

  我国著名作家朱自清先生写过一篇脍炙人口的散文《荷塘月色》,把月色下的荷花之美写到了极致,那么今天我们就有幸欣赏一番,阳光下的荷花别有风韵的美丽。

  朋友们,我之所以为各位的幸运而庆贺更在于我们今天能欣赏到从日本"留学"归来的千年古莲。当年鉴真大和尚东渡日本弘扬佛法,带去了佛教的圣物莲子。这些莲子随着佛教在日本的传播而在当地生根开花,经过长时间的演变,这些荷花竟然和日本的国花樱花(早樱)浑然一色,洁白中带一点似有似无的胭脂色,极似一位浴后淡妆的美女,日本人民非常喜爱这种荷花便把她唤作"舞妃"。由于这种荷花对生长的条件要求比较苛刻,因此在我国是很难见到的。今天,我们非常幸运,能一睹"舞妃"的芳容。

  各位,如果你们自己来,每人要增加30元;我们旅游团队,可以享受七折,因此每位只要补交给我21元就可以啦!

不用我多说,每个客人都喜滋滋地补交了荷花展的门票。如果导游不具备必要的花卉知识并且巧妙地运用旅游心理学,那只有两种结局——要么客人不交,旅行社吃亏;要么客人勉强交了,心里不高兴。因此,每个导游都应该在常规的旅游知识外,再多多汲取应时花卉、盆景和灯彩知识,能从容应对各种景区的各种展览了。

  一个优秀的导游,必须具备于平凡之处妙笔生花的能力。景点中,导游如果能随机应变借题发挥，往往能提振游客的游兴。上海郊区的某游乐园，为显示气势的恢宏，从门口到主景点中间设置了一个大型的欧式花圃，花圃的两边是两条人行通道，一条两边栽种了棕榈树，另一条栽种了银杏树。每当客人到了这里，总会对被迫绕半个圈颇有微词。而我，会恰到好处地征求客人意见："朋友们，在我们面前有两条路，一条是棕榈大道，寓意'终身伴侣'，象征着美好的爱情；另一条是银杏大道，银杏树的寿命可达千年，因此这条路又被称为'长寿之路'。我们走哪一条好呢？"

每当这时，老年人都会选择"长寿路"，而年轻人都会选择"爱情之路"，我呢，则会这样调和客人的意见："人的一生，总是先享受爱情，再追求健康长寿。因此，我们先从爱情之路进去，回来时再走长寿之路，好吗？"游客无不连连称好。

一些景点会因故临时关闭，这就需要我们导游时时关注重大时事新闻，如果有重要人物视察某地，而你又恰好在某地带团，那么必须提前了解一下相关景点开园情况，否则长途奔波却吃上闭门羹，客人是很扫兴的。万一遇上了，则可以打个时间差；如果没有时间，那么报告公司，征得客人签字同意后，换一个类似的景点也是一个选项。

旅游购物须多赢

购物是旅游六大环节之一，也是让游客诟病最多的——其中有商家和导游的急功近利，也有被夸大的因素。从旅游业态来讲，购物能够有效地促进当地经济发展、改善民生，同时也是游客心理和物质的双重需求。因此，没有购物的旅游是不完美的。比如江苏昆山的千灯古镇，历史文化积淀深厚而景观丰富，但是最初的规划建设为了保持景区古朴的文化氛围，避免商业化气息过浓而严格限制商铺，以致整个景区只有一家卖面条的夫妻小店。前去游览的客人对景点的观瞻性赞不绝口，同时又因为无处购买土特产而大感遗憾。后来景区管理层听取了旅游业同行的建议，适度开设专卖土特产的商铺，在游客满意度大幅度提高的同时，地区经济也因此而获得大发展。

诱导购物的行为是不能容忍的,其在损害游客利益的同时也极大地损害了旅游行业的声誉。比如,购买一条所谓的"蚕丝被"所给的回扣竟有百元之多,其中的蚕丝是天然的还是人造的就大有疑问了。

一个恪守职业道德的导游切切不可诱导客人购买质次价高的"旅游商品"。在购物环节中,如果实在难以做到"货真价实",那么"货真价适"就是必须坚守的底线。

▶▶▶ 取之有道 ◀◀◀

南非的钻石、斯里兰卡的宝石、韩国的化妆品、日本的家电等我们暂且不说,我国的特产令人瞩目的举不胜举,如果本着"游客第一,服务至上"的精神引导游客购物,那一定会是游客、企业、导游三方得利的皆大欢喜。

对于购物,在确保商品质量的前提下,导游收取合理额度的佣金可以理解,但是回扣就不可取了。按我个人的理解,佣金是商家的让利,因而价格不会高于市场价,没有损害客人的利益。而回扣则是在原价基础上的加价,必然损害客人的利益。

譬如台湾地区的高山有机茶,因其茶汤清澄、口感柔润、回味甘甜尤其是无农药重金属残留而大受游客欢迎,虽然价格不菲,但购买者众多,地接旅行社往往以此作为购物点之一。去的次数多了,我就发现一个问题,同样产地、同样品种、同样等级的茶叶在埔里城区要比山上的茶场每斤便宜近千元。于是在出团前开说明会时,我会对大家讲明情况,并允诺届时会带大家到埔里城区购买价廉物美的台湾高山有机茶。这样,我个人会少一块收入,但客人可以在购买茶叶的环节上节省30%的支出,这个账肯定划得来。必须注意的是,不能当着地接导游和司机的面"揭黑",否则会使他们心生不满而降低服务质量。

去云南旅游,购买翡翠是一项重要的内容。当地宰客的商家不少,我做新导游时就被宰得痛不欲生。后来专门研修了宝石鉴别技术,才有能力保护自己、保护游客。根据我多年来的经验,云南地矿局属下的宝石商店确实不错,在那里购买的玉器,到上海价格要翻很多倍。必须注意的是,如果自己没有过硬的鉴别技术就千万不要主动为客人挑选玉器,否则万一客人买得不如意就会迁责于导游。

然而为了赢得重要客人的信任,在充分掌握商品知识的前提下,购物不失为一个很好的机遇。我就曾经为一位领队挑选了一个翡翠手镯,价格为1500元。当时,领队半开玩笑地说:"导游,你不会宰我吧?"我很认真地回答她:"如果你什么时候后悔了,可以3000元卖给我!"

回上海不久,她打电话给我,我故意抢先说:"您后悔了吧?明天我带3000元过来,您把手镯给我就行了。"

她在电话里笑着说:"3000元就想买我的手镯?导游你也太黑了!我到上海的珠宝店托专家看过了,市面上8000多元的,水色都远远不如我的好。什么时候你再去云南,还帮我带几只回来!"

我却趁热打铁:"当然没问题,购物本身就是一种享受。贵公司不是要请客户吗?不如再走一次云南,下次咱们不走昆明、大理、丽江了,咱们走保山、瑞丽,又泡温泉又买翡翠怎么样?"

"OK!"一只翡翠手镯套牢了一单旅游业务。

南京的瘦肉型盐水鸭闻名天下,因此每当旅游团队在南京用餐时,我会自掏腰包每桌送上半只,客人品尝后都会赞不绝口,并激发起购买的欲望。我就建议客人到夫子庙自由活动时自己购买,并告诉他们市场价一般在每只40元左右,但是如果数量多并且会讲价的话,可以30元买到。但是商家给客人的团购价绝不会低于35元,因此客人直到上车都不会自己购买的,他们会要求导游代购物美价廉的盐水鸭。此时,我就顺水推舟地打电话请商家把鸭子送到旅游车上,这样客人每只至少省了5元钱,司机和导游则获得了合理的佣金。这样的购物就达到了预期的双赢。

杭白菊,在高速公路的休息站100元4罐,在购物点也是同样的价格,因此这样的购物不构成对游客的损害。之所以不少客人抵触购买杭白菊,主要是因为很多导游不懂游客心理学,缺乏语言艺术或者不懂双赢定理——我看到不少导游这样奉劝客人购买杭白菊:"拜托大家到那里喝杯茶点个人数,让我们司机和导游签个单拿个人头费。我们工资很低,请大家帮个忙,谢谢!"如此乞讨式的语言能激发客人的购买激情吗?何况客人会想,你们的人头费肯定是从我们身上克扣的,因此即便是勉强下了车,多半不会购买的。

如果我们这样宣传:"我们都知道每个人每天应该喝2 000毫升水,喝这么多的白水无疑是一种折磨。于是我们喝茶,但是除了明前茶、雨前茶以及高山野生茶,几乎所有的茶叶都农药残留超标,并且到四泡以后,茶叶中的重金

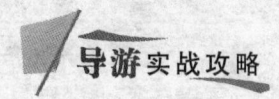

属会析出,这样喝茶就变成了喝农药、喝重金属。真是坑爹呀!

"但是杭白菊就不同了,它不用打农药,不含重金属,而且具有明目、养肝、清热解毒功用,如果加上一些枸杞子泡水喝更有补肾养颜的功用,何况杭白菊又比茶叶便宜得多,无愧为价廉物美的养生饮品。

"今天,我们不但可以免费品尝菊花茶,还可以享受别的旅游团队没有的优惠,100元可以买到5大罐!"

每次我这样说了之后,客人都兴高采烈地狂买杭白菊。那么这多出的一罐杭白菊哪里来呢?从导游的佣金中扣呗!如此导游只奉献了一点点,就获得了游客、企业、导游三得利的皆大欢喜。

▶▶▶▶ 舍之有义 ◀◀◀◀

李嘉诚有句名言:"如果合理利润是11%,我只取9%,那么就会财源滚滚。"同样,我们导游要有适时舍去合理利益的气度,这样定能因之而客源滚滚。在必要的时候,导游放弃该得的佣金让利给客人,是一种目光长远的"义举"。

上海市一家大型运输企业委托我公司做一个会务团,除了在讲解服务、饮食住宿上精心安排外,在购物上我也做了全部让利。当会务组要求按市场价代办数百份盐水鸭、香肚等土特产时,我放弃了自己应得的数千元佣金,按他们难以想象的底价与之结算。对一个国企来说,数千元的钱款只是九牛一毛,完全可以忽略不计,可就是这么不起眼的一笔小钱,让它们认可了我们公司的品质和我们导游的人品,以后它们连员工的疗休养和旅游都交给了我们公司。

峨眉山的天麻是一种治疗头痛和肢体麻痹的中草药,然而因品种不同和种植环境及年限不同,疗效大相径庭。由于竞争激烈,一些不法商家就用给超额回扣的手法,拉拢导游带游客去购买,更有甚者把明胶注入天麻充分量。至于游客,人生地不熟全凭导游引导,不少导游选择的是回扣高低,而我选择的是货真价实。

市场上供应的天麻一般都是种植在大田里一年生的,生产成本较低,利润空间很大,给导游的回扣就很大方。唯独报国寺旁边一家药铺的天麻价格比人家贵,而且没有一分钱的回扣,因此基本没有导游问津。我懂一点中草药,知道他家的天麻是种植在山林中的,而且都是3年生的,疗效远比其他天麻好得多。

有时游客不理解我为什么建议他们购买这种比别家贵的天麻,我就会告诉他们:"天麻每生长一年就会在块根和茎蔓的交接处(俗称芦头)上留下一个圈,因此芦头上有几个圈,天麻就生长了几年,生长的年限越长,疗效就越好。和移山参一样,移植在山林中的天麻,由于接近野生自然环境,生长缓慢,疗效却远比种植在大田里的好,这就是它贵的原因。"

听了我的解说,游客大为感叹,他们想不到一个普普通通的导游,对中草药竟然这么有研究。客人回去后,很多还会特意打来电话表示感谢,并托我有机会再替他们代购。后来去的次数多了,药铺会送我一些上好的野生天麻,每次我都转送给领队或重要的客人。我带团去峨眉山好多次,却从来没有从天麻和其他中草药上获取一文钱的个人利益。

当然,我也有收获,那就是游客对我的认同和赞扬。一位在市级医院担任领导的游客对我说:"导游,我们都是内行,看得出你是真心真意为我们游客着想,否则你犯不着这么费心费力地讲解天麻知识,图钱的话只要把我们客人领进有回扣的地方,自然有人替导游忽悠游客。"

除了讲解服务的尽心尽职以外,在游客格外敏感的经济利益方面,甘愿做出大度的"舍",往往能有效地提升游客的认同感。我的每一次"舍"都赢得了客人的高度信任,以致后来客人到公司门市部来洽谈旅游业务时,往往会这样说:"只要张松青导游带团,其他都好说!"

最让我感动的是,上海港务系统的一家国企到太湖边的鑫湖度假村开年会,总裁临时有急事回上海。临走前,他当着财务总监和众多的部门经理这么说:"我不在,一切听张导的。如果没有张导的同意,任何费用都不准报销。"

我认为这样不妥当,这位总裁却感慨地说:"张导,我们交往这么多年了,我完全相信你的人品!"

其实这位老总开始到我们公司做团时,十分小心,每一笔支出都要他的财务仔细审核。而我,则连每一笔餐饮、每一次购物的回扣率都详细列出上交,这让他感觉很好:"我还没见过一个导游把完全可以隐瞒的回扣交给客人,这个朋友我交定了。"

以后,只要是我带的团队,他只要一个"总数"。出于对我的信任,他还介绍许多大型国企的老总成为我们公司的客户。

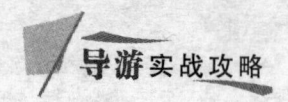

电力系统的一家客户,长期指定我当他们的导游。除了优秀的讲解和优质的服务外,对他们的团队,我还实行"三不主义",即不拿回扣、不拿小费、不拿礼品,给他们留下了深刻的印象,我并和他们党政工三套班子的领导成了好朋友。

由于体制关系,我们旅行社员工的福利非常差。他们知道后,每年夏天派人到我们旅行社发高温费和饮料,这让同在机关大楼办公的其他部门员工大跌眼镜:"客户给旅行社发高温费,全上海罕见呀!"

舍弃应得的利益是一件小事,但"勿以善小而不为",一个紧盯着眼前利益不放的导游,注定成不了大事的!

导控团队有窍门

根据游客的特质,一般都认为游客分为团队和散客两大类,其实不然,还有一种常见的形式就是"团队型散客"——这种类型形式上是团队而实质上更接近于散客,比如各类协会组织的会务、考察、产品发布、招商等,虽是一个团队,但是成员之间很可能互相不熟悉。

散客的特点是没有组织性,也不太会有统一的意志;团队的特点是有组织性,也有统一意志;团队型散客的特点就是他们的组织性和意志都依赖于导游和领队的共同维系。

根据游客的数量,分为单车团和多车团两大类。本小节中我们以单车团队和多车团队为基本框架,结合团队的不同特质加以探讨。

▶▶▶ 单车团重在氛围 ◀◀◀

在致欢迎词后,应该做的一件重要的事情就是把团队划分成几个小组,如果客人包餐的就以"桌"来划分(团队客人应按领队的意见来划分),并产生桌组长;不包餐的话,可以结合人数和车型分组,在景点活动一般以10人左右为一组,如此便于组长照应组员。如果车厢两边都是双排座的,在车厢搞文艺互动时可以分左右两大组,进景点则细分为四个小组;如果一边是单座,另一边是双排座,那就前后分。如此,宜于在车厢内通过文艺互动搞活气氛。具体的好处是:

一者分组以后导游点人数只要依次问各桌组长"人到齐了没有?"很快就可以点清人数。

二者在行车途中有利于导游发挥主导作用,比如组织各组之间的唱歌、猜谜等文艺竞赛,不但有导游、游客之间的交流,更有游客之间的多维交流,容易搞活气氛。不分组的话,则只有导游与游客之间的单维交流,如果导游经验不老到或者准备不充分的话,最后往往只是导游一个人在唱独角戏。

三者可以有效地分化游客对导游的负面意见,使导游能够自始至终导控整个团队的情绪和氛围,而这一点是最重要的。团队中有一两个喜欢出风头或者为难导游的游客很常见。如果不分组,这个"刺头"的负面意见往往会影响全团的意见。而一分组,这类"刺头"的意见往往被局限在某个小组中而掀不起大浪来。

我习惯把游客分组,源于我带过的一个散客团,团队中有个喜欢出风头的游客,为了突出自己,又欺负我年轻文弱,便处处刁难。比如我安排在早上游览瘦西湖,他偏偏反对,还蛊惑人心地说:"下午游览瘦西湖最好了,导游这样做是对我们游客不负责!"

一部分游客出于"从众心理"附和他的意见,这样他似乎就成了游客利益的代表者,并把导游和游客对立起来了。我意识到必须及时分解和消除这种负面情绪,便把游客分成了四个小组,并组织各小组之间的谜语竞猜。奖品是获得第一名的小组,午餐时可以得到两大瓶冰镇可乐。两瓶可乐值不了几个钱,但是团队的整体情绪立刻被分解成各小组之间的激烈竞争。在笑声和惋惜声中,小组的荣誉和实惠立刻淹没了这位"刺头"游客的主导性意见。

然后,我提前讲解了乾隆皇帝当年在朦胧的晨雾中是如何对瘦西湖的白塔赞不绝口的故事,并且提醒大家:"现在是夏季,下午的气温会达到三十多度,瘦西湖的游览全部在户外进行,过高的气温会影响大家旅游的兴致,因此我安排大家在明天早晨游览瘦西湖,希望我们的好意能得到大家的理解。同时瘦西湖因为离长江很近,受到长江晨雾的影响,早晨经常是云雾缭绕,有一种朦胧美,我们正好可以领略一下当年乾隆皇帝游湖赏塔的意趣。"

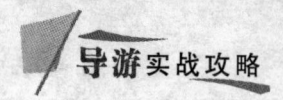

结果三个小组的游客齐声叫好，明确表示听从导游的安排。"刺头"游客所在的那个小组，大多数不作声，只有两三位与他一起的游客，言不由衷地低声附和他的意见。整团游客的情绪就全在导游的良性导控中了。

有时旅游团的人数较多，有地陪的话可以地陪前导、全陪压尾，没有地陪的话，导游在前面带路讲解，后面的队伍往往会拉得很长，甚至走岔道。遇到这种情况，可以请一位热心而有影响力的游客协助压阵，可以有效地避免游客走失。

有时尽管有地陪，但是道路状况复杂，不妨也请热心的游客协助。丽江古城风景秀丽，但对初次游览古城的游客来说，算得上道路错综复杂了，尤其是街道两边民族风情浓郁的商店对游客的诱惑是难以抗拒的。所以尽管导游一再强调"先旅游，后购物；先集中，后分散"，但实际上客人进入古城很容易或被商店吸引忙于购物，或因拐错弯跟丢队伍，以至于要么延误时间，要么错过景点。我每次带团去丽江，尽管有地陪在前面带路，但我仍然请一位游客押尾，自己前后照顾队伍，并在每一个容易走错道的岔路口，请一位游客暂时逗留，提醒队友跟对队伍，尽力不让一个游客在旅游中留下遗憾。

细致化的服务是导控团队的首要条件，很难想象导游的讲解和服务很糟糕而能得到游客的大力配合和协助的。导控团队还是与游客进行个性化交流的有效渠道，做好了，不但为本次旅游创造了有利条件，还为以后的业务拓展创造了契机。上海经济体制研究所的研究室主任林丰先生，就是在云南西双版纳、香格里拉、丽江、泸沽湖旅游中，一路协助我而成了至交，介绍了不少客户给我们公司。

▶▶▶ 多车团重在协调 ◀◀◀

多车团更强调各车之间的协作和配合。驾驶员一般都很心急，尽管是多车团，但是只要一上路，便各管各长驱直入，以至于很可能路熟的司机早就到了景点，而路不熟的司机还在半道上走迷宫，最终整个团队都耽误了，尤其是万一哪辆车有故障，连互相照应的机会都没有。

上海中德试验机有限公司千岛湖之旅的团队一共有 6 辆 53 座的大巴，我知道驾驶员都有自顾自的习惯，就指定经验最老到的导游和最机灵的司机作为头车,我自己负责尾车。我允许各车可以在第二至第五车的空间互相超车,但不准超越头车或者落后于尾车。

那时,杭州至千岛湖的高速公路还没有通车,只能走地面。时逢旅游旺季,公路上汽车排成了长龙。不超车,肯定要大大耽误时间,超车又谈何容易,就算超到前面又不是每一辆车的司机都有本事插队入列的,而且旅游团的车队必定会打乱。

到允许超车的路段,我便让头车先行超车,因为那位司机很机灵,所以过了一会儿头车导游就报告他们已经超越了多少车并已经插队入列了。我便让各车依次超车。只要我们的车一赶上,头车便减速留出空间让自己的车插队。没多少时间,六辆大巴全部超车插队成功。到了适当的时候,我又让已经变成尾车的头车再行超车。如此一而再、再而三不断地复制,终于在不违反交通规则的前提下,如愿抵达千岛湖。游客、导游和司机都很高兴。

在返程中,我仍然在尾车。途中第五辆车的导游报告前车的后轮有不正常的晃动现象。我立刻改变计划,让所有的车辆提前在一个加油站休息。全体司机齐心协力,在游客上洗手间的时候很快修好了车。我其实还有一个预案:如果这辆车一时修不好,就让故障车的游客分流到各车的空座上,再雇一辆小巴就能顺利地把游客送回上海。

因为人数多,容易发生上错车、上错船的情况。我便在统一款式旅游吊牌的基础上,使每车游客都有不同颜色的吊带。如此一来,在游程中的管理就很方便。如果进景点,只要对检票员说一声:"挂上海之春旅行社绿色吊牌的都是我们的游客。"就行了,可以有效地避免其他游客夹入我们队伍而造成麻烦,也不用担心有少数客人落在后面而影响整个团队。

在码头上船时,不同颜色的吊带充分发挥了作用,各车的导游站在船头用喇叭这样招呼自己车的游客:"红带子的游客,请上这边的'乘风号'游船。""蓝带子的游客请上这边的'前进号'游船。"各游船上的船员也都热情有效地协助我们管理:"喂,这位游客,你上错船了,你是绿带子的,请上那边第二艘的'千岛湖1号'。"几百个人一点也不乱地顺利登上了游船。即便有少数几个游客因为特别要好,非要上朋友所在的船,导游也会互相通知:"喂,你车上有一个银带子的在我们船上。"如果仅仅分车号而没有不同颜色吊带的区分,就不会这么顺利。

在用团队餐时,不同颜色的吊带同样发挥了作用,酒店的服务员都会帮着

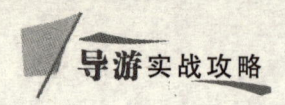

指挥:"黄带子的游客,请到三楼的友谊厅。金带子的游客,请到二楼的梅竹厅。"在很短的时间内,几百位游客即能有条不紊地安排就座。团队结束后公司领导和游客都很满意,从此这个每年组织职工旅游的单位成了我们旅游公司的常客。

我曾经一个人带100多名游客游厦门、普陀山,靠的就是不同颜色吊带这个法宝。我见过不少多车团队,大多是一团一色的帽子或吊牌、吊带,上车、用餐光靠喊车号,都有点乱。如果改成一车一色就会容易管理得多,建议朋友们不妨试试。

至于大型团队在景点旅游中的错时空安排,大家都胸有成竹,这里就不多说了。

▶▶▶ 防走失重在预案 ◀◀◀

"把游客一个不少地带回来"对出境游是基本准则,对国内游来说是最低标准。我带团去韩国,有对夫妻游客的女儿嫁在韩国,要请假离团去探望女儿。从他们的年龄和在国内的工作来分析不太可能"脱走"的,但是如果发生了"万一"的话,整个旅行团的行程都会受到影响(离境时,海关会严格核查团队人数,哪怕少了一个人,海关会把整个团队都卡住的)。回绝吧,则有点不近人情。我思索再三,想了一个两全其美的方案:在我们下榻的宾馆为他们的女儿一家代订一个房间。如此,晚餐时他们可以阖家聚餐,晚上又可以畅叙亲情,这使他们非常高兴。因此,当我委婉地提出替他们暂且代保管护照时,他们非常理解和配合。

国内游的请假暂时离团就不必这么严谨。我带团去福建时,有位游客提出请假一天一晚,去探望当兵的儿子。因为士兵是不允许在外过夜的,我同意了他的要求并告诉他:按规定离团期间的餐费、住宿费、车费都不能退,并把我和地陪的手机号以及我们下一晚住宿的宾馆地址和电话都给了他,以致他儿子还特地打电话向我道谢。

防止游客走失有些工作要做在前面,譬如到了宾馆在分发房卡时顺便把印着宾馆地址和电话的卡片一起交给游客,告诉他们万一找不到宾馆就用这张卡片问路或者打的回来。

在景点停车场车太多,导游最好在车头窗前放点标志物(有旅行社的铭牌更好)。实在不行,哪怕是一个有特点的马甲袋也行,把你的导游旗夹在车前的雨刷上效果更好。千万别指望你报了车牌号就可以万事大吉的,因为临下车前,游客的心思早飞进景区里边去了,很少有游客能记住汉字加字母加数字这么一长串东西,比如"沪 AG59179"。如果用谐音的方法比较好记,譬如把上面车牌中的阿拉伯数字记成"吾就要吃酒",游客就很容易记住了。做个有心人,就会发现大多数阿拉伯数字都可以用谐音来记忆的。

带老年团,尤其是大型的多车团,更要防止游客走失,年轻人往往可以用手机联系,而老年人很多不习惯或者不舍得在异地用手机。我们有个老年团在游览苏州观前街时走失了几位游客,千呼万寻找不到,打手机也联系不上。突然,上海的公司接到了观前街执勤的民警打来的电话,说是有几位老年游客找不到导游了(幸好,在旅游吊牌上印着我们公司的 24 小时值班电话),值班的经理连忙请民警把这几位游客带到附近的五芳斋糕团店门前不要走开,然后通知导游去领他们。

可是有一位游客却怎么也找不到,打手机,关机。等的时间久了其他游客意见很大。于是导游们向派出所报了案,请示旅游公司后,与客户领队协商,留下一名导游和游客单位的工会主席继续寻找和等待,其他导游带游客返回。等到晚上八点半,他们校长打电话到我们公司,说是那位走失的退休老教师找到了。原来,她趁自由活动的时间去探望了一位住在苏州的亲戚,末了又记不清旅游车停在什么地方,再看看亲戚家就在火车站附近,就买了一张火车票一个人回上海了。直到吃过晚饭后对儿子说起今天的旅游事宜时,还很得意自己能一个人回上海。儿子是个细心人,问她跟导游或者同事打过招呼没有,她说:"没有啊,为什么要打招呼啊?又是长途又是漫游,很贵的!"于是这位儿子一边埋怨妈妈,一边给校长打电话报平安并道歉。

有一次带 5 辆车游览苏州光福景区,因为我们是一个上千人的系列团,景区管理处特别优待,给我们免费增加了一个千亩桂花园的景点。花农也很好客,剪了一些花满枝头的桂枝送给我们游客,游客们皆大欢喜。可是到集合时,却发现少了一位游客,导游、带队的年轻教师,还有景区派出的几十位花农,拉网式寻找未果。在其他游客意见纷纷的情况下,我只好决定留下一辆车继续寻找和等待,一辆去火车站找,一辆去长途汽车站找,其他两辆车按常规先行返回上海。

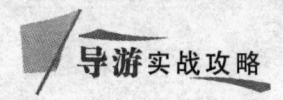

我在第一个三岔路口看到一个卖土特产的摊贩,便跳下车问摊主是否看到过如此这般的一个老年妇女经过这里,那摊贩看到我挂着导游的胸牌,就说:"是呀,半个小时前有个拿着一捧桂花的老年女游客,说是找不到导游了,要乘火车自己回去,问我去火车站的汽车哪里乘?"

我按摊主的指点,让司机赶往汽车站。还好,去火车站的汽车班次很少,我们远远地就看到这位游客捧着桂花在候车,等旅游车停到她跟前打开门时,她还以为是去火车站的班车呢,直到我故意大声用苏州话喊道:"妳(nai)啊上车?请铜钿挪(拿)出来买票哉!"引发车厢里一阵大笑,她才惊喜地发现来的是专门接她的旅游车。我随即通知了其他各辆车"人已找到"。

一般的旅游安排,最后的一个项目往往是自由活动、购物,而游客走失往往发生在这个环节。因此除了一再重申集合时间、旅游车的车号和特征、打开手机保持联系以外,把集合点设置在一个标志性的建筑物附近很重要。譬如宁波的天一广场有8个出口,你让初来乍到的游客记住在某某路附近集合往往不容易记住。我带团游览天一广场就把集合点定在天主教堂门前,因为这是整个天一广场唯一的明显与众不同的建筑,游客是绝对不会搞错的。如果有游客提前到达集合点的,我宁可自己累一点,把游客一拨一拨地领到停车点;如果是基本准时到达的,那么只要一个电话请司机把车开过来就行。

防止游客在景区走失的措施是说清楚停车场的位置和标志物。譬如扬州的瘦西湖有三个出口和停车场,它们的标志物分别是大虹桥、五亭桥和对面的大明寺栖灵宝塔。这样就便于游客准确迅速地找到停车场,从而有效地防止游客走失。

义不容辞护游客

导游的"五大员"职责中的"安全员"责任重大,游客出行中有两大安全,即人身安全和财产安全,这是应该得到导游尽力维护的。维护游客安全的原则和策略是一致的"以智为先,以勇守底"。

实务篇

▶▶▶ 以智为先 ◀◀◀

当游客的人身或者财产安全受到威胁时,导游应该挺身而出,这是毋庸置疑的。但是如果导游不能审时度势,光凭匹夫之勇往往会使事情更加复杂化,不但游客的安全不能得到有效保护,导游本身更容易受到伤害。

教科书告诉我们,遇到紧急情况在第一时间报告领导并且报警,这是通则。然而导游遭遇到的突发情况千变万化,仅仅抱着一本教科书是解决不了问题的。譬如游客与游客之间发生了群体冲突,游客与当地群众之间发生了冲突,第一时间不是简单地报告公司领导或者报警,而是冷静地分析,在遵守旅游法则的前提下,根据实际情况作出判断,然后再把自己的分析判断报告给公司领导,否则远在千里之外的领导根据什么来作出正确的指示呢?报警亦同此理。

在南方一个风景区的旅游餐厅用晚餐时,我的一名游客喝醉了,当穿得很单薄的女服务员上菜时摸了她的下体,受到侮辱和惊吓的女服务员失手打破了菜盘并失声哭叫起来。我当即批评了那个游客并且和领队一起向该服务员和餐厅经理诚恳道歉,并愿意用经济手段来做精神赔偿。餐厅本来和地接旅行社就有协作关系,我们就委托经理安抚那位女服务员。

想不到,那位女服务员是当地联防队头目的"女朋友",听到"女朋友"的哭诉后,那个头目立即领着一伙人带着棍棒冲到了餐厅,围住那个行为不端的游客就打,当场就把他的手臂打断了,并要把他带走。我知道被他们带走后,后果将不可收拾,于是招呼地陪还有同来的游客拼力护送那个惹事的游客上了旅游大巴到医院诊治。我、地陪、领队留下来谈判。

谈判的结果还算好,我们这边游客受伤医药费自理,另外赔了2000元的精神损失费给对方。我报告公司后才赶回宾馆,领队把那个刚绑了固定石膏的游客狠狠骂了一顿,便各自回房休息。没料到,半夜里旅游餐厅经理打了个电话给地陪,说是那个联防队的头目还不肯善罢甘休,准备纠集一帮人到宾馆里来抓人。

得到消息后,我们都很紧张,领队要求我们报警,在地陪介绍了那个头目和当地治安管理方的关系后,领队就不再坚持报警,要求我们一定要保护好当

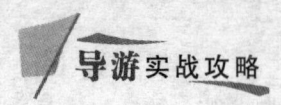

事人人身安全,其他都好说。我立刻打电话给公司的值班经理,向他报告了事情的经过并请求他立即在临近我们所在地的邻省江西境内找一家等级相当的宾馆订房,又把经过领队签字认可的临时变动的行程传真到了公司,请值班经理尽快做好我们这个团队以后行程的调整安排,然后我们当即上车仓皇转移了。

当晚留在宾馆的地陪打来电话说,我们走后不久果然来了一帮气势汹汹的人,找不到我们就把地陪臭骂了一顿才离开。仔细想想吓出一身冷汗,如果不是旅游餐厅经理的及时通报,如果我们不是果断地连夜转移到邻省住宿,真不知道要出什么大事呢。

回上海后,导游部经理到那个单位去回访,领队还心有余悸地对他说:"你们那个导游经验很丰富,我们虽然放弃了××省的一些景点,但是后来在三清山玩得也很开心。那天如果没有及时转移或者报了警,恐怕我们单位的这个闯祸坯现在还关在拘留所里,我们对领导就没法交代了。"

突发事件发生后,通常在第一时间报告公司或者报警,可以得到领导的原则性指示,或者由警方来处理,无论是什么结果,导游可以最大程度减轻自身的责任。但是,事情往往大多有特殊性,遇到特殊的事情,就要依靠导游最初的冷静分析、继而的果断决定和最后的妥善处理。

▶▶▶ 以勇守底 ◀◀◀

一般的商业纠纷,即便是游客过分了,如果是导游出面调解,商家多会给导游一个面子,因此在这方面是用不着导游见义勇为的,而遇上治安问题,导游就义不容辞了。不过导游在维护游客的安全的同时,也要保护好自己。

游览春城昆明,一般都有逛夜市的安排,而金鸡碧马坊是必不可少的景点。有一回,游览过金鸡碧马坊后,几位女游客突发购物欲望,于是我便让地陪带着其他游客乘坐旅游大巴先回宾馆,我和领队就陪着这几位女游客逛夜市。

逛商场是女人的享受,男人的煎熬。逛了几条街,我和领队都兴味索然、疲惫不堪,但是女游客们兴致更浓。毕竟明天还要带队,我就关照她们注意财物安全,回来时一定要乘坐出租车,看着她们上了天桥,我们就在路边招呼出租车准备回宾馆休息,可是出租车没等到,却听到这几个女游客在天桥上大呼"救命!"

正好旁边停着一辆清洁工人的小车,车上插着扫帚和铁锹。我抄起铁锹、领队抓过扫帚就往天桥上冲。在昏暗的灯光下,看到一个来自西北某地区的满脸络腮胡子的汉子和几个流里流气的不良少年围着我们的女游客,正在抢夺女游客的挎包。

看到我们来了,女游客们就有了勇气,拉住了包不肯放。而那些抢劫者,看到我们只是两个戴着眼镜、文质彬彬的书生,就嚣张地拔出了匕首。我自恃手中铁锹是长兵器,就冲上前去,虚张声势地用铁锹"咣"地一声,狠狠地拍在地面上,抢劫者吓了一跳松开了手。我连忙招呼那几个女游客躲到我的身后,领队也勇敢地挺着扫帚站在我旁边。我们慢慢地往后腿,抢劫者紧紧地往前逼。看来他们还不死心,于是我就让游客打110报警。

在天桥上僵持有十来分钟,我们听到了警车的警笛声由远而近地传过来。抢劫者听到了警笛声,慌了。只听那个成年人咕噜一声什么,就迅速地逃离了天桥。过后,那几位女游客夸我:"导游,你真勇敢,谢谢你!"

"哪儿呀,我吓得冷汗把T恤浸湿了。"我实话实说。

我这人,这辈子体育测试从来就没有及格过,罔论打架?不过既然当了导游,此时此刻也只能"好汉一把"了。如果那伙人真的对我的游客动刀,我别无退路也只好把铁锹充当成隋唐瓦岗好汉单雄信的铁锏使唤了。

有一次,在桂林看表演,为拍照抢位置的事,我的一位游客与人争论起来了,对方人高马大态度凶蛮,屡屡动手推搡我们那位游客。我看到了便过去劝解,开始那人还是凶悍不讲理,说是"导游,再管闲事,连你一起打"!突然,他瞅了一眼我的T恤,态度突然就软了:"算了,算了,不跟你们计较了。"

游客敬佩地问我:"导游,亏得你会武功,把他镇住了,你空手道什么段位呀?"

"哪有啊,我连健身操都不会做,那会什么武功空手道?没有的事!"

"那你这件T恤?"游客不解地盯住了我的T恤看。

原来如此!那天我穿了一件T恤,大红色的,上面印着"上海市武术馆——空手道"的字样。我告诉他:"这是上海武术馆的朋友送我的。"

游客的误解启发了我,从此以后我出团常常带着这件T恤,好几次,那件薄薄的T恤还真成了我的"虎皮铠甲",让那些个企图欺负我游客的家伙望而生畏,从而不战而屈人之兵,呵呵。

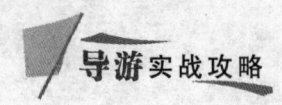
导游实战攻略

自律自防小贴士

俗话说"防人之心不可无,害人之心不可有"。那么自律就是"害人之心"的克星,"自防"则是导游为自己的人身安全和合法利益筑起的防火墙。

▶▶▶ 导游的自律 ◀◀◀

导游经常出门在外,况且多是单兵作战,"将在外君命有所不受",在那种情况下,任何规章制度的作用都极其有限。这就是为什么品牌旅行社时有品质低劣的导游而名不见经传的小旅行社却也不乏素质优良的导游,说句大白话,就是"制度是死的,人是活的"。关键时刻起决定性作用的还是导游的个人品质和素养。一个好导游无论到哪个旅游公司带什么团队,质量都是好的;反之亦然。

导游出门在外,容易出偏的问题有两大类:生活上出轨和经济上出错。经济问题我们在其他章节会有详细的讨论,此处就不赘述了。本小节着重探讨"出轨"问题。平心而论,一个导游,带个长线团十天半月,如果是常驻某地,甚至数月远离家人都是可能的。作为一个人,特别是男人,在生理上有所需求也是可以理解的。作为旅游公司应该适时安排家属探亲或者定期换岗,否则就有逼人"出轨"之嫌。我们公司的常驻导游,凡是已经结婚的,基本是一月一换,导游不但没有意见,还多了点"小别胜新婚"的情趣。

一个真正尽责的导游,无论是当全陪还是地陪每天都忙得连轴转,难得有时间想那事儿。我曾经在泰安当过常驻并且全陪、地陪一肩挑,除了带团还要订客房、借汽车、买回程票,整天忙得不亦乐乎。每个团来要陪着爬一回泰山,前团刚送走,就要连夜赶到济南接下一个团,最大的奢望就是能有几天的闲暇好好调整一下。因此,尽管山东的妹子很漂亮,我却少有闲情逸致去欣赏她们。

当然，人非圣贤孰能无过。长期出门在外，闲暇时不免也会如孟老夫子所说的那样"食色，性也"，产生非分之想，尤其是到了国外如泰国、荷兰等地方的花街柳巷，灯红酒绿，莺歌燕舞，作为一个男人难免会心旌动摇。每当此时，导游的自律就弥足珍贵了。我的自律方法就是"换位思考"，面对着花花世界，我就会想："我经常出门在外，太太既要上班、要做家务，还要照顾女儿，非常辛苦，我在外寻花问柳于心不忍，于德不该。反之，我辛辛苦苦地在外挣钱养家，如果太太在家红杏出墙，我又该作何感想？"

借用佛教修行的"不净观"，想一下艾滋病以及其他性病患者的惨状，理性就会战胜本能的冲动。事实也是如此，万一得了不干不净的毛病，必然会害了全家，怎么对得起贤惠的妻子和可爱的孩子？如此一来，便能自律于"色心虽起，色胆未生"的境地。

依据现代心理学的分析，人在旅游中心情很放松，因此性戒备是最薄弱的，作为导游万万不可乘人之弱，做出不该做的事情来。有个单位是我们公司的常客，他们领导唯一的要求就是每次的团队都必须由我执导，因此多年下来和他们的员工彼此很熟悉了。其中有位很漂亮的女白领对我特别好，每次带他们公司的团队出去旅游，她都会特意带上很多好吃的东西给我，甚至特地买了全套的《中国名胜诗话导游词》送给我，我不肯接受，她就送到我们公司的门卫室，并留下了一张纸条："你不接受，我就送到你家里去！"我只好收下这套书。我知道她的意思，只是一直装糊涂。

在一次泸沽湖之旅中，有个与摩梭青年在篝火晚会上跳锅庄舞的节目，她特意挤到我的旁边，悄悄地用手指在我手心里轻轻地划了三下。我知道这是摩梭青年男女手牵手跳锅庄舞时约定当晚一起共度良宵的暗号，如果同意就也在她的手心划三下。我在她手心里轻轻地划了一下，这是拒绝的暗号。她幽幽地说："我都为你改变了这么多，你难道一点点感觉都没有？"

后来，在香格里拉，我们一起喝酥油茶。我坦诚地告诉她："我很感谢你一个年轻漂亮的白领能如此看得起我这样一个其貌不扬的普通导游，但是我们都有自己的家庭，我们之间永远不可能开出爱情的花朵，我很愿意接受你的友谊。"

回到上海后，我把这次旅途中写的《香格里拉组诗》送给了她，作为她赠书的回礼。

我带团去北京，地陪是一位毕业于北京外国语大学的女孩，她是暑假打工,经验不是很老到,但工作很认真。一见面,我还是那句老话:"只要为游客服务好了,旅途中的任何好处我一分不要。"这让习惯了某些全陪在经济上斤斤计较的她感到很意外。在旅途中,我传授了很多带团的经验给她,并看出了司机对她的图谋不轨之心,告诉她如何在不损害合作关系的基础上保护自己。几个团带下来,我们成了很好的朋友。

男女之间要保持纯洁的友谊真的很难,我回上海的前夜,她请我喝咖啡,委婉地表达了她的感情。我并不吃惊,因为我早就有所感觉,譬如天热吃西瓜,一人半个挺好的,可是她每次都只带一把勺子,两个人你一口我一口地先吃半个,然后再一起吃另外半个。

说实在,我也很喜欢她,年轻漂亮有文化,虽然我们年龄相差十多岁,可是共同的语言很多。但是,我不能这么自私,我有自己的家庭,我必须对家庭负责。况且,这么优秀的一名大学生,前程似锦,我不能用自己的自私毁了她。于是我表示能有她这么一位小妹妹是我一生的欣慰,可是她固执地说:"我等你5年,如果你还不接受我,那就是我哥!"

结果她等了10年,最后去了新加坡发展,嫁入一个富足善良的家庭。婚后,她赠给我太太一瓶昂贵的法国香水,赠给我一条绣着她姓氏字母的领带。这条领带,转送别人对不起她的一片真情,戴在脖子上对不起贤惠的妻子。于是,便一直挂在衣柜里,静静地。

当时,导游之间碰出性爱火花的并不鲜见。我任职的前公司就有一个导游,长期在北京带团,结果和一位北京未婚女导游擦出了爱情的火花,住在了一起。上海同居多年的女朋友知道后不依不饶又不肯分手,数次闹到旅游公司来,公司只得让那位导游返回上海。北京的女导游闻讯赶到上海来,我们公司那位男导游怕出事,回避不肯见她。我们都认为北京的女导游受到了伤害,为她抱不平。但是她的一席话让我们大受感动:"我对自己的行为负责,我只想问他,爱不爱我?如果爱我,我留下或者他跟我一起去北京都行。如果不爱,那么我就死了这条心!"

我还有一位前同事,带了一个团去庐山旅游,回来时带了一个漂亮的女朋友,而她竟然是团队的游客。本来男朋友带她一起去庐山旅游想增进彼此感情,想不到五年的情感抵不上六天的邂逅,女朋友红杏出墙爱上了导游,真是赔了夫人又折兵,始料未及。那个感情受到重创的男游客到公司来投诉,人品和职业远比我们那位导游好得多,我们都想不通那个女孩为什么舍弃这么好的男朋友而爱上一个相貌平平、收入不稳定的导游,可能是"男人不坏,女人不爱"的缘故吧。

尽管,横刀夺爱得来一个如花似玉的女朋友;尽管,女孩的父亲是上海知名品牌制笔公司的CEO;尽管,女方家有带游泳池和花园的别墅;尽管,他们还有了一个可爱的女儿,但是,数年之后,那个女又爱上了另外一个男子,带着女儿和财富走了。我的那位前同事又成了孤家寡人一个,终日郁郁寡欢,不久后得了癌症撒手人寰,连个坟墓前烧纸的人都没有,让人唏嘘不已。

人在做,天在看。一个导游怎么可以利用工作之便夺游客之爱呢?再想想,一个仅仅六天的邂逅就可以轻易抛弃五年情感的女孩,不是过于单纯就是过于水性杨花了。得到了不该得到的,无论是金钱还是情爱,终归都要失去的。人还是要守规矩、要有敬畏心为好。

有敬畏心方能自律,守规矩自成方圆。

▶▶▶ 导游的自防 ◀◀◀

外人看起来,导游走南闯北、游山玩水很潇洒,其实导游属于弱势群体,个中滋味导游自知。导游遭受的委屈和伤害,不是一般人所能承受的。委屈是家常便饭,委曲求全便是了,但是伤害,就不得不防了。导游在外单兵作战,没有人来保护你,因此自防是必不可少的。

导游遭受的侵害或者伤害,大体上可分为经济、人格、人身三个方面。

导游遭受的经济侵害基本来自个别居心叵测的游客或客户,一般的套路就是:先设下陷阱,然后用投诉来要挟旅行社和导游,而旅行社为了息事宁人,即便有理也会委屈求太平,最后吃大亏的一定是导游。

我算是个有20余年工作经验的老导游了,却也多次遭受经济侵害。我带过一个由某市级机关领导介绍过来的团队,组团方是赫赫有名的国企"HR"集团旗下的一家经营地毯的子公司,参加的成员都是上海某协会的单位会员,景地是我的家乡宁波。

因为团队重要,又是去宁波旅游,领导自然就委派我执导。为了让团队安排得尽可能完美,我还请我的前辈同乡、曾任上海卢湾区副区长和上海大学领导的王乾德先生出面向宁波方面打招呼。由于王老同时兼任慈溪同乡会的副

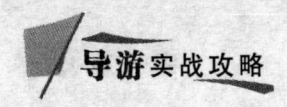

会长及宁波市同乡会的常务理事,因此宁波方面很重视,不但委派市府凌秘书长出面热情接待,安排了座谈,参观了有名的万亩黄桃基地,宁波和慈溪两级市政府还分别举办宴会盛情款待。作为一个导游,把团队安排到这一步,应该是提供超值服务了,可是结果却让人十分心寒。

事情就出在宴请上,由于宁波方有两次宴请,我们就有两顿团队餐费省下来,我向领队请示:省下来的餐费是退给客人呢,还是用于提高其他各顿团队餐的标准?组团方经过商量后决定分摊到各餐提高标准并提供酒水饮料,我照办了。整个行程无论是食宿安排还是景点讲解游客都非常满意,但回来结账时,却让我囧了。

组团方拒绝支付两顿团队餐的费用,理由是这两顿团队餐是由宁波方面宴请的,旅行社没有支付费用。这让我很纳闷,一者,如果不是我请王老打招呼,宁波市政府根本不会接待这么一个旅游团的,更罔谈宴请了;二者,省下的费用已经分摊到其他各餐中去了。无论从哪方面说,都没有理由赖掉这笔账的。但是,随便我如何赔着笑脸据理"礼"争,他们就是不为所动,最后干脆说:"权当你们公司搞了一次营销活动,结识了那么多潜在的大客户还是有收获的。不然,我们做做反面工作,你们将来在这些大客户中,一笔生意也做不成!"

游客中有人告诉过我:组团单位多去了几个无关人员没处报账,就用赖下的餐费充数,如果走司法程序我们一定会赢。然而"人情留一线,日后好见面",我也只好认栽了。公司确实是增加了潜在的客户,只是这笔数千元的餐费,按照财务制度只能由我个人来承担了。财务总监还批评我:"你是一个老导游了,怎么能当时不和他们签一个协议呢?"

总监的批评是正确的,凡是有临时变动必须和客户签署《变动协议》,这样可以保护客户、导游以及旅游公司各方面的利益。其实当时我也提过,但是领队说:"不必了吧,你这样做太不信任我们了!"我不可能当场让客户下不来台,就迁就了他们,以致造成这样的后果,也算是我咎由自取吧。以后,凡是遇到有计划变更的情况,无论新老客户,我都会委婉地要求他们签个简单明了的书面协议。最好的理由就是:"真不好意思,这还得麻烦您签个字认可,否则我们财务不让入账的。"客人也都会表示理解。

根据我所遭遇的和听说的,导游遭受的经济侵害形式很多,基本上发生在旅游计划变更上,而且多是团队。而散客,尤其是经过导游分组的散客,绝无可能"众志成城"的。因此,我们导游尽量不要图眼前利益,而去擅自增加自费节目和景点,如果是游客自己要求的,一定要报告旅游公司并和游客签订书面临时协议,否则真是后果叵测呀。

人格方面,一般来说只要导游自重,不会有太大的问题。如果导游自己语言和行为轻佻,就难怪游客不尊重你了。当然,也有少数游客自视甚高,以为付了旅游款,就可以把导游当成用人老妈子了。我曾经接过一个来自于区级政府机关的团队,也许他们平时养尊处优南朝南坐惯了,一上车就颐指气使,这个不好那个不对,连司机没有按他们的要求在高速公路上抢档插队,都遭到他们的横加指责,司机被气得浑身发抖。

游客对我的无理指责,我毫不在意,泻药当作补药吃就是了。但是我担心司机情绪失控,便适时转移了话题:

> 各位领导,我知道各位对汽车都是内行,因为我在区政府大院里看到很多豪华的公车和私家车。但是小车和大车的驾驶很不一样,各位的车长度大概在4米左右,而我们这辆车有13米长,在高速公路上抢档是很危险的。各位领导是我们党和国家最宝贵的财富,我们司机和导游对大家的安全负责,就是对党负责,对国家负责。

> 我们的车,是上海市人民政府的通勤车,也是国宾车。上海世博会期间,我们的这位司机和这辆车专门服务于各省、市、自治区来上海参加世博会的政府代表团,以至于上海大厦等接待外省政府代表团的宾馆的行李员和保安都很熟悉这位司机。

> 下面,我就和大家一起分享一下我接待国务院专家组的故事……

我这番话语,既给游客戴了顶高帽子,让他们很有面子,又婉转地暗示他们:政府官员和导游、司机都是平等的,应该互相尊重。基于此,以后的行程中气氛就很平和了。根据我的经验,只要讲解和服务都到位了,再适度应用旅游心理学的知识,导游必然会赢得客人的尊重。

人身安全是个重要问题。

导游在保护游客合法利益时,也要注意自身安全。我初出茅庐时,在杭州灵山景区附近的一个小镇,当着众多茶叶摊贩的面,提醒游客不要购买这里的伪劣茶叶,结果被摊贩群殴,也是说话不看场合的一个教训。

三清山上清宫后面有一条由几十级石阶筑成的山道,两边悬空且没有扶栏。那天,下着淅淅沥沥的小雨,山道上又湿又滑。我不断地提醒客人"走路

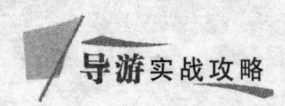

不看景,看景不走路,脚下留神",自己却瞻前顾后地照看着游客,一不留神脚下踏空,翻着跟斗从山顶一直摔到山脚,摔得是皮开肉绽、眼冒金星,客人都吓坏了。有几个女游客甚至惊叫起来:"不好了,不好了,张导摔死了!"

  还好,我的命大,从这么高的山上摔下来居然没摔死,没骨折,只是皮肉受了点伤。一位年长的游客半开玩笑半是安慰地说:"大幸,大幸。前世积德,祖宗保佑!"幸亏我参加过旅游局举办的急救培训,并随身携带了旅游局统一配发的急救包,为自己做了简单的包扎后,一拐一瘸地继续带着游客游览。我把游客的安全看得比自己的安全更重要的职业道德,感动了这批来自于上海铜管乐器厂的游客,不但从此以后他们厂里的所有旅游业务都交给我们公司,而且还赠送了我一支精美的迷你礼品铜号给我作纪念。

  在导游的性安全方面,男导游比较简单,只要洁身自好就行了,女导游则不然,她们受到性骚扰的几率比较多,主要形式有语言挑逗和非分要求两大类,骚扰方来自于司机、全陪以及游客。尽管这只是极个别现象,但是作为女导游不得不自我防护。

  我知道的就有这么一个案例,某司机与一位女导游合作服务于一个华东团,业内的人都知道,华东团司机和导游的经济压力很大,司机和导游必须密切配合才能保本乃至有所经济收益。在行程中,司机耐不住寂寞,以放弃全部经济利益为条件,要求女导游同枕共眠。在华东团中,没有司机的密切配合,导游根本无法完成任务,于是已婚的女导游同意了司机的非分要求。可是,临到回上海了,司机才想起,一路上的经济收益都给了导游,自己就没法向车队和老婆交账了。于是竟然跪求女导游返还部分钱款,结果被女导游当脸唾了一口,并把钱甩在了脸上。

  其实,女导游要既不让司机难堪又能保护自己很简单,当年,我就教了北京的女地陪一招:在和司机一起用工作餐时,让女地陪有意无意地说起,自己的叔叔和旅游车队的经理以及刑警队的队长关系怎么怎么铁。就这么一番看似不经意的闲聊,就足以让司机贼心再大也没有那个贼胆,而且不敢在工作中刁难女地陪。

  我们公司有个女导游比较漂亮,有个担任全陪角色的组团社经理对她产生了非分之想,他还算比较文明,只是在我请他喝酒的时候,借着酒意婉转地提出了这个要求。我装作很为难的样子:"兄弟,不是我不给你面子,我是她的经理,不是她的老鸨;更何况她哥哥是《新闻晚报》法制版的记者,要是惹恼了她哥哥,咱哥俩都没脸在旅游界混了。"

我在和女导游通电话时,她很不理解:"我哥哥只是个下岗工人,为什么要把他说成是记者?"

"不许多问,游客问起你,就照我说的回答!"我如是说。

其实,全陪对地陪的要挟,仅仅在于对地陪工作的评价。因此,万一女地陪遇上有非分之想的全陪,不必迁就,可以婉拒。在做好自己的本职工作后,记得请游客填写"质量反馈表",有了游客的"质量反馈表",全陪再怎么诋毁也就无用了。如果全陪在途中一直纠缠不休,那就应该报告自己的公司领导,由领导出面处理。

游客对女导游的挑逗,往往和女导游本身的言行有关,导游为了调节气氛,都会在旅途中讲些段子,有些段子从男导游口中出来显得风趣,而从女导游口中出来就显得暧昧了,会让游客认为这个女导游很轻浮,个别男游客就会"动口"进而"动手"了。

游客对导游"求色",或者示爱,女导游不可自我轻薄,男导游不可"乘人之昏"。就我的经历和调查而言,男游客的"出轨"以口头腐化为多,而女游客一旦动了真情,往往就敢于来真格的。我年轻时谈吐风趣、外表儒雅,曾经在执导中遇到一些年轻的女游客主动示爱,说心里话,不是不想接受,而是不可接受。当然,如果是单身,在旅途中幸会意中人,那则是天赐良缘了。

无论是自律还是自防,都建立在导游的自尊自爱基础上。一个自尊的导游必然会尊重游客,从而得到游客的尊重;一个自爱的导游自然会敬爱游客,并且得到游客的敬爱。

一叶一菩提,一事一明鉴。

几乎没有一个行业能比"常在江湖行,常与人相处"的导游行业更有利于解读人生百味了。

20多年来,我经历了太多的凡人俗事,也邂逅过诸多明星达人,觉得有点意思的,便写点随笔。

随笔是文采的营养基。须知,导游词有文采,导游才能有风采。

朋友,不妨也写点随笔吧,这样灵感的露珠才会凝结为晶莹的水晶,人生的足迹,才不会被岁月的风沙所湮灭。

情醉东钱湖

早晨的东钱湖,水氤温润沁人肺腑。舟漾轻岚淡烟中,宛入仙境。霞屿的剪影时隐时现,似沉似浮。云雾缥缈中的"霞屿幻影"啊,如诗如画。欸乃的橹声中,湖面渐渐幽深了,水色益发清澈。桨儿划过,水底的草儿便婀娜舞动,使人沉入徐志摩《再别康桥》的意境中。青青的苇梢上栖息着几只羽色亮丽的翠鸟,瞪着眼睛好奇地睨视着我们这群突兀的早客,忽而一振翅膀,宛如彩色的羽箭飞快地射入了广袤的苇海深处。

"多年前,我播你的配乐散文《钱湖听雨》时,就很想来东钱湖一游,今天终于身临其境了。"广播电台的杨柳老师有些激动,亮开了银铃般的嗓音,借《太湖美》的旋律唱起了"钱湖美呀,钱湖美……"歌声惊醒了湖边水杉林中的白鹭,呼啦啦一阵风起,那些可爱的白色精灵扑腾着羽翼,在水色清氤的湖面上轻盈地舞蹈起来。

湖边的山麓中古木参天、杂草丛生,古朴的石人石马隐约可见,那里是全国仅存的南宋墓道石雕遗迹,其中最著名的要数"一门三宰相,四世两封王"的宋太师越国公史氏墓群,其规模甚至超过了南宋帝陵。"这里的历代名人古墓有 50 多座呢!"热情的艄公介绍道。

"哇!"一船客人,有电台播音员,有报社记者,有作家,这一船文化人由衷地赞叹道:"真是历史文化的瑰宝啊!"

"大山深处还有宋徽宗钦赐的朱勔二十七疑墓呢。"看到朋友们来了兴趣,我便当起了义务导游,"当年,朱勔为了宋徽宗的'花石纲',到处搜罗奇石异木,害得百姓民不聊生,也得罪了不少地方豪强。有人请刺客暗杀了朱勔,不但曝尸荒野,还把其头颅割下,扔进了钱湖深处。宋徽宗兔死狐悲,特赐黄金数百两,令宫中巧匠铸朱勔首级合体,择东钱湖边风水宝地葬之。为防盗墓,又在湖边山中造了二十六座疑墓,至今无人知道这二十七座坟墓中哪一座是真的。"听后,朋友们兴致更浓,提议去山中探秘,只因林深草密,且女士们多长裙高靴,有诸多不便,又时值中午,便请艄公掉棹向莫枝水乡而去。

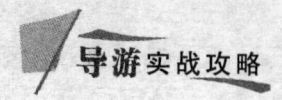

这是一个临湖的农家饭店，粉墙黛瓦青石铺地，木槿花围成的小院向着浩渺的湖，一条小溪潺潺穿园而过。屋后是一片青翠的竹林，破土而出的毛竹散发着泥土的清香，两张粗糙而结实的八仙桌摆在园中的草坪上。

茶是明前的毛峰，一揭碗盖便清香沁肺。菜是正宗的农家菜，土鸡、山菇、野菜、湖鱼，最诱人的是独此一家的宁波醉货——醉八仙(鲜)，七个扇形的碟子里分别摆着醉条虾、醉海螺、醉蛤蜊、醉白蟹、醉扇贝、醉海鳗、醉黄鱼，中间的圆碟子是硕大黑红的醉杨梅。憨厚的店主笑着介绍："八仙是七男一女，八鲜是七荤一素。品尝海鲜后吃点醉杨梅，不会坏肚子。"饭后结账，店主十分客气，说茶是山里野茶，菜是湖边野菜，不能算钱。感慨之余编辑王静老师硬是把一条珍珠项链挂在了店主小女的脖子上。

不曾品酒，却都有了几分醉意，正合了欧阳公"醉翁之意不在酒，而在乎山水之间也"的意境。后来，索性让艄公歇了橹，让船在微微的湖风里和着艄公悠悠的洞箫，在湖面上悠然自在地随风漂荡。

不知不觉中，船漂近了以蛟龙入水之势突兀于东钱湖上的二灵山。夕阳的余晖洒满了二灵塔，折射出霞光万道，塔影倒映在湖中，"二灵夕照"的奇景为具有"西湖之秀丽，太湖之浩瀚"的东钱湖更添了几分秀色。温润醉人的暮霭在湖面上渐渐铺展开来，欸乃的橹声似乎在唱着晚归的歌，我哼起了洋溢着郁郁甬乡情的马灯调。

美丽的东钱湖吆，我心已醉……

▶▶▶ 走近朱镕基 ◀◀◀

那是1995年的事了，淅淅沥沥的雨打湿了沙石铺就的小路，石块上像抹了层油，真有点"路上行人欲断魂"，不太好走。我带领四十几名上海粮食系统的游客急匆匆赶往因李白"日照香炉生紫烟，遥看瀑布挂前川。飞流直下三千尺，疑是银河落九天"的千古绝唱而名扬天下的庐山秀峰大瀑布。因为行程紧，此时已过下午四点了。我心里盘算着："只要赶在关门前进去，啥时出来就是我们旅游团队自己的事了。"

雨幕中，小路上有几位身穿风衣的行人也在赶路。我紧走几步上前打招呼："同志，对不起，我们赶时间，让我们先走好吗？"

那几人一声不响,闪在路边。作为导游,我真诚地代表旅行团对他们表示感谢:"谢谢,谢谢!"

忽然,我愣住了,这不是朱镕基同志吗?团里的和其他的游客也纷纷围了上来,使劲鼓掌,说道:"老市长好,老市长好!"尽管此时朱镕基已任国务院副总理,但上海百姓还是习惯地称呼他为老市长(上海迄今有过11任市长,被老百姓誉为"人民的好市长"的有陈毅、朱镕基、徐匡迪3位)。

朱镕基同志微笑着对大家招招手说:"同志们好,请大家不要这样,我不是来工作的,是来游玩的,和大家一样都是普通游客!"

一些外地游客大感不解:"副总理来了,也不封路锁道,连武装警卫也不带一个,还不如我们那里的县太爷排场呢!"

"朱镕基也太实在了,一个堂堂的副总理到庐山来,弄个视察(那时还没"调研"这个词儿)还不天经地义!"有的游客很感慨。

"这有什么稀罕,"我告诉游客们,"朱镕基同志有句掷地有声的名言就是'人民公仆如果在人民群众中感到不安全,那就说明公仆本身有问题!'"

到了景区后,我让景点讲解员先把客人带进去,自己在门口办理团队优惠门票,这时朱镕基同志一行也赶到了。只听朱镕基对一个秘书模样的人说道:"你去买门票",末了又补充一句:"要用我自己的钱!"

这让我十分感慨,一个副总理出行不闭关锁道扰民已经太不容易了,而且还自己掏腰包买门票!

我望着朱镕基同志在雨中信步的身影,不由想起了市委机关的一位处长为他写的一副对子:

不得官心得民心,不重乌纱重百姓。

▶▶▶ 与孙雯同桌 ◀◀◀

事儿太小,忘了是哪一年了,1999年前后吧。那一年我安排上海港务局的80多位客人在杭州虎跑附近四眼井的燕忠饭店用餐,因为这是一家个体的小型旅游餐厅,而且已经有团队在用餐,我们八十几个人一进去就显得紧张了,饭店周老板就把我们其中的两桌安排在三层阁里,那里是斜顶,所以只放了三张圆桌,我们就占了靠窗的两桌。我对自己的要求是在客人的菜上齐后才可

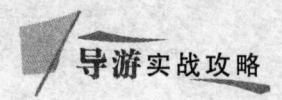

以用导游餐,因此便坐在旁边的空桌边看服务员上菜。

不一会,就觉得身后有人搬凳子,无意中扭头一看,有五六个人已坐上用餐了,职业习惯使我天生喜欢与陌生人搭讪:"这里地方小了一点,但菜肴绝对实惠,是吗?"

"是的,老实惠的。"其中一位小姐抬起头来回答我。

"咦,这不是大名鼎鼎的孙雯队长吗?"这时的孙雯全无球场上叱咤风云的气概,一脸文静腼腆的微笑,利落的短发麻栗色中几缕浅黄色的挑染,使她更添了几分妩媚,这就是我们的巾帼英雄孙雯? 看到我疑惑的眼光,孙雯谦和地一笑,说道:"这几天休假,到杭州来玩一玩,听朋友说这里的饭菜很实惠,就来这里吃顿便饭。"

对于女足,我是敬仰的,尽管工资待遇不到男足板凳队员的 1/10,也没有花纳税人的巨资去聘请什么洋教练,可照样拿了个世界亚军,而队长孙雯更是一人独进五球。于是我对孙雯说:"不嫌弃的话,我们旅游车有很多空座。"

孙雯友好地一笑:"谢谢,不用了,朋友开车过来的。"

我探头往窗外一看,果真有一辆白色的金杯车停在我们旅游车旁边。孙雯递过一张她签了名的名片给我:"感谢关注我们女足。"

想不到一位客人一把抢走了名片:"导游,你以后还有机会的,这张归我了。我女儿最崇拜孙雯了。"

其他客人也纷纷围上来索要名片,孙雯一边签着名一边打着招呼:"不好意思,我身边只有十来张。"

一个客人灵机一动把饭店的点菜单拿过来了,孙雯照样微笑着一一为他们签了名。

▶▶▶ 贾平凹的"难吃" ◀◀◀

杭州钱塘江大桥南堍有个曾被誉为"华东地区最豪华的度假天堂"的之江度假村,不但风景秀丽,其菜肴也颇有盛名。首任总经理杜觉祥先生博学多才,颇有儒商风范,平素好结交文人雅士。一次著名作家贾平凹下榻该度假村,杜先生设宴款待他。

由度假村内特级大厨主厨,杜先生很是放心。第一道菜上来了,杜先生请贾平凹先尝,然后故作谦虚地说道:"小店粗菜,味道如何?"

贾平凹倒也实话实说:"难吃!难吃!"

杜先生脸上微微变色,销售经理李宣赶紧跑进厨房叮嘱大厨。第二道菜又上来,贾平凹尝了尝还是两个字:"难吃!难吃!"

杜先生坐不住了,亲自跑进厨房叮嘱了一阵。第三道菜上来了,贾平凹尝了尝仍然是那两个字:"难吃!难吃!"

这下子杜先生脸上微微变色了,他把餐饮部经理和厨师长叫进了包厢,批评道:"你们今天怎么回事,我有幸请贾大作家吃个便餐,你们为什么让我如此难堪?"

餐饮经理和厨师长面面相觑,不知怎么办好。还是贾平凹看出名堂来了,他连忙打招呼:"不好意思,不好意思。'难吃'是我们那里的土话,意思是难得这么好吃。"

众人愣了一下,继而抚掌大笑。

▶▶▶ 握手曼德拉 ◀◀◀

"游杭州不可不到苏堤西湖,游西湖不可不到三潭印月,游三潭印月不可不到我心相印亭"这可算是旅游界的"老三篇"了。笔者虽70余次执导杭州游,却也未能免俗。

那天,我在我心相印亭前摇头晃脑地为客人吟诵苏东坡咏西湖的千古绝唱"水光潋滟晴方好,山色空蒙雨亦奇。欲把西湖比西子,淡妆浓抹总相宜",一艘快艇掠过码头,绕过湖中三塔直接靠在亭前,从跳板上走上十几个身手敏捷的年轻人来。我还以为是正在西湖拍摄《孽海情缘》的宁波电视台剧组人员,想不到领头的轻轻地拍拍我的肩膀:"导游,请配合我们执行任务,把你的客人带到旁边。"

我便把我的团队带到我心相印亭外边,那个领头的说:"可以了,可以了。"我有点明白怎么回事了。

十几个安全官员圈了一个五六十平方米的圈子。不一会,一个气宇轩昂、身着米色风衣的黑人登上岸来。一头灰白的卷发,多皱的脸庞,微陷的脸颊,阔而坚毅的狮鼻,大而深邃的眼睛,骨节突出的大手……对了,是他!我心中

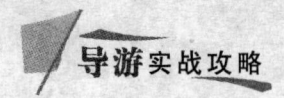

两个黑人偶像之一,非国大主席南非领袖曼德拉(我另一个黑人偶像是马丁·路德·金)。从他那张严峻而又坚毅的脸上可以看得出二十七年的牢狱之灾刻下的印痕。

当年,曼德拉在就任总统的仪式上,请来了3位当年在监狱中百般折磨他的狱卒。当曼德拉向这三位狱卒鞠躬致敬时,整个世界都静寂了。只听他用平静的语调说:"当我走出监狱时就决定把一切痛苦和怨恨都留在那里,否则我的灵魂永远会被囚禁在狱中。"

那时那刻的曼德拉用仁慈和宽容战胜了宿怨,赢得了南非人民和整个世界的敬重。

此时此刻的曼德拉,从他放亮的眼神可以看出,他正为绮丽的西湖风光所深深陶醉;从紧抿的嘴唇可以看出,他对翻译的英语解说不甚满意,我听了个大概,基本上是一堆枯燥数字和乏味文字的堆砌,真不如此时无声胜有声呢。

突然一个大胆的念头猛然蹦出,我大声地用英语朝曼德拉喊道:"South Africa and China both are the best – beautful countries on the world!"(南非和中国是世界上最美丽的两个国家!)

可能对非洲客人的保卫级别不是太高,也可能外围警卫的英语水平和本导游差不多糟糕,更可能以为我是在对我的客人说话,总之警卫们没反应过来。翻译正忙着"阿宝背书",曼德拉听到了,紧抿的嘴唇微微带了笑意,径直向我走来并伸出了手。我赶忙双手紧紧握住了这双整个非洲最伟大的手。而后,曼德拉回头对翻译说了一句:"我们走吧,很抱歉,我打扰中国游客了!"

曼德拉走了,他在中国最美丽的西湖(中国一共有36个西湖),仅仅待了不到20分钟,还为他本人打扰了中国游客而感到不安。

当我把曼德拉的话翻译给我的客人听时,客人很是感慨!

我握过朱镕基同志的手,握过确赞活佛的手,现在又握了曼德拉的手,握的下一双会是哪个伟男子的手呢?

▶▶▶ 落樱缤纷 ◀◀◀

看樱花其实不必去上野,更无须去富士山,府中的樱之道就是绝佳的赏樱胜地。静谧而整洁的道路两边都是合抱粗的樱树,树龄都在百年以上,巨大的树冠荫蔽了整条街,夏日里更是清凉宜人。

让人赞叹不已的是,在樱之道主要路段的马路中间,为数十棵虬枝如龙的古树围了个街心花圃。街道两边没有高楼大厦,日式小楼在绿荫丛中露出了蓝色或红色的屋顶。虽然花季已过,但缤纷的落英和新绽的绿芽仍能让行人和游人心旷神怡。

樱之道中段有一个市民公园,居中是一个有中国唐风古韵的草亭,草亭临向一个小而清澈的湖。湖边的苇草在清风中婀娜地摇曳,睡莲的叶透出早春的嫩绿,荷叶的尖角调皮地钻出了水面,叶尖上虽然没有蜻蜓栖息,勤劳的蜜蜂却已在舞蹈。

夏天,湖上便会开着亭亭的荷花。这种高贵而美丽的花,还是中国的鉴真大师东渡日本弘扬佛法时带来的种子所繁衍。莲花还是佛教的圣花,佛陀和众菩萨便是以莲花为法座的,而日本人多信奉佛教,故而这花在日本就有了神圣的意蕴。在日本生长久了,这荷花竟有了樱花的韵味——近看洁白如玉,远观时花瓣上却晕染着一层似有似无的胭脂云,雍容华贵好似刚刚出浴的唐代美女杨玉环。日本人民极喜爱这种从中国远道而来的荷花,并给了她一个极富中国意蕴的名字——舞妃。

小湖的周围便是疏密有致的树林了,除了些许的柳树和松树便都是落英缤纷的樱树了。地上的车前草和三叶草开着白的和粉红的小花,那凄美的樱花便把这些小草当作了自己的眠床。公园的一边是个儿童乐园,上课时不见儿童,只有几个老人坐在樱树下的椅子上悠闲地浏览杂志。

紧挨着市民公园的是市民运动场,有网球场、游泳池和健身房。这些设施是要收费的,对本社区居民的收费是象征性的——在餐厅里端一个小时盘子的收入,就可以供4个人打半天的网球。

放学了,那里便是孩子们的天下。有打网球的,也有背着书包满园飞跑的。不小心擦着你了,便一歪头连连说:"过没那赛(对不起)",仍然小鹿似的撒着欢。那些孩子没有家庭作业,即便在课堂上也是寓教于玩。

公园被4条马路环绕着,却听不见喇叭声也闻不到汽油味。我们要过马路,几辆远在前面完全可以拐弯的汽车,早早地停下来耐心地等我们团队全部走过马路才小拐弯。

导游实战攻略 资讯篇

山不厌土,故成其高;海不拒水,故成其深。

导游的知识是渊博还是浅薄,取决于其对知识的渴求。

导游应该是个上知天文地理、下知鸡毛蒜皮的杂家。没有深厚的文化积淀,没有广博的知识积累,何以能广征博引,何以能信手拈来皆文章?

旅游已经从粗放型的走马观景提升到领略历史文化的层次,导游也应该与时俱进,从向导向学者升华。

只有导游有品位,旅游才能有品位。而一个一问三不知的导游,品位从何而来?品位不是阳春白雪,也不是空中楼阁,而是在实践的土地上生长而成的常青树。

点滴之水能汇成浩瀚的大海,让我们在知识的大海面前当一个"贪得无厌"的索求者吧。

导游小常识

胸中有千山万壑,自能视三山五岭如土丘;心中能斗转星移,方能笑谈七千年文明史;足下曾行万里路,自能一杯茶中融进百家佳话。东方西方乃至十方世界均未出导游的讲坛。

向导只知路在何方,导游应知史出何处。积累知识就像海纳百川,一点一滴,涓涓细流,终成拍天巨浪。

▶▶▶ 中国古代十大高僧 ◀◀◀

1. 法显——渡流沙凌沧海第一次西天取经的高僧
2. 鸠摩罗什——两朝皇帝发兵万里掳请而来的译经大师
3. 真谛——来华译经僧中最不幸的一位
4. 智𫖮——创立中国第一个佛教宗派的智者大师
5. 玄奘——不畏艰险取经天竺,传播佛教饮誉华夏
6. 义净——玄奘之后最著名的唐僧
7. 惠能——背水砍柴的禅宗祖师
8. 法藏——华严宗的创始人
9. 一行——最早测量地球大小的密宗高僧
10. 鉴真——六次东渡创立律宗的盲人高僧

▶▶▶ 中国古代十大名相(以朝代排序) ◀◀◀

1. **西周的周公**—— 周公即是姬旦,武王的弟弟。不仅协助武王伐纣,而且摄政辅助成王,平定诸侯国之乱,教化国民,以礼治国。

2. 齐桓公之相管仲——人们都知道"管鲍之交"的典故,"管"即春秋时的管仲,他是杰出的政治家,著名的军事家、军事改革家,以其卓越的谋略辅佐齐桓公成为春秋时第一个霸主。管仲的言论见《国语·齐语》。另有《管子》一书传世。

3. 秦朝的李斯——李斯在中国历史上是个颇有争议的人物。他曾从师于孟子,他还是个名相。李斯在秦做官曾遭排挤,但他写下了《谏逐客书》,为秦朝吸引外来人才奠定了理论基础。他提出了远交近攻的方略,并用各种手段对六国进行分化瓦解,使秦王统一了六国。他提出统一文字和度量衡……当然他也是个助纣为虐的罪人。

4. 西汉的萧何——刘邦的评功大会,诸将"拔剑击柱",但是刘邦还是作出了萧何功为第一的评价。事实就是如此,萧何相中了韩信为将,使以后汉军很少败过。汉建后,萧何治赋后方支持前方作战。楚灭后,萧何即为丞相,与民休养,出谋平定诸将的叛乱。

5. 三国时期的诸葛亮——字孔明,琅琊阳都(今山东沂南)人,三国蜀汉政治家、军事家。东汉末年(220)隐居隆中,刘备三顾茅庐时,他在《隆中对》中建议刘备占据荆、益两州,联合孙权对抗曹操,形成三足鼎立。诸葛亮任蜀汉丞相期间,励精图治,赏罚分明,推行屯田政策,极大地促进了经济和文化的发展。

6. 唐朝的房玄龄——提到唐朝,很多人会想起魏徵,其实魏徵没有当过相,他是个谏官,当然是个名臣,但不是个名相了。我们也许听说过"房谋杜断"吧,这里的房和杜就是房玄龄、杜如晦。他们都是宰相。唐朝的很多律令都是他们在位时制定的。中国封建制度的完善,并走向鼎盛,他们是出了不少力的。

7. 宋朝的王安石——宋朝是个既有内忧又有外患的朝代,在北宋的中期王安石力图变法,但阻力很大,他失败了。但不能否认他的确是一个有见识的名相。

8. 元朝的耶律楚材——耶律楚材,字晋卿,号湛然居士。因住在玉泉山一带,所以又称玉泉居士。契丹人。耶律楚材是我国著名的政治家,他博览群书,旁通天文、地理、律历、医卜及释道之学,并善诗文。燕京被蒙兵破后,他应召会见成吉思汗,并作为顾问留在朝中。元太宗窝阔台当政后,他任中书令(宰相),协助蒙古人管理元朝作出了贡献,也为蒙元的汉化、文明化作出了积极的贡献。

9.明朝的刘基—— 明朝卓越的军事家、谋略家、政治家,杰出的文学家、哲学家。生于元末,自幼聪敏,长大后博览群书,因而才干、学识大大长进。他胸怀救时济世之志,于23岁考中进士,投身仕途。后弃官归家,应朱元璋之邀而复出。刘基在统一中国、创建明王朝的过程中立下了汗马功劳。

10.明朝的张居正—— 张居正也是个很有争议的人物。对他贬的也很多,甚至贬大于褒。可想而知在那个走向没落的王朝,当官的确很难,当好官更难。张居正给明朝后期的政治的确带来了活力,他提出了一条鞭法,也是中国赋治一大进步;他还使得戚继光这样的人才有发挥机会!

▶▶▶ 中国古代十大名将(以历史名望排序) ◀◀◀

1.孙武——世界第一兵书《孙子兵法》的作者,中国乃至东亚军事学之父,率3万卒入郢(yǐng,楚国的都城,今湖北江陵县北),创造了军事史上的奇迹。

2.吴起——亚圣,其治军思想对后世产生重大影响,战国第一名将。军政两道奇才,战国早期改革家之一。

3.李靖——唐初第一名将,《李卫公兵法》与《唐太宗李靖问对》的作者。骑兵战天才,其对突厥的决定性胜利,间接导致了阿拉伯帝国的瓦解与罗马帝国的灭亡。

4.孙膑——《孙膑兵法》的作者。其两次大破魏军的战绩使齐国大振,与强秦并称"东帝"、"西帝"。在战略战术方面均有奇才,不愧为孙武的后代——脾气也与老祖宗一样,功成身退。

5.韩信——汉初第一名将。西汉的实际缔造者。古兵法的整理者之一(另一位是张良)(说实话,韩信的才干西汉无双,但考虑到其缺乏国际影响,兵法也没传下来,只能委屈排第五)。

6.李世民——唐朝的第二位皇帝。有史以来削平天下速度第一,被誉为中华帝国第一明君。但考虑到其手下众多名将的助力,之前的战绩也不是毫无争议。居韩信之下,宜也。

7.岳飞——可歌可泣的抗金英雄,以少胜多的常胜名将,名垂千古的南宋军事英才。"莫须有"罪名的第一个受害者,一首《满江红》惊天地、泣鬼神。

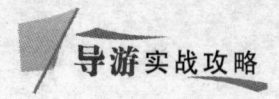

其岳家军组织严密,开后世家族部队的先河。

8. 曹操——《孟德新书》的作者。官渡之战胜得实在侥幸,有天上掉馅饼之嫌。常胜将军兼多败将军(决定中国命运的决战,除官渡之战外,赤壁之战、汉中之战,皆败阵),故列第八。

9. 陈庆之——南北朝第一名将。带七千骑兵杀入洛阳,其间陷城四十七座,北魏数十万大军皆溃。晚节不保,但考虑到纯属不可抗拒力(发洪水),且回到梁朝便以一万兵全歼侯景七万大军,只剩他老哥一个,列为第九当之无愧。

10. 项羽——最佳战例:以三万疲惫之师千里奔袭,半日破刘邦六十万之众。垓下之战,以十万兵力敌韩信五十万,非项羽之过也。但其用人多疑,且无战略谋略,故为十将之末。

▶▶▶ 中国古代十大名医(以朝代排序) ◀◀◀

1. 黄帝(针灸之祖)——黄帝是传说中中原各族的共同领袖。现存《黄帝内经》即系托名黄帝与岐伯、雷公等讨论医学的著作。此书治疗方法多用针刺,故对针刺的记载和论述亦特别详细,对俞穴和刺阖、刺禁等记录较详。

2. 扁鹊(脉学倡导者)——姓秦,名越人,战国渤海郡郑(今河北任丘)人。太子尸厥已死,而治之复生;齐桓公未病,而知其后五日不起,名闻天下。《史记》和《战国策》载有他的传记和病案,并推崇为脉学的倡导者。

3. 华佗(外科之祖)——又名敷,字无化,后汉末沛国(今安徽亳州)人。精内、外、妇、儿、针灸各科,对外科尤为擅长。对"肠胃积聚"等病,饮麻沸散,须臾便如醉肠洗涤,缝腹摩膏,施行腹部手术。

4. 张仲景(医圣)——名机,汉末南阳郡(今河南南阳)人。相传曾任长沙太守,当时伤寒流行,病死者很多。他的著作《伤寒杂病论》总结了汉代300多年的临床实践经验,对祖国医学的发展有重大贡献。

5. 葛洪(预防医学的倡导者)——字稚川,自号抱朴子,晋朝丹阳句容(今属江苏)人。著有《肘后备急方》,书中最早记载一些传染病如天花、恙虫病征候及诊治。"天行斑疮"是全世界最早有关天花的记载。

6. 孙思邈(药王)——唐朝京兆华原(今陕西辉县)人,医德高尚,医术精湛。因治愈唐太宗长孙皇后头痛病，宫廷要留他做御医，他扯谎采"长生不老药"献皇上，偷跑了。监视人谎报采药时摔死。被后世尊为药王。

7. 钱乙（儿科之祖）——字仲阳，北宋郓州（今山东东平）人。著《小儿药证直诀》共三卷。以脏腑病理学说立论，根据其虚实寒热而立法处方，比较系统地作出了辨证证治的范例。

8. 宋慈（法医之祖）——宋朝福建人。1247年总结宋代前法医方面的经验及他本人四任法官的心得，写成《洗冤集录》，是世界上最早的法医文著。

9. 李时珍（药圣）——字东璧，号濒湖，明朝蕲州（今湖北蕲春）人。长期上山采药，深入民间，参考历代医书800余种，经27年的艰苦，著成《本草纲目》，所载药物共1758种，被译为日、法、德、俄等国文字。

10. 吴谦（《医宗金鉴》总修官）——字文吉，清朝安徽歙县人。乾隆时为太医院院判。《医宗金鉴》是清代御制钦定的一部综合性医书，全书90卷，是我国综合性中医医书最完善又最简要的一种。

▸▸▸ 中国古代十大诗人（以年代排序）◂◂◂

1. 〔先秦〕屈原　　　　代表作《离骚》
2. 〔东晋〕陶渊明　　　代表作《饮酒》
3. 〔唐〕王维　　　　　代表作《山居秋暝》
4. 〔唐〕李白　　　　　代表作《将进酒》
5. 〔唐〕杜甫　　　　　代表作《登高》
6. 〔唐〕白居易　　　　代表作《长恨歌》
7. 〔唐〕杜牧　　　　　代表作《山行》
8. 〔唐〕李商隐　　　　代表作《锦瑟》
9. 〔北宋〕苏轼　　　　代表作《游金山寺》
10. 〔南宋〕陆游　　　　代表作《书愤》

中国古代十大名厨(以年代排序)

1. 伊尹——商朝辅国宰相,商汤一代名厨,有"烹调之圣"美称,"伊尹汤液"为人传颂千年而不衰。

2. 易牙——又名狄牙,春秋时期名巫、著名厨师,精于煎、熬、燔、炙,又是调味专家,得宠于齐桓公。

3. 太和公——为春秋末年吴国名厨,精通以水产为原料的菜肴,尤以炙鱼而闻名天下。

4. 膳祖——为唐朝一代女名厨。段成式编的《酉阳杂俎》书中名食,均出自膳祖之手。

5. 梵正——五代时尼姑、著名女厨师,以创制"辋川小样"风景拼盘而驰名天下,将菜肴与造型艺术融为一体,使菜上有山水,盘中溢诗歌。

6. 刘娘子——南宋高宗宫中女厨,历史上第一个宫廷女厨师,称为"尚食刘娘子"。

7. 宋五嫂——南宋著名民间女厨师。高宗赵构乘龙舟游西湖曾尝其鱼羹,赞美不已,于是名声大振,奉为烩鱼之"师祖"。

8. 董小宛——明末清初秦淮名妓,善制菜蔬糕点,尤善桃糕、瓜糕、腌菜等,闻名于江南。现在的扬州名点灌香董糖、卷酥董糖,为她所创制。

9. 萧美人——清朝著名女点心师,以善制馒头、糕点、饺子等点心而闻名,袁枚颇为推崇她,《随园食单》中盛赞其点心"小巧可爱,洁白如雪"。

10. 王小余——清朝乾隆时期名厨,烹饪手艺高超,并有丰富的理论经验。袁枚的《随园食单》中,有许多方面得益于王小余的见解。

中国十大名茶

1. 西湖龙井(浙江杭州西湖区) 2. 碧螺春(江苏吴县太湖的洞庭山碧螺峰) 3. 信阳毛尖(河南信阳车云山) 4. 君山银针(湖南岳阳君山) 5. 六安瓜片(安徽六安和金寨两县的齐云山) 6. 黄山毛峰(安徽歙县黄山) 7. 祁门红茶

（安徽祁门县）8.都匀毛尖（贵州都匀县）9.铁观音（福建安溪县）10.武夷岩茶（福建崇安县）

▶▶▶ 中国古代四大美女 ◀◀◀

1.西施——传说春秋时代的西施在古越国浦阳江边浣纱，水中的鱼儿看到她的美貌，都惊艳得沉到了水底，故称之为沉鱼之美。

2.王昭君——传说西汉昭君出塞时，宿营于大漠中。天上飞行的大雁看到她的美丽，都纷纷飞落到周围歇息，故称之为落雁之美。

3.貂蝉——东汉末年，貂蝉常拜月而寄托思乡之情，明月亦因之无颜面对其美而躲云后，故称其有闭月之美。

4.杨贵妃——唐明皇妃子，喜赏花。唐明皇因之而在御花园中特设牡丹园供其观赏，而牡丹见其美而羞于开放，故称之为羞花之美。

▶▶▶ 人生四大美事 ◀◀◀

1.他乡遇故知 2.久旱逢甘霖 3.洞房花烛夜 4.金榜题名时

后人开玩笑又将此添字为"他乡遇故知——债主、久旱遇甘霖——一滴、洞房花烛夜——隔壁、金榜题名时——做梦"，倒也是别有一番滋味在心头了。

▶▶▶ 中国四大名瓷窑 ◀◀◀

1.河北磁州窑——彭城陶冶甲之利天下 2.浙江龙泉窑——宋朝民窑巨擘 3.江西景德镇窑——白如玉，明如镜，薄如纸，声如磬 4.福建德化窑薄如蝉翼，精美绝伦。

中国四大名刹

灵岩寺(山东长清)、国清寺(浙江天台)、玉泉寺(湖北江陵)、栖霞寺(江苏南京)

中国四大名塔

嵩岳寺塔(河南登封嵩岳寺)、飞虹塔(山西洪洞广胜寺)、释迦塔(山西应县佛宫寺)、千寻塔(云南大理崇圣寺)

中国四大名绣

苏绣(苏州)、湘绣(湖南)、蜀绣(四川)、粤绣(广东)

中国四大名扇

江苏檀香扇、广东火画扇、四川竹丝扇、浙江绫绢扇

中国四大名花

牡丹(河南洛阳)、水仙(福建漳州)、菊花(浙江杭州)、山茶(云南昆明)

中国四大名亭

醉翁亭(安徽滁县)、陶然亭(北京先农坛)、爱晚亭(湖南长沙)、湖心亭(杭州西湖)

中国四大名桥

广济桥(广东潮州)——中国第一座启闭式浮桥、赵州桥(河北赵县)——我国古代石拱桥的杰出代表、洛阳桥(福建泉州)——中国现存最早的跨海梁式大石桥、卢沟桥(北京丰台)——华北最长的古代石桥

三姑六婆

三姑:尼姑、道姑、卦姑
六婆:牙婆、媒婆、师婆、虔婆、药婆、稳婆

三皇五帝

三皇:伏羲、女娲、神农
五帝:太皞、炎帝、黄帝、少皞、颛顼

三清四御

三清:元始天尊(清微天玉清境)、灵宝天尊(禹余天上清境)、道德天尊(大赤天太清境)

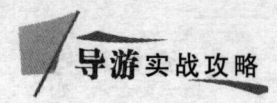

四御：昊天金阙无上至尊玉皇大帝、中天紫微北极大帝、勾陈上宫天皇大帝、承天效法土皇地祇

▶▶▶ 三山五岭 ◀◀◀

三山：安徽黄山、江西庐山、浙江雁荡山
五岭：越城岭、都庞岭、萌渚岭、骑田岭、大庾岭

▶▶▶ 中国历代圣人的雅号 ◀◀◀

诗仙——李白	诗圣——杜甫	诗佛——王维	诗鬼——李贺
诗魔——白居易	词宗——李清照	词圣——苏轼	草圣——张旭
道圣——老子	至圣——孔子	梦圣——庄子	武圣——关羽
亚圣——孟子	书圣——王羲之	文圣——欧阳修	茶圣——陆羽
画圣——吴道子	药圣——李时珍	医圣——张仲景	

▶▶▶ 婚姻的纪年 ◀◀◀

一周年——纸婚/两周年——棉婚/三周年——皮婚/四周年——丝婚/五周年——木婚/六周年——铁婚/七周年——铜婚/八周年——电婚/九周年——陶婚/十周年——锡婚/十一周年——钢婚/十二周年——麻婚/十三周年——花边婚/十四周年——象牙婚/十五周年——水晶婚/二十周年——瓷婚/二十五周年——银婚/三十周年——珍珠婚/三十五周年——翡翠婚/四十周年——红宝石婚/四十五周年——蓝宝石婚/五十周年——金婚/五十五周年——绿宝石婚/六十周年——钻石婚/七十周年——白金婚

大煞风景

李商隐曾列举十二类大煞风景事：1.松下喝道 2.看花流泪 3.苔上铺席 4.斫却垂杨 5.花下晒裈 6.游春重载 7.石笋系马 8.月下把火 9.步行将军 10.背山起楼 11.果园种菜 12.花架下养鸡鸭

后两项按现代的眼光看来当属于生态农业，故此一般引用前十项为宜。

十八层地狱

十八层地狱的"层"不是指空间的上下，而是在于时间和刑法上不同，尤其在时间之上。其第一狱以人间3750年为一日，30日为一月，12月为一年，罪鬼须于此狱服刑一万年（即人间135亿年）。其第二狱以人间7500年为一日，罪鬼须于此狱服刑两万年（即人间540亿年）。其后各狱之刑期，均以前一狱之刑期为基数递增两番。如此计算，到第18狱之刑期，已相当于人间2.3乘以10的25次方年以上。

第一层　拔舌地狱
凡在世之人，挑拨离间，诽谤害人，油嘴滑舌，巧言相辩，说谎骗人，死后被打入拔舌地狱。

第二层　剪刀地狱
在阳间，若妇人的丈夫不幸提前死去，她便守了寡，人若唆使她再嫁，或是为她牵线搭桥，那么死后就会被打入剪刀地狱。

第三层　铁树地狱
凡在世时离间骨肉，挑唆父子、兄弟、姐妹、夫妻不和之人，死后入铁树地狱。

第四层　孽境地狱
如果在阳世犯了罪，即便其不吐真情，或是走通门路，上下打点瞒天过海，就算其逃过了惩罚（不逃则好），还有犯罪在逃之犯人，死后打入孽境地狱。

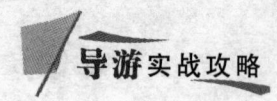

第五层　蒸笼地狱

有种人,平日里家长里短,以讹传讹,陷害、诽谤、辱骂,就是人们常说的长舌妇,这种人死后,则被打入蒸笼地狱。

第六层　铜柱地狱

故意纵火或为毁灭罪证,吃烤动物肉,死后打入铜柱地狱。小鬼们扒光其衣服,让其裸体抱被火烧红的铜柱。

第七层　刀山地狱

不喜欢动物没关系,但你不能骂它。杀生者,尤其是杀人,死后被打入刀山地狱,脱光衣物,令其赤身裸体爬上刀山。

第八层　冰山地狱

凡谋害亲夫、与人通奸、恶意堕胎的,死后打入冰山地狱。另外还有赌博成性、不孝敬父母、不仁不义之人,令其裸体上冰山。

第九层　油锅地狱

卖淫嫖娼,盗贼抢劫,欺善凌弱,拐骗妇女儿童,诬告诽谤他人,谋占他人财产,死后打入油锅地狱。

第十层　羊坑地狱

这是一层为羊申冤的地狱。凡在世之人随意杀羊,把你的快乐建立在它们的痛苦上,死后打入羊坑地狱。

第十一层　石压地狱

无论是何原因,如婴儿天生呆傻、残疾;或是因重男轻女等原因,将婴儿溺死、抛弃,这种人死后打入石压地狱。

第十二层　舂臼地狱

人在世时,如果你浪费粮食,糟蹋五谷,比如说吃剩的酒席随意倒掉,或是不喜欢吃的东西吃两口就扔掉,死后将打入舂臼地狱。

第十三层　血池地狱

凡不尊敬他人、不孝敬父母、不正直、歪门邪道之人,死后将打入血池地狱。

第十四层　枉死地狱

六道轮回,修得人身极其不易,在世的人,遇到多大的困难,也要顽强地活下去,自杀是懦弱的表现。如果你不珍惜,去自杀,死后打入枉死牢狱,就再也别想为人了。

第十五层　碾刑地狱

现在不多见了,不过此罪过很大。即挖坟掘墓之人,死后将打入碾刑地狱。

第十六层　火山地狱

损公肥私、行贿受贿、偷鸡摸狗、抢劫钱财、放火之人,死后将打入火山地狱,被赶入火山之中活烧而不死。

第十七层　石磨地狱

糟蹋五谷、贼人小偷、贪官污吏、欺压百姓之人死后将打入石磨地狱,磨成肉酱,后重塑人身再磨!另外还有吃荤的和尚、道士同样如此。

第十八层　刀锯地狱

偷工减料、欺上瞒下、拐诱妇女儿童、买卖不公之人,死后将打入刀锯地狱,把来人衣服脱光,呈"大"字形捆绑于四根木桩之上,由裆部开始至头部,用锯锯。

十八层地狱的另外一种说法是:

[第一层]泥犁地狱、[第二层]刀山地狱、[第三层]沸沙地狱、[第四层]沸屎地狱、[第五层]黑身地狱、[第六层]火车地狱、[第七层]镬汤地狱、[第八层]铁床地狱、[第九层]盖山地狱、[第十层]寒冰地狱、[第十一层]剥皮地狱、[第十二层]畜生地狱、[第十三层]刀兵地狱、[第十四层]铁磨地狱、[第十五层]碾刑地狱、[第十六层]铁册地狱、[第十七层]蛆虫地狱、[第十八层]烊铜地狱

▶▶▶ 罗　汉 ◀◀◀

在佛教创始人释迦牟尼行将涅槃之际,身边十六个弟子围绕着他并向他请教:"世尊,您在时以您为师。您涅槃之后,我们以何为师?"释迦牟尼答曰:"以法为师。"

在此之前,释迦牟尼传经说法不著文字,全靠心口相授。为了弘扬佛法,在佛祖涅槃之后由以号称"头陀第一"的迦叶为首的这十六位弟子组织全世界五百位高僧,根据"善闻第一"的阿难的记忆复述而记录整理佛祖口授的所有经典,这就是十六罗汉和五百罗汉以及《佛经》的来历。

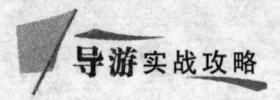

关于十八罗汉众说纷纭,其中十六罗汉已有定论,有加庆友尊者和玄奘尊者的,也有加降龙尊者和伏虎尊者的。中国古代视单数为阳而双数为阴,十八是最大的阳数"九"的双倍,因而被视作吉祥数。久而久之,十八罗汉之说更为大众所接受。

现代大部分大乘佛教寺院的十八罗汉造像多为:布袋罗汉、长眉罗汉、芭蕉罗汉、沉思罗汉、伏虎罗汉、过江罗汉、欢喜罗汉、降龙罗汉、静坐罗汉、举钵罗汉、开心罗汉、看门罗汉、骑象罗汉、探手罗汉、托塔罗汉、挖耳罗汉、笑狮罗汉、坐鹿罗汉。

▶▶▶ 六字真言与科学养生 ◀◀◀

唵、嘛、呢、叭、咪、吽,是观音菩萨的六字真言,意为:归命莲华宝珠之上。《心经》是佛法概要,而六字真言又是概要中的概要。普罗大众不可能诵读浩瀚的佛经,因此观音菩萨为利于大众修行,特设此方便法门。诵此六字真言如同诵一切佛经。

圣观音菩萨诵此真言,以关闭六道生死之门,即"唵"能闭诸天之门,以白色表示;"嘛"能闭修罗之门,以青色表示;"呢"能闭人间之门,以黄色表示;"叭"能闭畜生之门,以绿色表示;"咪"能闭饿鬼之门,以红色表示;"吽"能闭地狱之门,以黑色表示。

六字真言不仅是佛教的无上咒语,更是用声波调整身心的科学养生大法。科学告诉我们,人的一切肌体都是由分子所组成。有分子就有分子场,有分子场就有分子波。人的五脏六腑结构不同,因此它们的分子波就不同。假设人肺部的正常分子波应该是"990兆赫",由于过度劳累或者烟酒过度导致分子波紊乱(医学上叫作植物神经紊乱)变成"790兆赫"了,就要咳嗽、气喘、胸闷。

当我们诵六字真言中的"唵"时所产生的波频正好和肺部的正常波频一致,这样就把原来紊乱的分子波调正了,我们的身体不就恢复健康了吗?其他五个字中,"嘛"对应肝脏,"呢"对应脾脏,"叭"对应肠道,"咪"对应心脏,"吽"对应肾脏,与道家的五音有异曲同工之妙。

六字真言还是打通大小周天的气功妙法,当我们诵"唵"的时候,共鸣区在头颅(清气灌顶),顺次念其他几个真言时,共鸣区依次向下。念到最后一个

"吽"字的时候,共鸣区在下腹部的丹田,正好是"气沉丹田"。而且这样不会出偏差,安全高效。

普贤菩萨有三字真言嗡、啊、吽。嗡的共鸣区在头颅(上丹田),啊的共鸣区在胸部(中丹田),吽的共鸣区在下腹部(下丹田)。无论是念六字真言还是三字真言,实际上我们身上的"炁",走了一个小周天。所谓小周天就是人体背部的督脉(从会阴穴至百会穴,炁沿督脉往上走)和胸腹部的任脉(从百会穴至会阴穴,炁沿任脉往下走)相通。中医医学认为人的任督两脉相通,人就阴阳平衡了。阴阳平衡了,人就健康了。所以历来气功师或者中医学家都很重视"打通周天"。

▶▶▶ 道家五行与人体五脏 ◀◀◀

五行——木、火、土、金、水

五色——青、红、黄、白、黑

五音——宫、商、角、羽、徵

五方——东、南、中、西、北

五木——松、桐、柳、杨、柏

五季——春、夏、长夏、秋、冬

五脏——肝、心、脾、肺、肾

道家认为,天地大宇宙人体小宇宙,天地大五行人体小五行。人的五脏六腑和环境、颜色、声音、方向、植物、季节都有对应的关系。道家讲究养生,故有"春养肝,夏养心,长夏养脾,秋养肺,冬养肾"的科学养生学说(长夏,指大暑以后立秋以前这段时间)。

道家造诣深厚的气功师,在指导学生练习养生气功时,会提醒练习者注意综合环境,与"宇宙"同练。比如:养肝者,宜面东向着松树;养心者,宜面南向着桐树;养脾者,宜面南向着柳树;养肺者,宜面西向着杨树;养肾者,宜面北向着柏树。

现代科学证明,月的盈亏不但会引起潮汐的变化,而且会引起人的情绪和生理变化,这不也印证了道家养生学是符合科学规律的吗?

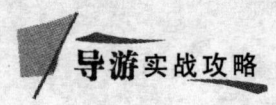

《禹贡》九州

《禹贡》九州的地理分布约略如下:

1. 冀州——在"两河之间"。按"禹贡大河"从今河南省北部沿着太行山东麓转到河北省的东北部入海。这一段下游河道与流经陕、晋之间的中游河道之间,恰好形成一个周匝三面的袋形地带,就是当时称呼的"两河之间"地。这样冀州的范围,大致有今山西全省,河北的西、北境,以及河南的北部和辽宁的西部。

2. 兖州——在河、济之间。即从冀州的"禹贡大河"(河北东北境的黄河故道)一直往南到济水之间。略有今河北东南部、河南东北部及山东西北部。

3. 青州——在山东半岛。西北以济水与兖州为界,南以泰山与徐州分界。略有今山东中部及东部。

4. 徐州——在淮水以北。北倚泰山与青州为界,南至淮水与扬州分界。略有今山东南部、江苏和安徽的北部。

5. 扬州——在长江下游。北起淮水,南跨长江,东至于海,西逾大别山区。略有今江苏、安徽的大部,河南东南部、湖北东部及江西北部一隅。

6. 荆州——在长江中游。扬州以西,包括有江、汉、洞庭湖地区。北起今湖北南漳西的荆山,南到湖南衡山之南。略有今湖北、湖南两省的大部分和江西的西部。

7. 豫州——在黄河之南。南以荆山与荆州为界,东与徐州相接,西抵潼关。略有今河南的大部和湖北的北部。

8. 梁州——在长江上游。东临巫峡,与荆、豫二州为界;北抵秦岭,与雍州为邻。略有今四川全省及陕、甘两省秦岭以南地。

9. 雍州——在黄河以西。南倚秦岭,东濒黄河,西抵宁夏及甘肃河西地。略有今陕西全省,宁夏、甘肃的东部及内蒙古的南部。

▶▶▶ 四书五经 ◀◀◀

四书五经是四书和五经的合称,是中国儒家的经典书籍。四书是指《论语》、《孟子》、《大学》和《中庸》;而五经是指《诗经》、《尚书》、《礼记》、《周易》、《春秋》,简称为"诗、书、礼、易、春秋"。

其实本来应该有六经,还有一本《乐经》,合称"诗、书、礼、乐、易、春秋",但后来亡于秦末战火,只剩下五经。

▶▶▶ 一竹四德 ◀◀◀

苏轼好竹,有"宁可食无肉,不可居无竹。无肉使人瘦,无竹使人俗"之名句。不仅为竹之清雅,更为竹之四德——1. 虚心向上 2. 坚忍不拔 3. 节外无枝 4. 生不改色。人若具备了竹子的四种美德,便达到了圣人的境界。

▶▶▶ 柳树为何姓杨 ◀◀◀

隋炀帝为把南方的丰饶的物产输送到北方的政治中心,开挖了举世闻名的大运河,沟通了中国的五大水系,方便了南北水上交通。但是南方雨水颇多,经常冲毁运河堤岸造成水患。

地方官上奏朝廷后,隋炀帝虽然荒淫无耻,但对植物颇有研究,知道只有耐水并且生长快的树种才适宜保持大运河两岸的水土,便下旨沿大运河大部分河段的两岸,每隔一丈插柳一枝。柳树是能够扦插成活的速生树种,三年五载之后大运河两岸便绿树成荫,不但保护了堤岸、美化了环境,还为往来的船只尤其是纤夫避暑遮阴,确实造福了沿河民众。

各处地方官借机上表拍皇帝马屁,称颂隋炀帝恩泽庶民、德彪千秋。隋炀帝一高兴,就颁旨奖赏柳树的护堤之功。当年秦始皇因泰山的五棵松树遮雨有功而赏赐它们为一品大夫。隋炀帝更大方,赐给柳树最高的奖赏——赐国

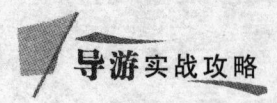

姓,把自己的姓赐给了柳树。隋炀帝姓杨,此后,柳树跟着姓杨,称为杨柳,成为植物中与皇帝同姓的"皇族"。

▶▶▶ 丈人缘何成"泰山" ◀◀◀

中国古代文化认为,天地交泰而万物生,而天高高在上,地沉沉在下,怎么交泰呢?古人认为天和地就是通过岱宗(泰山)来交泰的。正因为泰山有沟通天地的殊胜伟功,所以从秦始皇起,历代皇帝都要到泰山封禅,以示自己是"奉天承运"的真命天子。

唐玄宗屡次来到泰山封禅,当时张说被任命为封禅使,前来做些准备工作,以迎圣上驾到。泰山封禅,是在山顶筑土为坛以祭天,报天之功;山下辟场以祀地,报地之绩。

张说奉旨前往,而他自己却另有打算,认为封禅动用黄金万两,无据无数,吃喝玩乐,大有油水可捞,再说事后还可以因功受赏,便乘机把女婿郑镒也拉上,一齐赴岱。

唐明皇到泰山封禅,举行了轰轰烈烈的封禅仪式。事后,按惯例,除太尉、司徒、司空三公以外,凡随行官员都晋升一级,并大赦天下,以示皇恩。郑镒本是九品小吏,由于他老丈人的作用,连升四级,骤迁五品,赐给大红官服,趾高气扬,威威武武,好不显赫。其他人早就看在眼里,气在心上,朝廷上下议论纷纷。这事传到唐明皇的耳朵里,皇帝马上召张说进殿,问他是怎么回事,张说默不作声。这时,有个叫黄幡卓的人在旁边一语双关地为他开脱说:"此乃泰山之力也。"

此事在宫廷内外传为笑话。以后,人们便把祭坛旁边的那个高耸入云的石峰取名叫"丈人峰",因为泰山又称"东岳",所以,自唐代开始,"泰山"、"岳父"便成了妻父的专称,泰山也多了一处景观,叫作丈人峰。"丈人"也由原来泛指老人的含意而演变为"岳父",沿袭至今。

▶▶▶ 骂人害己 ◀◀◀

佛祖释迦牟尼委派弟子目犍莲和罗睺罗去化缘,他们走了很远的路才找到一户大户人家,当时很高兴,心想今天师兄弟们的斋饭总算有着落了。他们轻轻地敲了很久的门,才从里面出来一个怒气冲冲的管家。

目犍莲恭恭敬敬地行了礼后,想说明来意:"施主,我们是来化缘的僧人——"可是没等目犍莲把话说完,管家就暴躁地用污言秽语辱骂他俩,末了还一个劲地喝令他们滚蛋。两人十分气愤,可是佛教把骂人视作一种罪恶,所以两人没有回骂那个出言不逊的管家,而是带着一肚子的委屈回到了住所。

佛祖此时正在为众弟子讲经传法,见两人空手归来并一副怒火中烧的模样,就慈祥地问他们为什么如此生气?两人就把如何化缘不成反遭辱骂的事情如此这般地当众说了一遍,佛祖却微笑着说:"如此看来你们俩不该生气呀!"

众人都不解地看着佛祖,佛祖问众人:"如果有人送东西给你们,你们没接受,那么送礼者该当如何?"

"那他只好把东西收回去。"众人异口同声地回答。

佛祖继续开示众人:"骂不还口就是拒收他人的斥骂,你们既然没有收取别人的辱骂,气因何而生呢?更何况生气是'用他人之过而罚己'的一种愚昧而已。"

众弟子诚服。

▶▶▶ 门当户对 ◀◀◀

在中国传统的院子大门两旁有一对石块,其作用是加固门框和阻挡围墙根的灰尘被风吹入院中,所以称作户对石。在大门之上有若干探出的木头,用于搁匾或者悬挂灯彩,唤作门当木。

在封建社会等级制度非常严格,户对石的高度和门当木的长度都必须和主人的身份相符,否则要受处罚乃至处罪。因此各家的门当木和户对石又是各家社会地位的象征。

旧时为儿女说亲，无须向对方证明男主人官居几品或者家有财富多少，只要两亲家的门当木和户对石相差无几，就足以证明两家的社会地位不会差别太大。"男女婚配，门当户对"的出典就在于此。

▶▶▶ 九五之尊 ◀◀◀

九五之尊原指皇宫的建筑规模，古建筑的宽度以"开间"计量，深度以"进"计量，一间房的宽度为"一开间"，一间房的深度为"一进"。因为最大的阳数为九，所以最高等级的建筑——皇宫必定宽九开间，而深度低于五进则显得太浅，不能彰显皇宫的高深及皇帝的威严；大于五进则通风不良和外观不美，所以皇宫的定制为宽九深五。因这个规格只有皇帝专用，所以后人常以"九五之尊"来借代皇帝的威严。

▶▶▶ 道教三轿 ◀◀◀

龙在道教中最主要的作用是助道士上天入地，沟通鬼神。龙被认为是"三轿"之一。这里所指的"三轿"，一曰龙轿，二曰虎轿，三曰鹿轿。道教的三轿主要是作为得道成仙者上天入地的乘骑工具。

和现在的各级干部等级不同，乘坐的轿车不同（如有的享受奥迪 A6，有的享受奔驰 600）一样，道教的各路神仙也是有等级的，高等神仙乘坐龙轿，中等神仙乘坐虎轿，普通神仙则只能乘坐鹿轿了。

▶▶▶ 名人的身高 ◀◀◀

赫鲁晓夫 1 米 66、拿破仑 1 米 65、希特勒 1 米 65、普希金 1 米 65、爱因斯坦 1 米 64、列宁 1 米 64、杜鲁门 1 米 63、斯大林 1 米 62、墨索里尼 1 米 60、孙中山 1 米 58、鲁迅 1 米 58、路易十四 1 米 56、丰臣秀吉 1 米 52、亚历山大大帝 1 米 50、查理大帝 1 米 50 。

▶▶▶ 名言的真相 ◀◀◀

若干被引用率很高的所谓"励志名言",其实是经过阉割和改装的假货,作为导游不可再将谬误流传。

正:爱迪生——天才那就是1%的灵感加上99%的汗水,但那1%的灵感是最重要的,甚至比那99%的汗水都要重要。

误:天才那就是1%的灵感加上99%的汗水。

正:拿破仑——中国是一只睡狮,一旦它醒来,整个世界都会为之颤抖。它在沉睡着,谢谢上帝,让它睡下去吧。

误:中国是一只睡狮,一旦它醒来,整个世界都会为之颤抖。

正:斯大林——作家用自己的作品塑造人类的心灵,因此作家是人类灵魂的工程师。

误:列宁——教师是人类灵魂的工程师。

▶▶▶ 中国大中城市的别称 ◀◀◀

上海——不夜城	青岛——岛城	拉萨——日光城
广州——花城、羊城	成都——蓉城、锦城	湘潭——莲城
重庆——山城	长沙——星城、潭城	昆明——春城、花城
武汉——江城	金华——婺城	莆田——荔城
潮州——凤城	济宁——任城	徐州——彭城
大同——平城	嘉兴——禾城	安庆——宜城
西昌——月城	扬州——芜城	温州——鹿城
衢州——柯城	蚌埠——珠城	泉州——鲤城
漳州——芗城	许昌——烟城	惠州——鹅城
柳州——龙城	泸州——酒城	内江——甜城
哈市——冰城	烟台——港城	曲阜——圣城
东营——油城	衡阳——雁城	福州——榕城

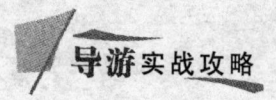

大连——滨城	长春——车城	十堰——车城
苏州——水城	厦门——鹭城	鞍山——钢城
呼市——青城	曲靖——麒麟城	齐齐哈尔——鹤城
潍坊——风筝城	石狮——服装城	聊城——凤凰城
绍兴——蠡城	北京——京城	济南——泉城、历城
南昌——洪州城	南京——石头城、金陵	
包头——鹿城、草原钢城	太原——并、龙城	

▶▶▶ 中国大中城市的市花 ◀◀◀

北京——月季、菊花	上海——玉兰	天津——月季
重庆——山茶	济南——荷花	青岛——耐冬、月季
威海——月季	菏泽——牡丹	枣庄——石榴
哈尔滨——丁香	伊春——兴安杜鹃	佳木斯——玫瑰
长春——君子兰	大连——月季	沈阳——玫瑰
丹东——杜鹃花	呼和浩特——丁香	太原——菊花
包头——小丽花	石家庄——月季	邯郸——月季
邢台——月季	保定——兰花	张家口——大丽花
承德——玫瑰	沧州——月季	郑州——月季
开封——菊花	平顶山——月季	洛阳——牡丹
焦作——月季	鹤壁——迎春	新乡——石榴
安阳——紫薇	商丘——月季	许昌——荷花
漯河——月季	驻马店——月季	信阳——月季、桂花
南阳——桂花	三门峡——月季	鄢陵——蜡梅
杭州——桂花	宁波——山茶	温州——山茶
金华——山茶	绍兴——兰花	福州——茉莉
厦门——叶子花	三明——杜鹃花	泉州——刺桐
漳州——水仙	南昌——金边瑞香	景德镇——山茶
新余——桂花、月季	九江——云锦杜鹃	鹰潭——月季
吉安——杜鹃花	井冈山——杜鹃花	合肥——桂花、石榴

淮阴——月季	蚌埠——月季	马鞍山——桂花
安庆——月季	阜阳——月季	巢湖——杜鹃花
芜湖——月季	南京——梅花	徐州——紫薇
镇江——蜡梅	扬州——琼花	南通——桂花
苏州——桂花	常州——月季	无锡——梅花、杜鹃
宿迁——月季	连云港——石榴	天水——月季
攀枝花——木棉	成都——芙蓉	自贡——紫薇
广元——桂花	泸州——桂花	德阳——月季
万县——山茶	内江——栀子花	乐山——海棠花
株洲——红木	西昌——月季	长沙——杜鹃花
邵阳——月季	湘潭——菊花	衡阳——月季、山茶
武汉——梅花	岳阳——栀子花	常德——栀子花
老河口——桂花	黄石——石榴	襄阳——紫薇
宜昌——月季	十堰——石榴、月季	沙市——月季
恩施——月季	荆门——石榴	丹江口——梅花
西安——石榴	拉萨——玫瑰	贵阳——兰花
西宁——丁香	咸阳——紫薇、月季	汉中——栀子花
银川——玫瑰	格尔木——红柳	兰州——玫瑰
南宁——朱槿	乌鲁木齐——玫瑰	奎屯——玫瑰
东川——白兰花	桂林——桂花	昆明——云南山茶
台北——杜鹃花	玉溪——朱槿	大理——杜鹃花
台中——木棉	高雄——朱槿	基隆——紫薇
嘉义——玉兰	台南——凤凰木	新竹——杜鹃花
彰化——菊花	宜兰——兰花	桃园——桃花
台东——蝴蝶兰	南投——梅花	屏东——叶子花
韶关——杜鹃花	花莲——荷花	广州——木棉
汕头——凤凰木	深圳——叶子花	珠海——叶子花
江门——叶子花	佛山——月季	中山——菊花
肇庆——荷花、鸡蛋花	湛江——紫荆	惠州——叶子花

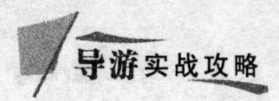

▶▶▶ 中国城市地名谜语 ◀◀◀

1.冰雪融化(开封) 2.日近黄昏(洛阳) 3.圆规画鸡蛋(太原) 4.萤火虫(昆明) 5.胖子开会(合肥) 6.大家都笑你(齐齐哈尔) 7.一路平安(旅顺) 8.千里戈壁(长沙) 9.四季花开(长春) 10.海上绿洲(青岛) 11.全部融解(通化) 12.全面整顿(大理) 13.背景分明(北京) 14.一寸光阴一寸金(贵阳) 15.巨轮出海(杭州) 16.风平浪静(宁波) 17.金银铜铁(无锡) 18.空中码头(连云港) 19.夸夸其谈(海口) 20.向日葵(朝阳) 21.见脸不见发(包头) 22.永久太平(长安) 23.蓝色之洋(青海) 24.东方有战乱(西安) 25.相差无几(大同) 26.红色的山(赤峰) 27.不冷不热的地方(温州) 28.觉醒了的大地(苏州) 29.烽火堡(烟台) 30.舟出江尾(上海) 31.良材(佳木斯) 32.雪盖冰河(银川) 33.花满海湾(香港) 34.宝树丛丛(吉林) 35.羊上法庭(沈阳) 36.全民炼钢(大冶) 37.拿枪的兵 (武汉) 38.快乐之地(神州) 39.食盐增产(咸丰) 40.东南北(西藏)

▶▶▶ 中国各地的三宝 ◀◀◀

北京:牙雕、烤鸭、景泰蓝
天津:鸭梨、栗子、狗不理
河北:棉花、蘑菇、冀南桃
浙江:锦缎、火腿、龙井茶
台湾:甘蔗、樟脑、细草席
广西:珍珠、甜柚、浔江鱼
湖南:种猪、莲心、湘妃竹
江西:贡橘、黄麻、景德瓷
山西:汾酒、煤炭、繁峙铁
辽宁:苹果、钢铁、抚顺煤
甘肃:水烟、甜瓜、河曲马

上海:桃子、蜜梨、五香豆
江苏:苏绣、香醋、咸板鸭
山东:啤酒、苹果、莱阳梨
福建:龙眼、水仙、寿山石
广东:香蕉、菠萝、功夫茶
河南:烟叶、牛肉、乐比梨
湖北:桐油、水杉、印花布
安徽:宣纸、徽墨、龙尾砚
内蒙:羊绒、钢铁、蒙古马
陕西:毛驴、黄牛、西凤酒
宁夏:滩羊、枸杞、同心草

青海:麝香、药酒、冬虫草　　　新疆:白玉、葡萄、哈密瓜
云南:白药、普洱、大理石　　　贵州:茅台、洞箫、安顺刀
四川:榨菜、花生、自贡盐　　　西藏:氆氇、毡靴、江孜毯
吉林:人参、鹿茸、紫貂皮　　　黑龙江:石油、黄金、马哈鱼

注:"中国各地的三宝"用于激发游客的"故乡自豪感",有四两拨千斤之功效。

▶▶▶ 中国最美丽的风景 ◀◀◀

风景美如画,人在画中游。风景,是最重要的旅游资源,是旅游赖以生存发展的生命线。2005年《中国国家地理》杂志等34家媒体组织全国各地的专家进行了长达8个月的评选,于当年10月23日在北京公布了《中国最美丽的风景》。我仅对其中部分文字作了补充和修改。

中国最美的十大名山
1. 南迦巴瓦:云中的天堂　2. 贡嘎:天神的睡枕　3. 珠穆朗玛:心灵的守望　4. 梅里:雪神的仪仗队　5. 黄山:上帝的盆景　6. 稻城三神山:香格里拉的地标　7. 乔戈里:遥远的秘境　8. 冈仁波齐:众神的居所　9. 泰山:华夏的图腾　10. 峨眉山:盆地向天庭的突起

中国最美的五大湖
1. 青海湖:陆心之海　2. 喀纳斯湖:天神的宝镜　3. 纳木错:与神耳语的地方　4. 长白山天池:盛怒之后的平静　5. 杭州西湖:南宋遗韵,人间瑶池

中国最美的五大沙漠
1. 巴丹吉林沙漠:上帝画的曲线　2. 塔克拉玛干沙漠:大地的天体　3. 古尔班通古特沙漠:大漠的血脉　4. 鸣沙山:千年的守望　5. 沙坡头:拽住流沙的脚步

中国最美的三大雅丹
1. 乌尔禾:风的雕塑　2. 白龙堆:群龙聚首天涯　3. 三垄沙:戈壁的舰队

中国最美的五大城区
1. 厦门鼓浪屿:琴与涛的和声　2. 苏州老城:依偎着现代化的古老　3. 澳门历史城区:西风渐进登陆处　4. 青岛八大关:殖民者留下的风情　5. 北京什

什刹海地区:紧临中南海的时尚

中国最美的十大峡谷

1. 雅鲁藏布大峡谷 2. 金沙江虎跳峡 3. 长江三峡 4. 怒江大峡谷 5. 澜沧江梅里大峡谷 6. 太鲁阁大峡谷 7. 黄河晋陕大峡谷 8. 大渡河金口大峡谷 9. 太行山大峡谷 10. 天山库车大峡谷

中国最美的六大旅游洞穴

1. 梦幻织金洞 2. 多彩芙蓉洞 3. 全能黄龙洞 4. 震撼腾龙洞 5. 本色雪玉洞 6. 九曲本溪水洞

中国最美的八大海岸

1. 亚龙湾:天上宫阙的投影 2. 野柳:海浪留在大地上的雕塑 3. 成山头:腹地对大海的渴望 4. 东寨港红树林:留在陆地上的碧浪 5. 昌黎黄金海岸:沙漠与大海的吻痕 6. 维多利亚海湾:万丈红尘映碧海 7. 崇武海岸:惠安女眺望大海的地方 8. 大鹏半岛:临近闹市的一块荒野

中国最美的六大瀑布

1. 藏布巴东瀑布群:大峡谷中的隐士 2. 德天瀑布:跨国的风情 3. 黄河壶口瀑布:万千气象一壶收 4. 罗平九龙瀑布:十节美玉天下秀 5. 九寨沟诺日朗瀑布:树丛中的织锦 6. 黄果树瀑布:不能复制的雄浑

中国最美的六大冰川

1. 绒布冰川:雪神的御花园 2. 天山托木尔冰川:雪峰献给瀚海的殷勤 3. 海螺沟冰川:天使的琼楼 4. 米戴盆望天冰川:桃花源里的冰雪 5. 特拉木坎力冰川:冰雕嘉年华 6. 透明梦柯冰川:荒漠中的甘泉

中国最美的十大森林

1. 天山雪岭云杉林 2. 长白山红松阔叶混交林 3. 尖峰岭热带雨林 4. 白马雪山高山杜鹃林 5. 波密岗乡林芝云杉林 6. 轮台胡杨林 7. 西双版纳热带雨林 8. 荔波喀斯特森林 9. 大兴安岭北部兴安落叶松林 10. 蜀南竹海

中国最美的十大海岛

1. 西沙群岛:珊瑚为国土增色 2. 涠洲岛:水火雕出的作品 3. 南沙群岛:珊瑚为中国铸就的界碑 4. 澎湖列岛:人文与自然交相辉映 5. 南麂鸟:神奇的海上生物园 6. 庙岛列岛:海上有仙山 7. 普陀山岛:海天佛国 8. 大嵛山岛:山、湖、草、海在此浓缩 9. 林进屿、南碇岛:古火山地貌珍品的遗存

10.海陵岛:南中国海边的银滩

中国最美的六大沼泽湿地

1.若尔盖:高原碧宝 2.巴音布鲁克:天山雪水创造的奇迹 3.三江平原湿地:残存的壮美 4.黄河三角洲湿地:沧海桑田进行时 5.优雅鹤乡扎龙湿地 6."红地毯"辽河三角洲湿地

中国最美的六大乡村古镇

1.丹巴藏寨:空谷有佳人 2.哈尼村落:万千明镜映炊烟 3.图瓦村:所谓伊人,在水一方 4.黎平肇兴侗寨:白云生处有家 5.婺源:最爱村头油菜花 6.丽江大研镇:琵琶弦上说相思

中国最美的六大草原

1.呼伦贝尔东部草原——风吹草低见牛羊 2.伊犁(那拉提)草原——太阳初吻的草地 3.锡林郭勒草原——成吉思汗的军毯 4.川西高寒草原——香格里拉之门 5.那曲高寒草原——冈底斯山下的处女地 6.祁连山草原——军马和白云驰骋的高原草场

▶▶▶ 百位行业祖师 ◀◀◀

1.孔子:教育业——春秋鲁国人,大成至圣先师,万世师表。

2.刘伶:卖酒业——魏晋"竹林七贤"之一,最为著名的酒徒。

3.苏武:放牧业——西汉时出使匈奴,苏武牧羊。

4.神农氏:农业和药业——辨五谷、尝百草、烧制井盐。

5.杜康(少康):酿酒业——上古少康初作箕帚、秫酒。

6.鲁班(公输班):——春秋鲁国人,竹木泥瓦匠、石匠、绳匠、棚匠、攒筲匠、张箩匠、雕刻匠、制伞业、风筝业祖师爷,创造过云梯、石磨、木作工具及木制飞鸟等,民间多有神化。

7.麻衣道者:命相业——宋初人,曾以《正易心法》授陈抟。精通民间相人术,著有《麻衣相法》流传于世。

8.风后氏:人相业——远古黄帝宰相,精通相术,首创风鉴之学。

9.鬼谷子(王诩):——堪舆五行业、眼镜业、制鞋业、纵横家之鼻祖,苏秦与张仪是其两大弟子。精通堪舆数术命相、医术,授徒孙膑。

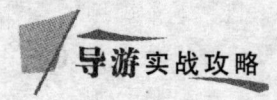

10．柳敬亭：评书业——明末杰出说书艺人，人称"柳评书"。

11．黄道婆：织布业——元代棉纺革新家，推广轧花、纺车和织机技术。

12．李隆基：戏曲业——翼宿星君，召集艺人在梨园学艺，亲自击鼓奏乐。

13．葛洪（抱朴子）：印染业、洗衣业——东晋道士和中医，在炼丹中提炼出各色染料；盐业——煮盐、晒盐和炼丹有相似之处。

14．蔡伦：造纸业——东汉太监，湖南郴州人，造纸术的发明者。

15．蒙恬：制笔业——秦朝大将，以枯木为管，鹿毛、羊毛为笔尖，制成苍毫名秦笔。

16．扁鹊：中医业——战国名医，即秦越人，创立"四诊"医术。

17．刘安：豆腐业——淮南王，刘邦之孙，熬丹药时无意间用黄豆、盐卤做成了豆腐脑。

18．范蠡：商业——协助越王勾践灭吴，功成后弃官经商；制陶业——称陶朱公；养殖业——在定陶还从事农业和牧业。

19．易牙：餐饮业——春秋人氏，善于调味，见赏于齐桓公而闻名。

20．嫘祖：蚕丝业、绸缎庄——黄帝妻子，教民养蚕治丝。

21．黄帝：裁缝\弓匠\沽衣铺——教民用骨针穿麻线缝树叶和兽皮做衣。

22．后稷：农业——土神和谷神，尧、舜时期被封作农官，教民耕种稷麦。

23．文昌帝君：文具书店业、文财神——黄帝之子，名挥，善于造弦张网，故以张为姓，累世托生为儒，曾辅佐周公，留心经典，文采斐然。

24．子路：砚墨业——为孔子学生，以砚墨而传之。

25．陆羽：茶业——唐代茶圣，著有《茶经》之品茗书籍，喝茶风气随之盛行。

26．李渔：美容业——清戏曲家，指导艺人姿态表演及化妆。

27．刘海：针业——晚唐五代人，道教神仙。额头常垂有头发，后世称作刘海。在戏蟾时，有"线过金钱眼"的动作，遂成为针业的保护神。

28．东方朔：相声曲艺业——西汉辞赋家，汉武帝时任太中大夫。性格诙谐，言辞敏捷。灯具业——设计救出宫女，并引出正月十五元宵灯节的活动，从而形成习俗。

29．罗祖：理发业——罗隐，唐明皇时人，亦称罗真人，发明理发手艺和工具。旧历七月十三是罗祖诞辰日，理发业举行盛会。

30．孙膑：薪炭行——战国军事家，师鬼谷子，鬼谷子令其寻找"无烟柴"，最终发现了木炭。

31. 陶侃:收废品——东晋荆州刺史。少年家境贫寒,养成勤俭节约的习性,小到竹头木屑和鸡毛蒜皮,都绝不浪费。

32. 陆毒:玻璃业——西汉绿林好汉,用石头架锅做饭时发出强光,原来是石头被烧得透明,此为中国原始玻璃。

33. 彭祖:饮食业——名铿,善养性,能调鼎,进雉羹与尧。著名寿星。

34. 刘伯温:风水业——刘基,朱元璋谋士,善神机妙算,民间多有神化。

35. 闻仲:糕点业——奉商纣之命讨伐武王,为减少埋锅造饭时间,设计了一种用饴糖和谷粉黏在一起的糖饼,这是世界上最早的点心。

36. 卢仝:茶馆业——唐代诗人,以品茶、论茶著名,著有《茶谱》。

37. 马钧:爆竹业——三国魏国人,火药发明人,把连发弩改造成抛石机。

38. 吴道子:绘画业——唐朝道士,擅诗画;扎彩业——尊为百代画圣。

39. 管仲:盐业——首创盐业专卖,即国家垄断经营;娼妓业——多见明清笔记小说,谢肇淛《五杂俎》云:"管子之治齐,为女闾七百,征其夜合之资,以佐军国。"

40. 蚩尤:铜业——蚩尤是铜业的代表,又管理着盐池;杂技业——源于角抵,又名蚩尤戏,蚩尤乃角抵英雄。

41. 孙云球:眼镜业——清初科学家,眼镜业创始人,著《镜史》。

42. 帝予:制醋业——杜康之子,杜康造酒,儿造醋。相传杜康发明酒后躲避,帝予模仿父亲造酒,21天酉时无意中发明了醋。

43. 宁封子:制陶业——龙跷真人,原为黄帝陶正,神人过其处为其掌火,能出五色烟,久则以教封子,连掌其法。后授黄帝《龙跷经》,被封为五岳真人。

44. 孟昶:乐器业——后蜀末帝,沉湎酒色,与花蕊夫人皆工声曲。

45. 蔡邕:酱园业——东汉文学家,谐音"菜佣"。又以颜真卿(史称颜鲁公,谐音盐卤)、刘邦(善于将将,谐音酱酱)为祖师。

46. 郭璞:风水业——西晋文学家,又是道学术数大师和游仙诗的祖师。

47. 雷海青:戏剧业——唐玄宗宫廷乐师,善弹琵琶,俗称田公元帅,被安禄山肢解示众。有"戏神"之誉。

48. 济小塘:魔术戏法业——明嘉靖道仙,肉体凡身成仙的第一人。云游四海,得遇野人传授法术,广行善事,终于羽化飞升,称"道教济公"。

49. 造父:制车业、交通业——姓嬴,周穆王时人,伯益13代孙,赵姓始祖。

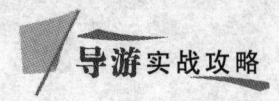

特别善于驾马车,天上有"造父变星"。

50. 高元:建筑业——黄帝的建筑家,高姓始祖。以木为架、以土为被造屋。

51. 卢眉娘:刺绣业——唐朝绣女,手工精巧无比,在一尺绢上绣出七卷《法华经》。更善制作伞盖,人物山水多而不失细致,称为神姑。不吃东西,每天只饮二三合酒。死时满屋香气,乘着紫云游于海上。

52. 仙娘:娼妓业——殷商女巫,其时妓女并不耻辱,称为"巫娼时代"。

53. 伊尹:餐饮业——商初宰相,以烹饪滋味说服商汤致力于王道政策。成语中"割烹要汤"、"调和鼎鼐"、"治大国若烹小鲜"等均由伊尹辅佐商汤成其大业而来。

54. 孙思邈:制药业——唐代药王和寿星,著《千金要方》。各地有祠庙。

55. 华佗:医业——三国神医,精通各科,尤擅外科,通晓养生术。

56. 马王爷:车行、牲口牙行——即马神,天上的天驷星,称"三眼华光"。又说是汉武帝时的匈奴王子金日磾,擅长养马。生日是六月二十三,民间举行祭祀活动。

57. 要离:牛行——牧牛出身,力大无穷,东周时断臂刺庆忌,忠烈感人,后人尊为牛王爷。牛头、黄衣、戴竹笠,四月初八为祭祀日。

58. 徐霞客:旅游业——明代地理学家、旅行家,著《徐霞客游记》。

59. 陈七子:澡堂业、修脚匠——幼年拜罗祖学艺,因贪玩师傅摔坏了他的剃刀,只好用半片剃刀为人修治脚疾,后来得真人指点手艺愈精,由此创下修脚一行;梳篦业——发明了篦子,解决了梳子齿疏的问题。

60. 铁拐李:膏药铺——道教八仙之一,身世由来传说颇多。他教给一个姓王的膏药铺老掌柜一个绝活,用狗皮贴膏药,从此而得名。

61. 扁鹊:按摩业——战国齐医家,即秦越人,擅长各科,能熟练运用综合治疗的方法,长于针刺法、热熨法和服汤药法。民间多有神化和附会。

62. 井母:给水业、打井业——井神,原是童养媳,打井时救了化身小青蛇的东海龙子,龙王奖她鞭子,在水缸里一搅就能出水,遂被尊为水母娘娘。

63. 童宾:烧窑业——明代窑师。太监潘相在景德镇督造青龙缸,久不成功,便残害窑工,童宾纵身入窑抗议,不料龙缸烧造成功。尊为风火神。

64. 范丹:乞丐行——他与孔子比智,孔子让子路向范丹借粮,范丹出题为难子路,并只借一篮粮,还时又被风刮走,结果孔子败,成为永远欠范家粮食的人。范丹弟子以唱莲花落(数来宝)为标志,遂成为乞丐祖师。这一行人乞讨时都打竹板说莲花落。

65. 左白桃(五道真君):扎彩行——羊角哀和左白桃进京赶考,只有一人路费,羊角哀冻死野外,把盘费留给左白桃。左用扎纸来祭奠羊角哀,成了这一行的先人。而五道真君代表着人死后的灵魂,指地狱、饿鬼、畜生、人和天。

66. 马头娘:养蚕业——古时一老者出门,家里留下一匹白马,女儿思父,承诺白马寻回其父便嫁给它。可当马儿驮回老父,父却将马杀掉。一日大风,马皮将女儿卷走,父找到女儿时已变成了马皮裹着的蚕,又称马头蚕。反映了早期人类与马和蚕的依赖关系。

67. 张班:竹篾业——鲁班的师兄,善做竹活,发明了竹篾子。

68. 赫连:梳篦业——被黄帝俘虏关在牢里,蓬头垢面,做了一个简易梳子解痒。嫘祖见后以为稀奇,开创梳子制作。可惜赫连已经被斩杀。

69. 鲁赵氏(鲁班夫人):油漆业——用红土或矿物粉加糯米汁、植物汁漆刷木器,乃原始油漆业。

70. 胡顶真人:白铁业、小炉匠、行秤匠、锡匠——据说"胡打乱钉,打壶行秤"都是他留下的。业务范围广泛,几乎无所不会,农历四月十八拜佛堂、拜师收徒。

71. 邹和尚:制糖业——唐代僧人,爱科学,尤重制糖技术,首创冰糖,列为朝廷贡品。制糖技术在当时世界上处于领先的地位。

72. 樊哙:屠宰业——汉大将,发迹前出身狗屠,杀狗、卖狗肉。

73. 李昂:年画业——唐文宗,恭俭儒雅,喜欢读书,引发"甘露之变"。李昂首印历书下发民间指导农耕,年画等应运而生。

74. 张小泉:剪刀业——明末安徽黟县人,在杭州生产祖传剪刀,乾隆年间为贡品。

75. 周庄王:说书业、曲艺行——东周国君,传说他的母亲病了,他为母讲贤。

76. 韩毒龙:粮店业、米行——封神榜中的增福神,商纣上大夫杨任的部下。

77. 伯乐:兽医业——春秋时代掌管畜牧兽医的官员,还是一位善用针灸治马病的兽医。与他齐名的还有相马能手九方皋和相牛能手宁戚。

78. 张王、陆相公:孵化业——宋代高邮人,他们在打苇草时发现一只正在抱窝的野鸭被蛇缠死,就把鸭蛋放在怀中孵出小鸭,养成家鸭,从此鸭就不会抱窝了。

79. 马援:当铺业——东汉军事家,以马革裹尸、死而后已著名。把所有的财产都分给兄弟朋友,自己则过着清简的生活。

80. 妈祖:航运业——恭拜天上圣母,为护航女神。

81. 大禹:水利业——姓姒,上古治水英雄,五帝之一。

82. 伯益:牧业、狩猎——黄帝后裔,擅长畜牧狩猎,被佥推为九官之一的虞官,管理草木鸟兽,并佐舜调驯鸟兽。后来帮助禹治水有功,舜帝封他为侯爵,赐封"嬴"姓。

83. 孔武子:武术业——《金枝欲孽》里的御前侍卫,其实取意"孔武有力",表示甚武而有力,并不是指人。

84. 赵慨:烧窑业——东晋时人,传说是景德镇制瓷师主、瓷祖。

85. 胡令能:秤匠、锡匠、铜匠——唐诗人,莆田(属福建)隐者,少为缚铜锼钉之业(修补锅碗盆缸),人称"胡钉铰"。

86. 葛梅二仙:染业、纺织业、变戏法——葛玄,三国吴人,筑坛立炉修炼九转金丹,苦修成仙,称葛仙翁;梅福,西汉南昌县尉,王莽篡政乃遁避尘世求道。葛梅二仙传葛洪。

87. 皋陶:法官——皋城(六安)人,古六安国始祖,东夷族首领,偃姓。传说舜时被任为掌管刑法的官。禹继位后按禅让制举荐皋陶为他的继承人,但先于禹而亡故。

88. 李畋:花炮业——唐浏阳人,世代花炮饮水思源,始祖李畋功照千秋。

89. 智公禅师:澡堂业、修脚匠——相传他禅杖上挂有修脚刀具,曾为佛祖释迦牟尼、达摩老祖及周文王等人修过脚、治过足疾。

90. 有巢氏:建筑业、手工业——上古神话人物,教民构木为巢,以避野兽,由穴居到巢居。在先秦古籍已有记载。

91. 伏羲氏:占卜业——上古远祖,画八卦以推演事物的变化,预卜事物的发展。

92. 孟公孟姥:行船业——或云冥公冥姥,因玄冥也,刘思贞云:玄冥为水官,死为水神,冥孟声似。《北户录》:南方逐除夜及将发船,皆杀鸡,择骨为卜,传古法也。卜吉,即以肉祠船神,呼为"孟公孟姥,其来尚矣"。按梁简文《船神记》云,船神名冯耳。《五行书》云:下船三拜三呼其名,除百忌。

93. 尧、丹朱:围棋业——丹朱是尧的儿子,知其不肖而让位于舜。传说尧看到儿子丹朱不够聪明,便发明围棋,教他围棋以启智。

94. 宋慈:法医——宋代名医,福建建阳人,其《洗冤集录》是一部千古不朽的法医专著,被尊为世界法医学鼻祖。

95. 师旷:吹鼓手——春秋时期晋国乐师,《阳春》、《白雪》出其手。

96. 张亚子:刻字印刷——晋朝人,负责有功名则金榜题名,刻字印刷而告之。道教主宰功名、禄位之神。玉帝命梓潼帝掌管文昌府和人间禄籍,故称梓潼帝君。

97. 丘处机:玉器行——金、元道教全真七子之一,法术超人,隐居栖霞山,曾西行见成吉思汗。道教奉玉皇大帝为祖师,故玉器行和道士称兄弟。丘处机是制玉大师。

98. 孟尝君:旅店业——战国四君子之一,有门客三千。为招徕天下英才而在列国广设客舍,是为旅店业之祖。

99. 姆六甲:花业——她的屋后是一座花园,每个来世的人都是由其花传世。没有生育的妇女,农历二月十二"花朝"都到野外求花。

100. 桑弘羊:会计业——西汉经济家,参与推行盐、铁、酒官营专卖政策,设均输、平准官平抑物价,擅长会计和财政计算。

幽默小段子

游客是来享受的,因此轻松欢快的气氛必不可少,尤其是在长途转移中,导游应该不断地制造一个个兴奋点,使客人从昏昏欲睡中解脱出来。而导游的幽默诙谐正是治疗"上车睡觉,下车撒尿"旅游常见病的良药。

▶▶▶ 北寺塔"不"是塔 ◀◀◀

乾隆皇帝下江南来到了苏州,那时还没有导游这个行当。知府便请了当

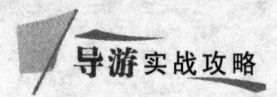

地一位博学多才、能说会道的秀才充当"伴游"。

乾隆皇帝看到巍然耸立在蓝天之下的北寺塔，觉得其很有气势，心生欢喜。便随口问伺候在身旁的秀才："此塔甚为雄伟，是为何塔？"

秀才便答道："回禀万岁爷，北寺塔。"

乾隆皇帝一听糊涂了，心想明明是好端端的一座宝塔，怎么会不是塔呢？

原来，在苏州话中，"北"字的读音和北方话的"不"字相仿。所以苏州话"北寺塔"在乾隆皇帝听起来如同"不是塔"。乾隆皱了皱眉头，又问："朕问你，此物是不是塔？"

秀才心里想，皇帝老儿怎么如此低能，我明明告诉他，这是北寺塔，为何还要问是不是塔呢？便答道："回万岁爷，此物是塔。"

乾隆皇帝又问："那究竟是何塔？"

"北寺塔。"秀才不知道皇上为什么要翻来覆去地问同一个问题。

"不是塔？"乾隆皇帝龙颜大怒，"小小一个秀才，竟敢戏弄朕，难道尔不知欺君之罪是要灭九族的吗？"

秀才吓了一跳，赶紧跪下了："草民不敢。"

乾隆却怒气未消："那朕问你，你为何一会儿说这是一座塔，一会儿却说这不是塔呢？"

秀才吓得汗出如浆："回万岁爷，塔就是北寺塔，北寺塔就是塔，不是……就是……北寺……"

他心里越紧张越说不明白，乾隆皇帝是越听心里越来气，便喝令秀才掌嘴。

这时候，懂点儿苏州话也懂点儿北方话的知府算是明白过来了，赶紧给乾隆皇帝如此这般地解释了一番。乾隆一听也乐开了，一挥手免了秀才的掌嘴。

▶▶▶ 我也打歪了 ◀◀◀

一个神父带着朋友去打棒球。朋友把球投过来，神父一棒把球打飞了，便下意识地骂了一声："他妈的，我打歪了。"

朋友吃了一惊，赶紧说："神父，爆粗口是不可以的，主会生气的。"

神父的心思在球上，结果一棒又打飞了："他妈的，又打歪了！"

这下朋友紧张了,惊恐地对神父说:"您再爆粗口,主一定会生气的,他会惩罚您的!"可神父正琢磨着把下一棒打好,就心不在焉地回答道:"好吧。"

想不到,第三棒又没打好,神父心里窝火透了,脖子的青筋暴得老粗:"他妈的,又打歪了,今天怎么这么背……"

话没说完,半空中炸响了一个晴空霹雳,一个落地雷打到了球场上。浓烟散去后,只见满身乌黑的神父惶恐地跪在地上,他的旁边倒着一个人。神父诚惶诚恐地仰望着天空:"主啊,主啊,千错万错都是我的错,我的朋友没说粗话,该受罚的是有罪的我啊!"

过了好一会儿,从天空中飘落一个苍老的声音:"他妈的,我也打歪了……"

▶▶▶ 神父和司机 ◀◀◀

一位尽职的神父和一个经常醉酒驾驶的司机在一场车祸中一起死了,死后一起接受加百列大天使的审判。出乎意料的是,加百列大天使把醉驾闯祸的司机判决升天堂,而把神父判决下地狱。神父感到很委屈,就去上帝那里投诉:"主啊,我是您忠实的奴仆,我一生都在勤勉地为您布道。而那个司机经常出车祸,这次就是他醉酒驾车把他自己和我一起带到您这里来了。"

主用睿智的目光安抚着神父:"我的孩子,来到这里是你的不幸吗?"

神父深深地低下了头:"主啊,到您这里是我梦寐以求的幸福。"

主和蔼地笑了:"那你不该埋怨他才是。"

主又问加百列大天使为何作出看来似乎有悖常理的判决,加百列天神恭敬地答道:"主啊,这位神父布道时,人们总在打瞌睡;而那位司机开车时,人们总在向您祷告!"

▶▶▶ 官员狂扁海盗 ◀◀◀

某国的一艘商船被索马里海盗劫持了,有关部门派人去跟索马里海盗谈判。

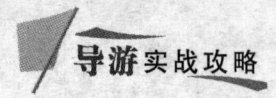

索马里海盗首先开价:"500万美元,一口价!"

某方官员还价:"250万!"

海盗火了:"你当我傻啊?我知道你们说二百五是骂人的!"

某国官员:"500万就500万!但发票要开900万!"

海盗一下子没反应过来,某国官员就启发他们:"你丫真是没见过大世面,还犹豫什么?多开发票你们又没少挣钱!傻样儿,下次你们劫了船,多要点,咱们分成。"

海盗们还在犹豫。某国官员发飙了:"告诉你们,再犹豫就得开3000万发票了!"

海盗佩服得五体投地,一个个跷起大拇指:"抢钱还是你们牛逼!!!"

▶▶▶ 电脑征婚 ◀◀◀

一位女子,开出的征婚条件有两点:1 要帅;2 要有车。电脑去帮她搜寻的结果——象棋。

▶▶▶ 忘交电费的后果 ◀◀◀

一群萤火虫在空中飞,其中有一只不发光!另一只很好奇地问他:"哥们,你怎么不发光啊?"

不发光的萤火虫回答道:"哎,哥们上月忘交电费了!"

谜语小故事

我带团去八卦村时,在一家药铺的店堂内看到了杜牧的《清明》:

清明时节雨纷纷，路上行人欲断魂。

借问酒家何处有？牧童遥指杏花村。

　　这首堪称千古绝唱的诗大家都很熟悉，可是要用这四句诗打四味中草药，却着实让人颇费心思。我算是个射虎熟手且略懂中医，也只猜出第二、三、四句分别指的是滑石、生地、熟地，怎么也未能弄明白，第一句"清明时节雨纷纷"指的是哪一味中药。

　　当时为了掩饰自己的窘迫，我用《世上只有妈妈好》的歌名作为谜面请店主也猜一味中药，店主抚颊思索良久未能猜出，我们彼此留了个悬念。其实我的谜底是"知母"，他的谜底是"防风"，都是常用中药而已。不过此事给了我一个启迪，开始收集有趣有哲理的谜语故事，用于调节旅途气氛，效果颇佳。

▶▶▶ 拦车考孔子 ◀◀◀

　　孔夫子周游列国，一日来到燕国。进城门不多远，见一少年拦住马车说："我叫项橐，听说孔老先生很有学问，特拦路求教。"孔夫子笑着说："小孩儿，你遇到什么难题啦？"项橐立起问道："什么水没有鱼？什么火没有烟？什么树没有叶？什么花没有枝？"孔夫子听后说："江河湖海，什么水里都有鱼；不管柴草灯烛，什么火都有烟；至于植物，没有叶不能成树，没有枝难于开花。"项橐晃着脑袋直喊："不对！"接着说出四物。孔夫子道："后生可畏啊，老夫拜你为师！"你知道项橐说的是哪四物吗？

　　答案：井水没有鱼，萤火没有烟，枯树没有叶，雪花没有枝。

▶▶▶ 拍错马屁 ◀◀◀

　　从前有位七品县令，大年初一上街看春联，忽见一户人家门上贴的春联与众不同，只见那上联：数一道二门户，下联：惊天动地人家，横额：先斩后奏。

　　县官心想：此户如此气魄，定是与朝廷大官有关人家，于是赶紧备了一份厚礼，叩门拜访。县官问主人："贵府哪位大人在京都奉职？"

　　主人一听，莫名其妙，自称兄弟三人皆是穷苦小民。县官一愣，忙问："那门口贴的对联?"

主人答道:"啊,原来如此。"他接着解释说:"要说那副对联,倒是一点不假。"于是将自己三兄弟的职业陈述了一番。县官听后,方知自己拍错马屁,只好丢下礼物,扫兴而去。你能猜出这平民三兄弟各是什么职业吗?

答案:主人介绍,三弟是卖烧饼的,烧饼要一个一个数给顾客,故曰"数一道二";二弟是做爆竹的,放起炮来"惊天动地";老大是个屠夫,杀猪不用衙门核准,所以叫"先斩后奏"。

▶▶▶ 改联气官宦 ◀◀◀

从前,有户官宦人家,非常刁恶。过年时,为了炫耀他家的权势,就在朱漆大门上贴了一副对联,上联是:"父进士子进士父子皆进士",下联是:"婆夫人媳夫人婆媳均夫人。"

这事让一个穷秀才知道了。一天,他趁夜深人静,拿笔在上联同样的三个字上各描了一笔,在下联里相同的三个字上各添了一笔。经过这样一改,原来对联的意思就完全颠倒了。

次日清晨,这家官老爷一出门,看见改过的对联,当时就气得昏倒在台阶上。请你想一想,穷秀才改了哪几个字?怎样改的?

答案:上联是:"父进土子进土父子皆进土",下联是:"婆失人媳失人婆媳均失人。"

▶▶▶ 已通七窍 ◀◀◀

一年春天,一位土财主望子成龙,慕名请蒲松龄教家馆。不到三个月,蒲松龄拱手告辞说:"令郎学有成就,老夫要另谋去处。"

财主一听十分高兴,忙设宴为先生饯行。酒过三巡,财主笑问:"吾儿的文章如何?"

蒲松龄回答:"高山响鼓,闻声百里。"

财主大悦,捋须又问:"吾儿在易、礼、诗诸方面必通了吧?"

蒲松龄诙谐一笑,接应道:"八窍已通七窍,八窍已通七窍。"说罢说声"多谢",便挑起书箱启程了。

蒲松龄前脚刚走,财主后脚赶到衙门,将这喜讯告诉当师爷的胞弟,要其为侄儿报名参加科举考试,先捞个"秀才"当当。那师爷听罢叙述,哭笑不得,说:"大哥,你让那教书匠戏弄了。"接着解释了一番。财主一听,气得直骂儿子:"蠢猪!"你知道蒲松龄话是何含义?

答案:"高山响鼓,闻声百里"乃"不通!不通!""八窍已通七窍"则为"一窍不通"。

▶▶▶ 巧对成巧谜 ◀◀◀

有一年春节,杭州西湖总宜园举行春节灯谜会,吸引了许多游客。刚巧,徐文长路过园门口,只见一群人拥挤在大门口,在对一副对联谜语。好多文人雅士摇头搔耳,苦苦思索,一时对不出下联。徐文长上前一看,只见上联写着:"白蛇过江,头顶一轮红日。"下面写着"打一日常用物,并用一谜对下联"。徐文长微微一笑,觉得谜底虽平常,但要同样用一谜对下联,感到一时难以作答。忽然,他望见门房墙上挂着一物,便说:"下联有了。"接着吟道:"乌龙上壁,身披万点金星。"你可知道上联打的是什么日常用品?徐文长对的下联,又猜的是什么日常用品?

答案:上联为青油灯,下联为一杆秤。

▶▶▶ 诗 厨 ◀◀◀

有位厨师精通诗词,他做的每道菜,都能对出一句优美的诗句来。一位秀才故意出个难题,给厨师两只鸡蛋,要他办成一桌酒席,并且每道菜要表示一句古诗。厨师欣然接受,做了四道菜。第一道菜是两个炖蛋黄,几根青菜丝;第二道菜,把熟蛋白切成小块,排成一个队形,下面铺了一张青菜叶子;第三道菜,清炒蛋白一撮;第四道菜,一碗清汤,上面浮着四只蛋壳。秀才见了,深表佩服。你知道这四道菜代表了哪四句诗?

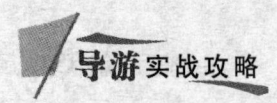

答案:"两个黄鹂鸣翠柳,一行白鹭上青天。窗含西岭千秋雪,门泊东吴万里船。"

▶▶▶ 神童解缙 ◀◀◀

解缙是明朝洪武年间有名的才子,儿时便有神童之称。有一次,知府巡视吉水县,路遇方六岁的解缙。知府问:"你父母是干什么的?"解缙答:"慈父肩挑日月,家母手转乾坤。"知府听后愣了一会儿,然后叹道:"好聪明的孩子。"你知道解缙的父母是干什么的吗?

答案:父担水,母磨豆腐。

▶▶▶ 名医戏官宦 ◀◀◀

明代医药家李时珍曾任四川蓬溪知县,后因继承父志编修《本草纲目》,决意辞官回乡。离职前,接任的县官为李时珍饯行。席间,那新官求道:"素闻李公医道高明,可否为下官开帖滋补单方?"

李时珍早闻此人是个"酒色财气"四大全的昏官,于是佯装允诺,取过文房四宝,开了一剂药:柏子仁三钱、木瓜二钱、官桂三钱、柴胡三钱、益智二钱、附子三钱、八角二钱、人参一钱、台乌三钱、上党三钱、山药二钱。写毕,李时珍扬长而去。

第二天,那昏官将单方交予师爷去抓药。师爷细细一看,忙说:"大人给他骂了!"接着道出了其中奥秘。那昏官一听,气得直拍桌子。你知道这药方中骂了句什么话吗?

答案:柏木棺材一副,八人抬上山。

▶▶▶ 伍子胥猜谜 ◀◀◀

相传战国时,文武双才的伍子胥初次上朝时,在殿前刚举完千斤鼎,君主又传谕试文才。结果,满朝文武都论不过他。这时相国就给他出了个字谜:"东海有大鱼,无头又无尾,丢了脊梁骨,一去直到底。"伍子胥当即答了出来。接着他又回相国一个字谜:"出东海,入西山,写时方,画时圆。"其实谜底都是一个,却难住了相国。猜一猜是什么字?

答案:日。

▶▶▶ 识联济贫 ◀◀◀

清代,以诗、字、画著称的郑板桥,早年活动在扬州。他虽说家中并不富裕,却常常拿卖画得来的钱周济那些贫寒的百姓。一次,郑板桥去扬州南门外的文峰塔游玩。走到南门街,看见一户人家贴了一副蹊跷的对联,上联写着"二三四五",下联写着"六七八九"。郑板桥皱眉一想,急忙返回家去,从家里拿着东西,进了贴对联的这家。这家主人一看,郑板桥送来的东西,正是自己需要的,非常感激,并问道:"您怎么知道我要这个东西?"郑板桥说:"我一看门上的对联心里就明白了。"聪明的朋友,你知道对联上写的是什么意思吗?

答案:字面——缺一少十,含义——缺衣少食。

▶▶▶ 请　酒 ◀◀◀

李秀才好酒,也善猜谜。一天,他照例来到"太白楼"酒店。王老板一见是李秀才,便笑着说:"我出个字谜你猜。"

李秀才知道老板有些文才,便双手作揖:"请。"

老板摇头晃脑地吟道:"唐虞有,尧舜无;商周有,汤武无。"

李秀才道:"我将你的谜底也做成一谜,你看对不对:跳者有,走者无;高者有,矮者无。智者有,蠢者无。右边有,左边无;凉天有,热天无。"

王老板哈哈大笑,摆出丰盛酒菜,请李秀才开怀畅饮。您知道这是个什么字吗?

答案:口。

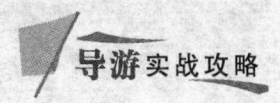

▶▶▶ 打 猎 ◀◀◀

有一天,猎人出去打猎,直到天黑才回到家里来。他的妻子问他:"你今天打了几只野兽?"

猎人说:"打了9只没有尾巴的,8只半个的,6只没头的。"他的妻子莫名其妙,弄不清他说的是什么意思,猎人到底打了几只野兽,你知道吗?

答案:0。

▶▶▶ 诗人猜谜 ◀◀◀

宋朝时,秦少游曾作过一谜请苏东坡猜:"我有一间房,半间租与转轮王,有时射出一线光,天下邪魔不敢当。"

东坡假装猜不中,另作一谜请秦少游猜:"我有一张琴,琴弦藏在腹,为君马上弹,弹尽天下曲。"

少游假装猜不中,就让苏小妹猜,小妹说:"我也有一谜:我有一船,一人摇橹一人牵,去时牵纤去,归时摇橹回。"这三个宋朝著名的文人作的三首谜语诗,谜底打的是同一种木工用具,你知道是什么吗?

答案:墨斗。

▶▶▶ 卖 药 ◀◀◀

一天,路旁有群人围着个卖药摊子。那卖药人头上戴顶草帽,面前放着一只药箱,箱盖上放着几粒做广告用的药丸。此时,卖药人正在口若悬河地兜售:"本药是根据祖传秘方精心制作而成。专治脱发、秃顶,治一个好一个。哪位买回去试试?包你满意!"他说得摇头晃脑,满口涎沫,头上的草帽也跟着上下颠动。围观者有的问这问那,有的掏腰包。

卖药人见生意马上要开张,非常得意,就弯下腰去开箱,没想到不留神把箱盖上的药掀落在地上,恰好又刮来一阵风,草帽也被刮掉了。

卖药的人慌里慌张地捡药又捡帽,等他戴好帽,抬头一看,周围已经空无一人。你知道原因吗?

答案:卖药人是个秃子。

▶▶▶ 谜诗破谜 ◀◀◀

范仲淹幼时勤奋好学,因家贫到醴泉寺借读。不知不觉间,范仲淹在醴泉寺已苦读三年。这天傍晚,他和醴泉寺住持踏着夕阳余晖,到翠竹苍苍、奇石罗列的后园散步。住持触景生情,得一字谜:竹林高高留僧处。让范仲淹猜字。范仲淹以诗笑答:竹下一寺院,天天把人盼。久候人不来,空把香火燃。住持听后,频频点头。

范仲淹的诗是"谜诗破谜",可知二人的谜底为何字吗?

答案:等。

▶▶▶ 佛印宴友 ◀◀◀

一天,佛印邀好友苏东坡和苏小妹来寺做客,佛印是烹饪好手,便问道:"二位喜欢吃点什么菜?"

苏小妹慢条斯理地说道:"你给我来个:土里生来水里捞,石头缝里走一遭,白白净净没骨头,人人爱吃营养高。"

苏东坡风趣地说:"我来一盘:有根不落地,有叶不开花,都说它是菜,园里不种它。"

佛印听了笑着说:"二位稍待片刻!"说罢下厨房去了。工夫不大,佛印把两盘佳肴摆上桌说:"两位可是要的这两个菜?"

苏东坡和苏小妹望着桌上的菜,齐声说:"对!"请问苏家兄妹要的是什么菜?

答案:豆腐 豆芽。

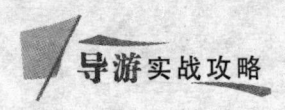

▶▶▶ 盲人买罐 ◀◀◀

烈日炎炎,一个盲人到露天集市上去买瓦罐。他问摊主:"瓦罐都有什么色的?"

小贩答:"我卖的瓦罐有四个白的,二个黑的。"盲人问:"多少钱一个?"

小贩答:"白的一个三枚钱,黑的一个二枚钱。"

盲人说:"那我要个白的吧。"

小贩收了钱,欺盲人看不见,小贩就拿了一个黑罐子给盲人,盲人接过罐子,又把地摊上的罐子都摸了一遍,愤愤地说:"你欺负我是盲人,竟然用个黑罐子冒充白罐子来骗我!走!我们到官府说理去,我要你加倍还我罐子钱。"

请问:盲人是怎么发现自己被骗的?

答案:烈日暴晒下,黑罐比白罐烫。

名人的机智

机智,是导游不可或缺的能力。导游的工作就是和各种各样的人打交道,无论是游客、司机、餐厅管理员还是宾馆经理,导游都需要和他们进行沟通和协调。如果把所有的这些关节比喻成一组齿轮的话,那么机智就是最好的润滑剂。遇到意外的变故,导游更需要用机智来应对,机智并非与生俱来的天赋,它主要来自于后天的努力。

成语道:"吃一堑长一智。"事实上,并非一定要碰得满头大包才能成熟起来。我们为什么不能用机智的方法来学习机智呢?让我们一起来向名人学习机智吧。

马克·吐温的道歉

美国著名作家马克·吐温在报纸上抨击国会,说"有些议员是狗娘养的"。这让有些议员很愤怒,强烈要求马克·吐温公开道歉,否则要起诉他。几天后,马克·吐温在报纸上刊登了《道歉启事》。启事中说:"前几天,我说有些议员是狗娘养的,现在特此更正为'有些议员不是狗娘养的'。"

莫泊桑的胡子

一位贵族夫人傲慢地对法国作家莫泊桑说:"你的小说没什么了不起,不过说真的,你的胡子倒十分好看,你为什么要留这么个大胡子呢?"

莫泊桑淡淡地回答:"至少能给那些对文学一窍不通的人一个赞美我的东西。"

丘吉尔摇头

在英国议会开会时,一位议员在发言时见到坐席上的丘吉尔正摇头表示不同意,这位议员说:"我提醒各位,我只是在发表自己的意见。"

这时候丘吉尔站起来说:"我也提醒议员先生注意,我只是在摇我自己的头。"

康德的惊讶

一位熟人正同一位妇女告别,康德问他:"这是你的未婚妻?""是的。"这位熟人回答。"你对于我的选择感到惊讶吗?"康德笑着说:"不,我惊讶的是她的选择。"

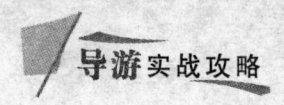

法拉第反诘

法拉第是近代磁学的奠基人,但是在电灯、电动机、电话发明之前,不少人还怀疑电的用处。一位贵妇人在法拉第讲演后挖苦说:"教授,你讲的这些东西有什么用处呢?"

法拉第诙谐地说:"夫人,你能预言刚生下的孩子有何用吗?"

以鸟喻人

音乐家西贝柳斯同一位批评家在公园散步,这时小鸟在枝头婉转歌唱,批评家说:"它们才是这世上最有才能的音乐家。"

不一会儿一只乌鸦飞来,西贝柳斯说:"它才是最优秀的批评家。"

美讥法讽

法国名人波盖取笑美国历史太短,说:"美国人没事的时候,往往喜欢怀念祖宗,可是一想到祖父一代,就不能不打住了。"

马克·吐温回敬说:"法国人没事的时候,总是想弄清他们的父亲是谁,可很难弄清。"

回敬戈林

二次大战时,德国法西斯头目之一戈林问一瑞士军官:"你们有多少人可以作战?"

"50万。"

"如果我派百万大军进入你们国境,你们怎么办?"

"那我们就每人打两枪。"

▶▶▶ 发现法拉第 ◀◀◀

英国化学家戴维曾是大科学家法拉第的导师,当然他自己也取得了科学上的三大重要成就——电解法分离碱金属和碱土金属、确定氯是元素、发明安全灯。但当人们称颂他的发现时,他却说:"不!不!我一生最大的发现是法拉第。"

▶▶▶ 哪条腿签字 ◀◀◀

美国有位作家某次到一家杂志社去领取稿费。他的文章已经发表,那稿费早就该付了,可是出纳却对他说:"真对不起,先生。支票已开好,但是经理还没有签字,领不到钱。"

"早就该付的款,他为什么不签字呢?"作家有些不耐烦了。出纳狡辩道:"他因为脚跌伤了,躺在床上。"

"我真希望他的腿早点好。因为我想看他是用哪条腿签字的!"

▶▶▶ 再铺一张床 ◀◀◀

马克·吐温喜欢躺在床上读书或写作。有一天早晨,一个新闻记者来访问他。马克·吐温叫太太把这个人请到他的卧室里来,太太反对说:"难道你还不应当起来吗?你自己躺在床上,让人家站着,像什么呢?"

他想了一会儿,然后同意说:"我没有想到这一点,那你最好叫用人再铺一张床吧!"

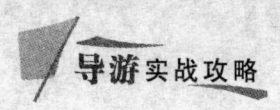

▶▶▶ 记者春秋 ◀◀◀

巴黎晚报的主笔拉扎雷夫，有一次对一群大学生讲到他的经验时说："一位新闻记者前半生是花在报道一些他们不能了解的事情上，而后半生则是花在隐瞒一些他了解得太透彻的事实上。"

▶▶▶ 丘吉尔的风度 ◀◀◀

英国首相丘吉尔急于赶到下议院去开会，他叫了一辆出租汽车。车子到达目的地后，他下车对司机说："我在这里大约耽搁一个钟头，你等我一下吧。"

可是司机坚决地回绝了："我就要赶回家去，好在收音机里收听丘吉尔演说。"

首相一听这话，不禁大为惊喜，于是除照价付了车资之外，又重重赏了他一笔可观的小费。

司机望着那笔意外的收入，很快就改变了主意。他对乘客说："我想了一下，还是在这里等着送你回去吧。管他妈的什么丘吉尔！"

丘吉尔下车后，摘下帽子对司机欠了欠身："您说得太对了，先生。对全体英国公民来说，英镑远比什么丘吉尔重要得多！"

▶▶▶ 波尔森讽妄者 ◀◀◀

波尔森在研究古希腊文学方面造诣精深，成为学术界的权威。有一位对这方面感兴趣的年轻学者曾鲁莽地建议和波尔森合作研究。波尔森耐心地听完了他的分析，对他的自不量力和狂妄很不满意，便对他说："你的建议极有价值，把我所知道的和你所不知道的加在一起，那就是一部巨著。

▶▶▶▶ 南隐论禅 ◀◀◀◀

有一天,有位大学教授特地向日本明治时代著名禅师南隐问禅,南隐只是以茶相待,却不说禅。他将茶水注入这位来客的杯子,直到杯满,还是继续注入。这位教授眼睁睁地望着茶水不停地溢出杯外,直到再也不能沉默下去了,终于说道:"已经漫出来了,不要再倒了!"

"你就像这只杯子一样,"南隐答道,"里面装满了你自己的看法和想法。你不先把你自己的杯子空掉,叫我如何对你说禅?"

▶▶▶▶ 巨人与侏儒 ◀◀◀◀

曾长期担任伦敦威斯敏斯特公学校长的理查德·巴斯比,有一个装满智慧的大脑,可惜的是他个子太矮小。一次,他走进一家咖啡馆。人很多,也很挤。正当他往里挤时,忽听后面有人叫道:"喂,'巨人',可以把我带到座位上去吗?"原来说这话的是身材高大的男爵,此人以肤浅、放荡出名。

"呵,'侏儒',当然可以。"巴斯比应声答道。

那位男爵忙上前解释说:"请原谅,我不是在取笑你的身材,我是指你的才智。"

"我也不是指你的身材。"巴斯比回答说。

▶▶▶▶ 襁褓中的孩子 ◀◀◀◀

一天,某人有意刁难瑞士大教育家彼斯塔洛齐,向他提出一个问题:"你能不能从襁褓中就看出,小孩长大以后会成为一个什么样的人?"

彼斯塔洛齐回答得很干脆:"这很简单。如果在襁褓中是个小姑娘,长大一定是个妇女;如果是个小男孩,长大就会是个男子汉。"

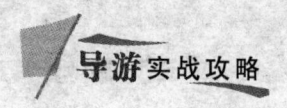

▶▶▶ 避雷针与婴儿 ◀◀◀

避雷针的发明者、美国物理学家富兰克林(1706—1790)正在邀请人们参观他的新发明。其中一个阔太太问:"可是,它有什么用呢?"富兰克林回答道:"夫人,新生的婴儿又有什么用呢?"

▶▶▶ 议员和毛驴 ◀◀◀

富兰克林不仅是著名的科学家,还是一位社会活动家。他曾积极地参加了《独立宣言》的起草,为争取黑人解放发表演说,为建立美国的民主制度进行斗争。他在指责一项有钱人才能有资格当选为议员的法律的时候说:"要想当上议员,就得有30个美元。这么说吧,我有一头驴,它值30个美元,那么我就可以被选为议员了。一年以后,我的驴死了,我这个议员就不能继续当下去了。请问,究竟谁是议员呢? 是我,还是驴?"

▶▶▶ 绅士是什么东西 ◀◀◀

富兰克林的仆人是个黑人,他问富兰克林:"主人,绅士是什么东西?"

富兰克林回答说:"这是一种生物,是一个能吃、能喝、会睡觉可是什么也不做的有生命的东西。"

过了一会,仆人跑到富兰克林身边说:"主人,我现在知道绅士是个什么东西了。人们在工作,马在干活,牛也在劳动,唯有猪只知道吃、睡,什么都不干。毫无疑问,猪便是绅士了。"

▶▶▶ 留声机和助听器 ◀◀◀

爱迪生一生取得了1 093种发明的专利权,其中留声机的发明使他最为得意。当有人问起他为什么不发明一种助听器时,他说:"你在过去的24小时内听到的声音,有多少是非听不可的呢?"他接着又说:"一个人如果必须大声喊叫,就绝对不会说谎。"

▶▶▶ 爱迪生巧收"门票" ◀◀◀

爱迪生有幢避暑的别墅,他为此而感到非常自豪,喜欢陪同来访者到这里参观,向他们介绍室内各种各样的节省劳力的设备。其中有一个地方,来访者必须经过一个绕杆才能走过去,而转动绕杆要费很大力气。

一位客人问爱迪生:"为什么周围都是些新的发明,而这里却摆了个这么笨重的绕杆?"

爱迪生回答说:"喔,你瞧,每个把绕杆转过来的人都往我屋顶上的水箱里抽入了8加仑的水。"

▶▶▶ 关于上帝 ◀◀◀

爱迪生不仅在科学领域里发明了大量东西,还善于机智地回答记者们提出的各种古怪的问题。一次,有个记者问他是否应该给一座正在修建的大教堂装个避雷针,他毫不犹豫地答道:"当然。因为上帝往往是粗心大意的嘛!"

记者又问他是怎样想象上帝的,爱迪生说:"先生,没有质量、没有重量、没有形状的东西是无法想象的!"

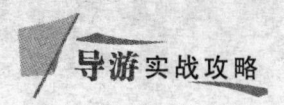

▶▶▶ 最大的乐事 ◀◀◀

英国天文学家约翰·杰尔舍利临终的时候，神父坐在他的床头，喃喃不休地对他大谈其天国之乐。

"对我来说，人生最大的赏心乐事，"他打断了神父的话，"莫过于能看到月球的背面了。"

▶▶▶ 注意观察 ◀◀◀

德国著名内科医生约翰·舍莱恩不但有着高超的医术，他的启发式教学方法同样受人称颂。

在一次实习课上，他给大学生们讲述："作为一个医生应该具备两种品质：第一，不苛求清洁；第二，要有敏锐的观察力。一些老医生在诊断糖尿病时，往往亲口尝一尝病人尿液的味道。"

说完，舍莱恩给同学们进行了示范——把一根手指浸入盛有尿液的小杯子里，然后伸到嘴里舔了舔。做完这个动作，舍莱恩问学生们："谁来试一遍？"

一名勤奋的学生照样尝了尝尿液的味道。舍莱恩摇摇头对他说："同学，您的确不是洁癖，这很好。但是，你没有观察力。您并没有发现，刚才我把中指浸入小杯子里，而舔的却是无名指。"

▶▶▶ 勋爵的伤 ◀◀◀

有一个英国勋爵，擦破了点皮，受了一点轻微的伤痛，就去召请著名的外科医生塞缪尔·夏普。夏普给"病人"检查后，立即吩咐勋爵的仆人赶快跑到药房去取药。

勋爵听到这急促的吩咐后，脸色都吓白了。他紧张万分地问外科医生："我的伤口看来很危险吧？"

"是的,如果您的仆人不尽快跑的话,那么我担心……我担心,在他回来之前,您的伤口已经愈合了。"

▶▶▶ 不是洗澡堂 ◀◀◀

德国女数学家爱米·诺德,虽已获得博士学位,但无开课"资格"。

著名数学家希尔伯特十分欣赏爱米的才能,他到处奔走,要求批准她为学校的第一名女讲师,但在教授会上还是出现了争论。一位教授激动地说:"怎么能让女人当讲师呢?如果让她当讲师,以后她就要成为教授,甚至进大学评议会。难道能允许一个女人进入大学最高学术机构吗?"

希尔伯特站起来,坚定地批驳道:"先生们,候选人的性别绝不应成为反对她当讲师的理由。大学评议会毕竟不是洗澡堂。"

▶▶▶ 爱因斯坦妙论"国籍" ◀◀◀

20世纪30年代,爱因斯坦有一次在巴黎大学演讲时说:"如果我的相对论证实了,德国会宣布我是个德国人,法国会称我是世界公民。但是,如果我的理论被证明是错的,那么,法国会强调我是个德国人,而德国会说我是个犹太人。"

▶▶▶ 一个人就够 ◀◀◀

1930年,德国出版了一本批判相对论的书,书名叫作《一百位教授出面证明爱因斯坦错了》。爱因斯坦闻讯后,仅仅耸耸肩道:"100位?干吗要这么些人?只要能证明我真的错了,哪怕是一个人出面也足够了。"

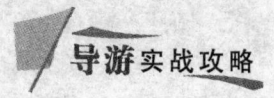

▶▶▶ 时间与永恒 ◀◀◀

一个美国女记者走访爱因斯坦,问道:"依您看,时间和永恒有什么区别呢?"爱因斯坦答道:"亲爱的女士,如果我有时间给您解释它们之间的区别的话,那么,当你明白的时候,永恒就消失了!"

▶▶▶ 大 纸 篓 ◀◀◀

爱因斯坦被带到普林斯顿大学他的办公室那天,有人问他需要什么工具。"我看,一张书桌或台子,一把椅子和一些纸张、铅笔就行了。啊,对了,还要一个大废纸篓。"他说。

"为什么要大的?"

"好让我把所有的错误都扔进去。"

▶▶▶ 意 识 ◀◀◀

爱因斯坦的二儿子爱德华问:"爸爸,你究竟为什么成了著名人物呢?"

爱因斯坦听后,先是哈哈大笑,然后意味深长地说:"你瞧,甲壳虫在一个球面上爬行,可它意识不到它所走的路是弯的,而我却能意识到。"

▶▶▶ 爱因斯坦"应聘" ◀◀◀

科学巨匠之间擦出的智慧火花足以照亮人们的思想。在科学家的聚会上,爱迪生抱怨自己的实验室难以招聘到理想的助手。爱因斯坦就开玩笑说:"你看我可以吗?"

爱迪生说:"当然可以,不过你得告诉我硫酸亚铁的化学分子式怎么写?"

爱因斯坦立即回答:"你可以从《化学手册》上得到它。"

爱迪生满意地笑了:"还有一个问题,你什么时候可以到我的实验室上班?"

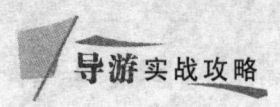

后 记

  我的导游三部曲中的第一部《导游实战攻略》历经半年的呕心沥血终于杀青了。

  为了避免自己的思想让别人跑马,陷入抄袭的俗套,我特意不带一本参考书就躲到了东京,在一个能够远眺富士山的窗口下,静静地回忆和思考并开始我的写作。20多年来,我始终是一个与众不同的导游;100多天来,我终于写成了一本与众不同的书。

  我喜欢一个人静静地躺在林间的草甸上,让轻轻的风吹开思想的门扉,让长满时间青苔的往事从记忆的大海中浮现,让铺满岁月落叶的心路在沉思的峡谷里延伸。一个人的生活只要值得回忆,那么无论是惆怅的遗憾还是欣喜的满足,都弥足珍贵。曾经有幸恭听星云大师说禅:"春天不是季节,而是心境。"我已经望得见生命的尽头,可我还是觉得春天才刚刚开始。

  开笔前的思考极似磨制咖啡豆,用记忆细细地碾磨逝去的岁月。写作时就如同坐在温暖的阳光下,喝着香浓的咖啡对朋友娓娓地说着昨天的故事,遥远的往事似乎触手可及了。心情如富士山的轻岚一般散淡,文字就像多摩川的河水一样,在屏幕上静静地流淌,只有微微的涟漪,没有大起大落的波涛。我努力用散文的笔调来写这本导游的实用工具书,遗憾的是,虽不乏叙事的意趣,却少了点抒情的韵味。

  期待,是年轻人的特权;回忆,是老年人的专利。我老了,可我的心还年轻,我还期待着——

  期待我的书,能成为旅游者休闲的茶点。

  期待我的书,能成为新导游入门的钥匙。

  期待我的书,能作为老同行引玉的砖瓦。

  不知,我做到了么⋯⋯

2013年6月